비즈니스에 바로 통하는 캔바×디자인
디자인을 몰라도 그럴듯하게 완성하는 비즈니스 예제 70

비즈니스에 바로 통하는 캔바×디자인
디자인을 몰라도 그럴듯하게 완성하는 비즈니스 예제 70

초판 1쇄   2025년 6월 4일

지은이 박설연
발행인 최홍석

발행처 ㈜프리렉
출판신고 2000년 3월 7일   제 13-634호
주소 경기도 부천시 길주로 77번길 19 세진프라자 201호
전화 032-326-7282(代)   **팩스** 032-326-5866
URL www.freelec.co.kr

편 집 서선영
표지디자인 황인옥
본문디자인 김미선

ISBN 978-89-6540-412-5

이 책은 저작권법에 따라 보호받는 저작물이므로 무단 전재와 무단 복제를
금지하며, 이 책 내용의 전부 또는 일부를 이용하려면 반드시 저작권자와
㈜프리렉의 서면 동의를 받아야 합니다.

책값은 표지 뒷면에 있습니다.

잘못된 책은 구입하신 곳에서 바꾸어 드립니다.

이 책에 대한 의견이나 오탈자, 잘못된 내용의 수정 정보 등은 프리렉 홈페이지(freelec.co.kr)
또는 이메일(webmaster@freelec.co.kr)로 연락 바랍니다.

디자인을 몰라도 그럴듯하게 완성하는 **비즈니스 예제 70**

박설연 지음

프리렉

CONTENTS

들어가며   9
캔바를 직접 사용 중인 캔바 공식 앰버서더이자 크리에이터 8인의 추천사   12
이 책을 보는 법   14

PART 1. 처음부터 쉽게 배우는 캔바 기초

CHAPTER 1. 캔바 첫걸음   18

1. 캔바는 무엇일까요?   18
2. 캔바 시작하기   27
3. 캔바 홈 화면 살펴보기   34
4. 캔바 기본 사용법   47

CHAPTER 2. 캔바 기본기 다지기   66

1. 에디터 화면 열기   66
2. 에디터 화면 구성 알아보기   67
3. 에디터 툴바 알아보기   85
4. 미니 에디터 툴바   96

PART 2
캔바 하나로 끝내는 비즈니스 이미지 디자인 A to Z

CHAPTER 3 인스타그램 ▶ 📷 100

1. 효과적인 디자인과 인스타그램 마케팅 활용 가이드 100

- Lesson 01 가독성과 주목성을 높이는 커밍순 디자인 104
- Lesson 02 내용을 쉽게 전달하는 메뉴 소개 디자인 108
- Lesson 03 질감을 살린 배경의 휴무 안내 디자인 112
- Lesson 04 효과적인 정보 전달을 돕는, 파스텔 톤의 오픈시간 안내 디자인 118
- Lesson 05 여름의 청량감을 강조한 계절감을 살린 휴가 공지 디자인 122
- Lesson 06 구매를 유도하는 효과적인 제품 홍보 디자인 127
- Lesson 07 깔끔하게 정돈된 감성적인 달력&일정 안내 디자인 👑 131
- Lesson 08 시각적으로 편안한 구도의 배송 안내 디자인 136
- Lesson 09 배색을 이용하여 홍보 효과를 극대화하는 메뉴 홍보 디자인 140
- Lesson 10 깊이감과 입체감이 있는 메뉴 홍보 디자인 👑 143
- Lesson 11 경쾌하고 귀여운 느낌의 이벤트 디자인 148
- Lesson 12 에너지 넘치고 트렌디한 오픈 이벤트 디자인 152
- Lesson 13 몰입감을 주는 입체적인 세일 안내 디자인 👑 155
- Lesson 14 귀엽고 발랄한 느낌의 할인 쿠폰 홍보 디자인 159
- Lesson 15 인물사진을 활용해 시각적 임팩트를 높인 비포 애프터 디자인 👑 164
- Lesson 16 부드러운 색조와 조화로운 레이아웃의 스킨케어 디자인 168
- Lesson 17 아이템이 돋보이는 세일 안내 디자인 👑 171
- Lesson 18 그리드를 활용해 감각적인 무드보드 만들기 175
- Lesson 19 시각적인 매력이 돋보이는 목업 활용 Q&A 디자인 179
- Lesson 20 입소문 마케팅을 유도하는 고객 후기 디자인 183
- Lesson 21 친밀감과 스토리를 담아 기대감을 높이는 스토리텔링 영상 디자인 187
- Lesson 22 빠른 전환으로 속도감 있는 홍보 영상 디자인 191
- Lesson 23 즉각적인 관심을 유도하고 공유하고 싶은 비주얼의 프로모션 영상 디자인 194
- Lesson 24 교차 배치와 흐름으로 유동적인 패션 홍보 콜라주 영상 디자인 197
- Lesson 25 글자가 단계별로 등장하는 짧은 모바일 동영상 201
- Lesson 26 긴 영상의 하이라이트만 짧게 추출하는 영상 편집법 5가지 👑 205

CHAPTER 4 블로그 ▶ blog　　　208

1. 블로그 디자인 실습 이론 및 초기 세팅　　　208

- Lesson 01　액자 느낌의 감성적인 프로필 디자인　　　210
- Lesson 02　전문적인 느낌의 블로그 프로필 👑　　　214
- Lesson 03　사진 프레임을 활용한 블로그 타이틀 디자인　　　219
- Lesson 04　아이콘을 활용한 직관적인 위젯 만들기　　　222
- Lesson 05　흥미를 유발하는 입체적 기하학 그래픽과 그라데이션 배경의 하단 배너　　　225
- Lesson 06　낙서를 활용한 친근하고 재미있는 모바일 스킨 디자인　　　228
- Lesson 07　텍스트만 있는 깔끔한 블로그 썸네일　　　231
- Lesson 08　사진과 텍스트가 있는 블로그 썸네일　　　234
- Lesson 09　일러스트를 활용한 귀여운 카드뉴스 디자인　　　237
- Lesson 10　나만의 맞춤 스티커, 만화 느낌으로 디자인하기　　　241

2. 홈페이지형 블로그에 대한 이해　　　244

- Lesson 11　차분하고 우아한 직관적인 레이아웃의 홈페이지형 블로그 스킨 디자인　　　247
- Lesson 12　이미지 중심의 미니멀한 웹사이트 느낌의 홈페이지형 블로그 스킨 디자인　　　250

CHAPTER 5 유튜브 ▶ ▶　　　254

- Lesson 01　시선을 강조하는 나만의 프레임이 있는 유튜브 썸네일　　　254
- Lesson 02　몰입감 있는 사진 프레임의 유튜브 썸네일 👑　　　258
- Lesson 03　시각적 매력이 돋보이는 레이어드 타이포그래피 유튜브 배너　　　261
- Lesson 04　알파벳을 활용한 브랜드 로고 디자인　　　264
- Lesson 05　여러 개의 영상을 빠르게 편집하여 자막을 추가한 유튜브 동영상 👑　　　267
- Lesson 06　글자가 펼쳐지는 모션 그래픽 인트로 동영상　　　272
- Lesson 07　스크랩북 디자인의 유튜브 아웃트로 동영상 👑　　　277

CHAPTER 6 쇼핑몰 281

1. 쇼핑몰 상세페이지 이해하기 281
- Lesson 01 고화질 제품 사진과 간결한 메시지를 담은 인트로 디자인 283
- Lesson 02 다양한 각도의 사진과 흥미로운 배치의 제품 소개 페이지 286
- Lesson 03 제품의 장점과 특징을 보기 쉽게 디자인한 제품 특장점 페이지 290
- Lesson 04 신뢰도를 높이는 고객 후기 페이지 294
- Lesson 05 구매의 편의성을 높이는 제품 상세정보 및 고객센터 안내 페이지 298

CHAPTER 7 인쇄물 302

- Lesson 01 따뜻한 느낌의 카페 메뉴판 디자인 303
- Lesson 02 제품이 돋보이는 무대 배경의 신제품 홍보 포스터 308
- Lesson 03 선과 도형을 활용한 픽토그램 스타일의 화장실 안내문 311
- Lesson 04 QR 코드가 있는 미니멀한 디자인의 세로형 명함 315
- Lesson 05 친근한 캐릭터와 정돈된 느낌의 적립카드 디자인 320
- Lesson 06 부드러운 색상과 세련된 레이아웃의 제품 소개 브로슈어 디자인 324
- Lesson 07 시각적 매력이 돋보이는 세로형 배너 328

PART 3 업무 효율을 높이는 캔바 활용법

CHAPTER 8 프레젠테이션 334

1. 캔바로 프레젠테이션 만들기 334
- Lesson 01 브랜드 정체성에 어울리는 편안한 느낌의 표지 디자인 337
- Lesson 02 페이지 간의 이동이 편리한 목차 디자인 341

Lesson 03	웨이브 장식과 긴 문장을 조화롭게 배치한 회사 소개 페이지	345
Lesson 04	직관적으로 흐름을 보여주는 순서도로 구성한 연혁 페이지	348
Lesson 05	내용을 효과적으로 구분하는 방법	352
Lesson 06	다양한 데이터를 한눈에 보여주는 차트 디자인	356
Lesson 07	유연한 테두리 선과 말풍선을 추가한 고객 후기 디자인	361
Lesson 08	깔끔하고 연결감이 느껴지는 디자인과 생동감 있는 전환 효과	364

CHAPTER 9 웹사이트 🌐   367

1. 캔바로 무료 웹사이트 만들기   367

Lesson 01	간결한 디자인의 웹사이트 첫 화면	371
Lesson 02	앞 페이지와 구분되는 디자인의 프로모션 페이지	375
Lesson 03	상품 수에 따라 원하는 만큼 확장한 상품 목록 페이지 디자인	377
Lesson 04	모바일 환경에 최적화된 텍스트와 이미지 배치	380
Lesson 05	브랜드의 일관성과 다양성을 강조하는 푸터 디자인	383

CHAPTER 10 화이트보드 & Docs 📝   385

1. 아이디어를 시각화하는 화이트보드 활용법   385
2. Docs 활용법   390

부록

1. 캔바 모바일 앱 활용 가이드   398
2. 캔바 단축키 모음   403
3. 캔바를 활용한 수익화 방법   405

> **참고**
> 이 책은 캔바 무료 사용자를 대상으로 작성되었습니다. 일부 Lesson에서는 캔바 Pro(유료) 기능이 사용되며, 해당 경우 목차의 Lesson명 옆에 👑 표기를 해두었으니 학습 시 참고해 주세요.

들어가며

" 캔바를 통해 디자인의 재미를 알아갑니다 "

안녕하세요.
캔바 크리에이터이자 캔바 앰버서더(Local Leader Canvassador)로 활동하고 있는 마인드마인즈 설연입니다. 이렇게 《비즈니스에 바로 통하는 캔바×디자인》을 통해 여러분과 만나게 되어 정말 기쁘고 설렙니다.

몇 년 전, 쇼핑몰과 공방을 함께 운영하면서 제품 홍보 자료와 공방 수업 자료를 직접 만들어야 할 일이 많았습니다. 클래스 공지, 제품 소개 이미지, 상세 페이지 디자인, 스티커 제작까지… 모든 것을 혼자 준비하느라 정신없는 날들의 연속이었죠. 운영만으로도 충분히 벅찼던 상황에서 포토샵과 파워포인트를 하나하나 열어 디자인하고 교육 자료를 만들던 기억이 생생합니다.

그러던 중, 캔바를 알게 되면서 "디자인이 이렇게 쉬울 수 있었나?" 싶을 만큼 놀랐습니다. 홍보 이미지, 수업 자료 등을 훨씬 수월하고 재미있게 만들 수 있게 되었고, 나아가 캔바 덕분에 새로운 직업을 가지면서 지금의 저로 한 단계 더 성장할 수 있었습니다.

조금만 더 일찍 캔바를 알았더라면 하는 아쉬움도 있었지만, 캔바의 매력에 깊이 빠져들었고 지금은 그 경험이 제 삶을 바꾸어 놓았다고 해도 과언이 아닙니다.

저는 결혼 전 편집 디자인을 시작으로, 결혼 후에는 육아와 함께 유아 미술, 엄마표 놀이 콘텐츠 제작, 블로그 운영, 쇼핑몰과 공방 운영 등 다양한 분야에서 디자인을 접해왔습니다. 이 과정에서 1인 사업자로서 모든 디자인을 스스로 해결해야 하는 현실을 마주했고, 제한된 예산과 시간 속에서 효율적인 디자인 도구의 필요성을 절실히 느꼈지요.

최근 들어, 1인 창업자와 소규모 사업자가 빠르게 늘어나면서 디자인의 중요성이 더욱 커지고 있습니다. 하지만 해야 할 일이 너무 많다 보니 디자인까지 챙기기란 쉽지 않죠. 저 역시 경험을 통해 느꼈고, 주변에서도 전문 디자이너의 도움 없이 브랜드를 꾸려 나가며 어려움을 겪는 이야기를 자주 듣습니다.

디자인은 브랜드의 첫인상을 결정짓고, 소비자와의 신뢰를 형성하는 데 꼭 필요한 요소입니다. 하지만 디자인을 처음 접하는 분들에겐 그 진입 장벽이 높게 느껴질 수 있어요. 저는 그런 분들에게, 디자인은 단순히 '예쁜 이미지'를 만드는 일이 아니라, 브랜드의 정체성을 담아내고 소비자와 감정을 연결하는 '언어'이자 '도구'라고 말씀드리고 싶습니다.

무엇보다도, 디자인은 전공자만의 영역이 아닙니다. 그림을 잘 못 그려도, 사진을 잘 못 찍어도 괜찮아요! 캔바에는 필요한 요소들이 이미 준비되어 있어서, 자신의 감각을 조금만 더하면 누구나 멋진 디자인을 만들 수 있습니다. 중요한 건 첫걸음을 내딛는 용기와 꾸준한 연습입니다.

처음 빈 도화지를 마주했을 때, 어디서부터 시작해야 할지 막막하셨던 분들께 도움이 되고자 이 책을 만들었습니다. 디자인이 처음이라도 당황하지 않고 하나씩 채워 나갈 수 있도록, 캔바의 기본부터 실전 적용까지 다양한 방법을 담았습니다.

물론, 책을 보시면서 '이렇게 많은 걸 다 알아야 하나?' 하고 부담스러울 수도 있습니다. 하지만 캔바는 모든 것을 외워야 하는 도구가 아닙니다. 자주 사용하는 기능부터 하나씩 익히고, 자연스럽게 손에 익게 되면 누구나 쉽게 디자인할 수 있어요. "이건 꼭 외워야 해!"보다는, "이걸로 어떤 걸 만들어 볼까?"라는 마음으로 캔바를 시작하길 바랍니다.

다양한 디자인을 시도하면서 자신에게 잘 맞는 스타일을 찾아보는 것도 좋습니다. 꼭 정답처럼 예쁜 디자인이 아니어도 괜찮아요. 여러분만의 감성과 취향을 담아, 빈 도화지 위에 하나씩 나만의 스타일을 채워보세요. 그것이 곧 브랜드의 시작이 될 수 있습니다.

이 책은 개인뿐 아니라 1인 사업자, 소규모 기업을 위한 디자인 실용서로 기획되었습니다. 캔바를 활용해 쉽고 간편하게 콘텐츠를 제작하는 방법을 소개하고, 각 장마다 예시작과 완성작을 함께 담아 실습하며 따라 할 수 있도록 구성했습니다. 이 과정을 통해 여러분이 브랜드의 가치를 높이고, 보다 효과적인 마케팅을 실현할 수 있기를 바랍니다.

디자인이 어렵게 느껴졌던 분들도 이 책을 통해 '혼자서도 재미있고 쉽게' 디자인하는 경험을 하길 바랍니다. 더불어, 나만의 감각을 살린 브랜드를 만들어가고 싶은 분들께 이 책이 한 걸음 성장하는 데 작은 힘이 되기를 진심으로 소망합니다.

끝으로, 이 책을 만드는 과정에서 세심하게 방향을 잡아준 출판사 차장님과 대리님께 깊이 감사드립니다. 또, 책에 집중할 수 있도록 집안과 아이들을 함께 돌보며 응원해 준 남편과, 언제나 엄마의 일을 지지해 주는 두 아들에게도 진심으로 고맙다는 말을 전합니다.

감사합니다!

캔바 앰버서더, 마인드마인즈 박설연

캔바 홈 마인드마인즈
https://www.canva.com/p/mindminds

유튜브 채널 마인드마인즈
https://www.youtube.com/@mindminds

블로그 마인드마인즈
https://blog.naver.com/mindminds_

캔바를 직접 사용 중인 캔바 공식 앰버서더이자 크리에이터 8인의 추천사

누구나 캔바로 쉽게 디자인을 만들 수 있도록 돕는 교과서 같은 책! 마치 요리하듯이 책 내용을 따라 하면, 나만의 디자인을 쉽고 간단하게 만들 수 있습니다. 13년 차 프레젠테이션 강사인 제게도 교육 현장에서 유용하게 활용할 수 있는 팁들이 가득합니다. 강력히 추천합니다.

이지쌤
https://www.canva.com/p/official_easy

이 책은 캔바를 처음 접하는 분부터 전문가처럼 디자인하고 싶은 분까지, 모두의 디자인 실력을 끌어올릴 수 있는 실용적인 노하우가 담긴 책입니다. 특히 소상공인을 위한 브랜딩 전략과 캔바 활용법이 풍부하게 담겨 있어, 셀프 브랜딩과 비즈니스 성장을 꿈꾸는 분들께 꼭 필요한 필독서입니다.

보라비디자인
https://www.canva.com/p/borabi-design

꾸준한 작업과 깊은 노하우로 캔바 콘텐츠를 만들어온 저자, 마인드마인즈 디자이너의 노하우가 가득 담긴 이 책은 캔바 기본 사용법부터 감각적인 디자인 스킬까지 자연스럽게 익힐 수 있도록 구성된 실용서입니다. 온라인 매체별 시각적 효과를 극대화하는 팁도 담겨 있어, 이 한 권으로 누구나 자신의 브랜드와 콘텐츠를 아름답게 디자인하며 효과적으로 소통할 수 있습니다.

시재
https://www.canva.com/p/studiosijae

디자인이 처음인 분들도 쉽게 시작할 수 있도록 구성된 《비즈니스에 바로 통하는 캔바×디자인》은 캔바 기초부터 실전까지, 70가지 실습 예제를 통해 단계별로 익힐 수 있는 친절한 가이드북입니다. 색상과 글꼴 추천부터 실무에 바로 적용 가능한 꿀팁까지 담겨 있어, 이 한 권으로 캔바 활용능력과 디자인 자신감을 함께 키울 수 있습니다.

츄니즈
https://www.canva.com/p/chuneeds

이 책은 나만의 비즈니스를 키우고 싶은 모든 분을 위한 든든한 디자인 레시피북으로, 디자인 초보자도 비즈니스에 바로 활용할 수 있는 실전형 콘텐츠를 만들 수 있도록 이끌어 줍니다. '팔리는 콘텐츠'를 위한 원칙과 감각, 브랜드 성장에 필요한 노하우까지 담겨 있어 브랜드를 키우고 싶은 분들에게 꼭 필요한 책입니다.

그린제이
https://www.canva.com/p/greenj

이 책은 저자의 감성과 노하우가 담긴 감각적인 디자인 가이드로, 따뜻한 예시와 핵심 실전 레슨을 통해 디자인의 즐거움을 전합니다. 캔바 초보자도 쉽게 따라 할 수 있도록 구성되어 있어, 금손처럼 멋진 결과물을 만들고 싶은 분들께 추천하는 책입니다.

이우연
https://www.canva.com/p/leewooyeon

이 책은 디자인이 익숙하지 않거나 비즈니스를 처음 시작하는 분들을 위해, 효과적인 디자인 원리와 브랜드 감도를 높이는 방법을 따뜻하고 명확하게 안내하는 실전 가이드입니다. 캔바를 단순한 도구가 아닌 나만의 브랜드를 표현하는 든든한 도구로 바꿔줄, 콘텐츠 제작의 좋은 출발점이 되어줄 책입니다.

리몬
https://www.canva.com/p/limonsparkk

마인드마인즈님만의 섬세한 감각으로 캔바의 무궁무진한 가능성을 풀어낸 이 책은, 오랜 경험과 노하우를 바탕으로 누구나 쉽게 캔바 디자인의 기본을 익히고 자신만의 스타일을 완성할 수 있도록 친절하게 안내하는 '만능 디자인 레시피'입니다.

어니언
https://www.canva.com/p/byonion

캔바 코리아 크리에이터 웹사이트
https://public.canva.site/canvacreators-korea

이 책을 보는 법

본격적인 Lesson 실습을 시작하기 전에, 다음 QR 코드를 스캔하거나 URL에 접속하여 예제 템플릿을 저장해 주세요. 우리 책은 저자가 직접 제공한 예제 템플릿으로 모든 Lesson을 실습하도록 안내하고 있습니다.

예제 템플릿 가이드 URL https://캔바마인드마인즈.enn.kr

캔바로 디자인 작업을 시작하기 막막한가요? 걱정하지 마세요. 저자가 직접 제작한 예제 템플릿을 각 Lesson마다 제공합니다.
QR 코드를 스캔하여 필요한 Lesson별 예제 템플릿에 접속하여 캔바 디자인 작업을 시작할 수 있습니다.

QR 코드를 스캔하면
예제 템플릿 가이드를 확인할 수 있습니다.

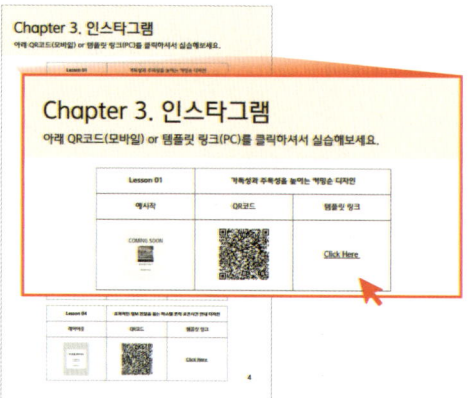

캔바에 로그인한 후, [템플릿을 사용해 새 디자인 만들기]를 클릭하면 바로 템플릿을 사용할 수 있습니다.
캔바에서 예제 템플릿을 열고 마치 요리하듯이, 본문에서 안내하는 대로 하나하나 따라해 보세요.

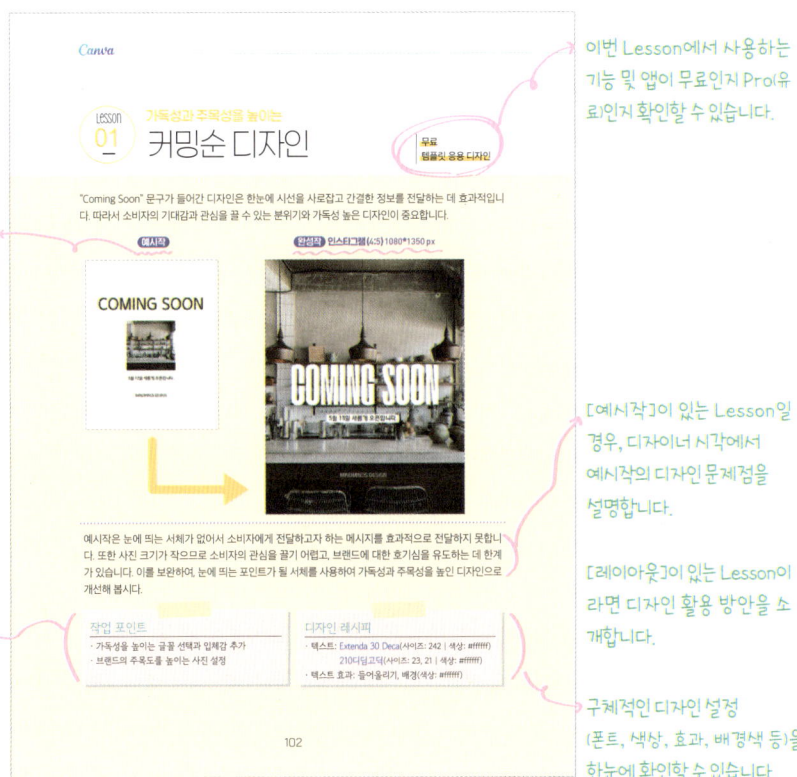

책에 실린 내용 이외에도, 캔바는 다양한 기능을 제공합니다. 더 많은 캔바 응용법과 캔바의 최신 업데이트 소식을 저자의 블로그에서 만나 볼 수 있습니다.

blog 마인드마인즈 blog.naver.com/mindminds_

일러두기

도서 내 캡처 이미지는 모두 2025년 4월을 기준으로 갈무리한 것입니다. 워낙 변화가 많고 업데이트가 잦은 캔바이므로, 독자 여러분이 도서에서 보는 캡처 이미지 속 화면과 모니터 속 실제 화면 구성이 다를 수 있습니다. 큰 틀에서 캔바 작동 방식이나 메뉴 선택 등은 동일하므로, 이 점 참고하여 학습하길 바랍니다.

PART 1

처음부터 쉽게 배우는 캔바 기초

Chapter 1 캔바 첫걸음
Chapter 2 캔바 기본기 다지기

CHAPTER 1

캔바 첫걸음

1 캔바는 무엇일까요?

캔바(Canva)는 복잡한 그래픽 디자인 도구 없이도 누구나 전문적인 수준의 디자인을 만들 수 있게 해주는 혁신적인 온라인 플랫폼이자 도구입니다. 다양한 템플릿과 디자인 요소를 제공하여, 사용자는 손쉽게 자신만의 콘텐츠를 만들 수 있습니다.

캔바는 웹사이트와 모바일 앱으로 서비스되어 PC나 스마트폰, 태블릿 등으로 쉽게 조작할 수 있습니다. 여러 기기에서 같은 계정으로 로그인하여 작업을 이어갈 수 있고, 작업 중인 파일은 모두 자동으로 저장되어 별도의 저장 없이도 안전하게 보관됩니다. 드래그 앤 드롭 방식으로 템플릿과 텍스트, 이미지, 일러스트 등을 추가할 수 있으므로 누구나 쉽게 전문적인 디자인을 제작할 수 있습니다.

PC와 스마트폰, 태블릿에서 쉽게 조작 가능   드래그 앤 드롭 방식으로 손쉽게 사용 가능

1.1 왜 캔바를 사용해야 할까요?

캔바는 폭넓은 사용자층의 요구를 만족시키는 독특한 특징과 장점을 갖추고 있습니다. 캔바를 사용해야 하는 이유를 8가지로 정리하겠습니다.

1) 사용자 친화적인 인터페이스

캔바는 직관적인 드래그 앤 드롭(Drag and Drop) 방식의 인터페이스를 제공하여, 디자인 경험이 없는 사람도 쉽게 사용할 수 있습니다. 때문에 전문 디자이너부터 마케터, 학생, 직장인에 이르기까지 다양한 분야의 사람들이 캔바를 활용하고 있습니다.

2) 다양한 템플릿

캔바의 큰 강점은 풍부한 템플릿 라이브러리입니다. SNS 게시물이나 인포그래픽, 프레젠테이션 등 거의 모든 종류의 디자인 템플릿을 즉시 활용할 수 있습니다. 이 템플릿들은 전문 디자이너가 미리 디자인해 놓은 것으로, 사용자는 사용 용도에 맞게 쉽게 커스터마이징할 수 있습니다. 맘에 드는 템플릿을 선택하여 색상과 텍스트만 변경해도 세련된 디자인을 만들 수 있어 디자인에 들이는 시간과 노력의 부담을 줄여줍니다.

3) 풍부한 디자인 요소

수백 종류의 폰트, 백만 개 이상의 스톡 이미지, 아이콘, 그래픽 요소들을 자유롭게 활용할 수 있습니다. 배경 제거, 이미지 자르기, 필터 적용, 투명도 조절, 그림자 효과 등 전문 디자인 소프트웨어에서만 가능했던 기능들을 매우 쉽게 구현할 수 있습니다. 또한 레이어 기능을 통해 복잡한 디자인도 손쉽게 제작할 수 있습니다.

4) 팀 협업 기능

여러 명의 팀원과 실시간으로 동시에 작업할 수 있으며, 디자인을 즉각적으로 피드백하고 수정할 수 있습니다. SNS나 이메일로 바로 공유할 수 있고, 다양한 파일 형식(PNG, JPG, PDF)으로 내보내기도 간단합니다. 이는 개인 프로젝트뿐만 아니라 기업 차원의 협업에서도 매우 유용한 기능입니다.

5) 모바일 접근성

데스크톱뿐만 아니라 태블릿, 스마트폰에서도 완벽하게 작동하며, 언제 어디서나 디자인 작업을 할 수 있는 유연성을 제공합니다. 이는 바쁜 일상 속에서도 디자인 작업을 지속할 수 있게 해줍니다.

6) 비용 효율성

기본적인 기능은 무료로 제공되며, 유료 플랜을 통해 추가 기능을 이용할 수 있습니다. 이는 예산이 제한된 개인이나 소규모 기업에게도 적합한 선택입니다.

7) 소셜 미디어 통합

캔바는 다양한 소셜 미디어 플랫폼과의 통합 기능을 제공하여, 제작한 콘텐츠를 손쉽게 게시하고 공유할 수 있습니다. 특히 소셜 미디어 콘텐츠, 프레젠테이션, 포스터, 명함, 인포그래픽 등 거의 모든 시각적 콘텐츠를 제작할 수 있어 브랜드 홍보와 마케팅에 유용합니다.

8) 정기적인 업데이트 및 앱 호환성

캔바는 정기적인 업데이트를 통해 최신 디자인 트렌드와 기술을 반영합니다. AI 기반 디자인 제안, 새로운 템플릿, 고급 편집 도구 등이 지속적으로 추가되어 사용자의 창의성을 더욱 확장합니다. 또한, 캔바는 다양한 앱과 호환되어, 디자인 작업을 더욱 효율적으로 수행할 수 있습니다. 예를 들어, 구글 드라이브나 드롭박스와 같은 클라우드 저장소와 연결하여 파일을 쉽게 가져오고 저장할 수 있으며, 이미지 편집 앱이나 소셜 미디어 플랫폼과의 통합을 통해 디자인 작업 후 즉시 배포할 수 있는 편리함을 제공합니다.

1.2 캔바로 제작 가능한 디자인 유형

캔바는 다양한 디자인 카테고리를 지원하여 사용자가 필요한 모든 종류의 콘텐츠를 쉽게 제작할 수 있습니다.

1) 소셜 미디어 디자인

인스타그램, 페이스북, 트위터 등 다양한 소셜 미디어 플랫폼에 최적화된 포스트, 스토리, 커버 사진 등을 디자인할 수 있습니다. 미리 디자인된 템플릿을 활용하여 빠르고 쉽게 고품질의 콘텐츠를 제작할 수 있습니다.

2) 프레젠테이션

전문적인 프레젠테이션을 위한 PPT, 발표 자료 등을 쉽게 만들 수 있습니다. 다양한 차트와 아이콘, 이미지 등을 활용하여 복잡한 정보를 시각적으로 효과적으로 전달할 수 있습니다.

3) 포스터 및 전단지

이벤트와 프로모션, 광고 등을 위한 포스터와 전단지와 같은 인쇄물을 디사인할 수 있습니다. 다양한 템플릿을 통해 쉽게 눈에 띄는 디자인을 제작하여 홍보 효과를 극대화할 수 있습니다.

4) 브랜딩 자료

로고, 명함, 편지지 등 브랜드 아이덴티티를 구축하는 데 필요한 다양한 디자인 요소를 제작할 수 있습니다. 캔바를 사용하면 브랜드의 통일성을 유지하며 전문적인 이미지를 전달할 수 있습니다.

5) 전자책 및 리포트

전자책, 리포트 등 다양한 문서 형식을 디자인할 수 있습니다. 텍스트와 이미지를 조화롭게 배치하여 읽기 쉽고 개성 있는 콘텐츠를 제작할 수 있습니다.

6) 웹사이트 및 블로그 배너

웹사이트와 블로그에 사용할 배너 디자인도 가능합니다. 방문자의 시선을 사로잡는 배너를 제작하여 온라인 존재감을 높일 수 있습니다.

7) 비디오 콘텐츠

캔바에서는 간단한 비디오 편집 기능도 제공하여, 동영상 콘텐츠를 제작할 수 있습니다. 비디오에 텍스트, 효과, 음악 등을 추가하여 더욱 풍부한 콘텐츠를 만들 수 있습니다.

8) 그 외 다양한 디자인과 인쇄 서비스

그 외에도 초대장, 연하장, 스티커, 머그컵 디자인, 현수막 등 다양한 디자인을 만들 수 있습니다.

1.3 캔바에서 인쇄하기 Canva에서 인쇄

캔바 인쇄는 디자인을 전문적으로 인쇄하여 바로 집으로 배송 받을 수 있는 캔바의 서비스입니다. 명함이나 전단지, 브로셔, 초대장, 스티커, 포스터, 티셔츠 등 다양한 인쇄 제품을 디자인하여 손쉽게 주문할 수 있습니다.

인쇄가 가능한 항목은 에디터 상단 메뉴에 [Canva에서 인쇄]를 클릭하여 확인할 수 있습니다.

소셜미디어와 같은 일부 디자인에서는 인쇄용으로 설정되어 있지 않아 인쇄 버튼이 보이지 않을 수 있습니다. 이럴 때는, 상단 메뉴에서 [공유]→[Canva에서 인쇄]를 차례로 선택하여 인쇄 가능한 형식으로 조정하여, 인쇄를 진행하거나 다운로드하여 직접 인쇄할 수 있습니다.

국내 기준으로 배송 기간은 특급 배송으로 약 2~3 영업일 소요됩니다. 인쇄 주문 유형과 배송 옵션에 따른 자세한 배송 일정은 주문 후 [설정]→[구매 내역]에서 확인할 수 있습니다.

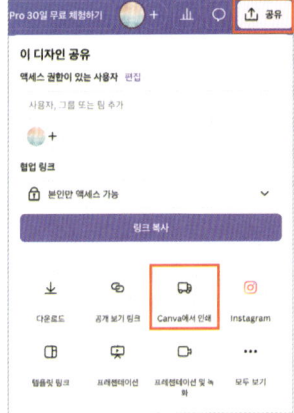

1.4 캔바 저작권

캔바를 사용할 때는 저삭권과 관련된 몇 가지 중요한 사항을 이해하는 것이 필요합니다.

1) 사용 권한

사용자는 캔바에서 제공하는 이미지와 아이콘, 템플릿 등 다양한 콘텐츠를 개인적, 상업적 용도로 사용할 수 있습니다. 단, 사용은 캔바의 콘텐츠 라이선스 계약에 따라야 합니다. 허용된 사용에는 다음과 같은 것들이 포함됩니다.

허용된 사용 예시
- 인쇄물, 제품 포장, 프레젠테이션, 광고, 초대장, 소셜 미디어 게시물 등
- 학교나 대학 프로젝트
- 책, 잡지, 뉴스레터, 비디오 등 다양한 출판물
- 개인적 또는 홍보 목적의 인쇄물 및 복제품
- Pro 콘텐츠는 전자책, 블로그, 비디오 등 온라인 출판물에 사용 가능
- **무료 콘텐츠**: 무료 요소만 사용한 경우, 제3자에게 배포 및 판매 가능
- **템플릿 판매**: 무료 및 Pro 요소를 사용한 템플릿은 '캔바 템플릿 링크로 공유' 방식으로만 판매 가능

2) 상업적 이용 시 주의할 점

콘텐츠 라이선스 준수

사용자가 캔바의 콘텐츠(이미지, 아이콘, 템플릿 등)를 상업적으로 사용할 때는 반드시 캔바의 콘텐츠 라이선스 계약을 따라야 합니다. 각 자산의 라이선스가 상업적 사용을 허용하는지 확인해야 합니다. 일부 자산은 무료로 제공되지만 상업적 사용에 제한이 있을 수 있습니다. 캔바에 있는 콘텐츠를 변형하지 않은 단일 콘텐츠(예: 다른 디자인 요소 없이 단독으로 사용된 사진이나 요소)는 판매용 제품이나 상품에 인쇄할 수 없으며, 원본 그대로 판매, 재배포할 수 없습니다.

로고 상표 등록 제한

캔바 템플릿을 사용해 만든 로고는 비독점적이므로 상표로 등록할 수 없습니다. 상표 등록을 원한다면, 직접 제작한 로고나 업로드한 독창적인 디자인을 사용해야 합니다.

Pro 콘텐츠 사용

Pro 콘텐츠는 상업적 용도로 사용할 수 있지만, 사용 범위는 콘텐츠 유형에 따라 달라질 수 있습니다. 예를 들어, Pro 콘텐츠를 포함한 디자인은 전자책, 블로그, 비디오 등 온

라인 출판물에 사용할 수 있습니다.

재판매 및 배포 제한

캔바 콘텐츠를 그대로 재판매하거나 배포하는 것은 허용되지 않습니다. 콘텐츠는 반드시 새로운 디자인의 일부로 사용되어야 합니다.

3) 상업적 용도 허용 여부 확인 방법

사용할 이미지나 요소의 [더 보기]를 클릭한 뒤, [정보 표시] 아이콘을 선택하면 간편 라이선스 이용약관을 확인할 수 있습니다.

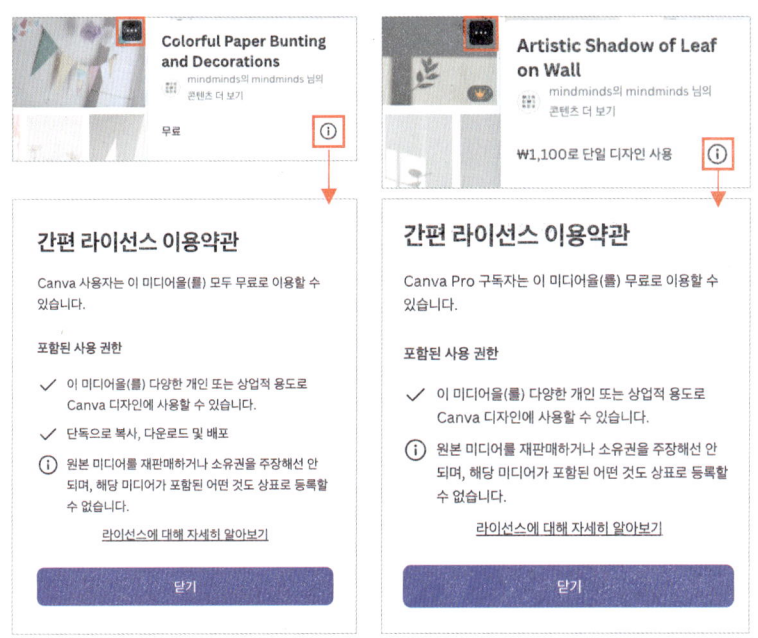

| 사진 사용의 예시 | 그래픽 사용의 예시 |

사진만 단독으로 사용할 수 없음 → 텍스트나 요소 등을 추가하여 재편집 후에 사용 가능

그래픽만 단독으로 사용할 수 없음 → 그래픽을 재편집하여 머그잔으로 제작 가능

4) 오디오 사용 시 주의할 점

Pro의 오디오 자료는 유튜브 동영상의 사전(프리롤), 중간(미드롤) 및 사후(포스트롤) 광고 등 온라인 광고에 사용할 수 있지만, TV나 영화, 라디오, 팟캐스트 또는 전광판 광고 등 기존 미디어 광고나 유료 채널의 광고에는 사용할 수 없습니다.

캔바의 Pro 오디오 자료를 사용한 동영상을 업로드할 때는 라이선스를 확인해야 하며, 캔바 계정과 연동된 유튜브 계정에만 업로드해야 합니다.

동일한 오디오 트랙을 여러 비디오에 사용할 경우 각 라이선스는 한 번만 사용할 수 있으므로 별도로 구매해야 합니다.

캔바 라이선스

사용자는 캔바에서 제공하는 콘텐츠를 사용할 때 타인의 저작권을 침해하지 않도록 주의해야 하며, 이는 캔바의 콘텐츠뿐만 아니라 사용자가 추가한 외부 콘텐츠에도 적용됩니다. 따라서 반드시 캔바의 콘텐츠 라이선스 계약을 주의 깊게 검토하고 이해한 후 사용해야 합니다.

캔바 라이선스에 대한 내용은 수시로 업데이트될 수 있으므로 콘텐츠 라이선스에 대한 내용을 수시로 확인하길 바랍니다. 자세한 문의는 캔바 지원팀에 문의하여 확인할 수 있습니다.

콘텐츠 라이선스 자세히 알아보기:
https://www.canva.com/policies/content-license-agreement/

2 캔바 시작하기

2.1 캔바 회원가입하기

캔바를 사용하기 위해 먼저 공식 웹사이트(www.canva.com)에 접속한 후 회원가입을 진행해야 합니다. 웹사이트에 접속하여 우측 상단에서 [가입]을 클릭하고 이용 약관에 동의한 후, 기존에 보유하고 있는 이메일, 구글 계정, 페이스북 계정, 휴대전화 번호 등을 이용해 가입합니다. 여기서 선택한 항목이 회원 아이디가 됩니다. 회원가입을 마치면 바로 캔바를 사용할 수 있습니다.

캔바는 무료 계정으로도 기본적인 디자인 작업이 가능하고 다양한 템플릿이나 이미지, 아이콘 등을 활용할 수 있습니다. 무료 계정은 일부 프리미엄 기능이나 요소에 접근할 수 없으므로, 제한된 리소스 내에서 디자인 작업을 진행해야 합니다. 제한 없이 더 많은 요소와 디자인을 사용하고 싶다면 캔바 프로(Pro) 계정으로 유료 결제해야 합니다.

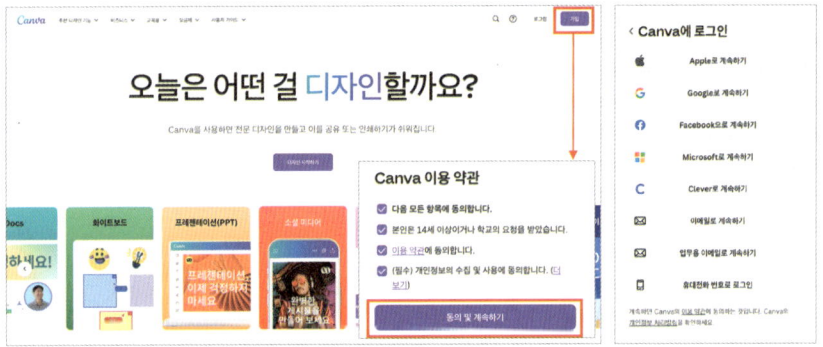

2.2 캔바 요금제

1) 무료

캔바 회원가입 후 누구나 이용가능한 무료 버전은 다양한 편집 도구와 수백만 개의 무료 템플릿, 실시간 협업 기능, 그리고 방대한 무료 미디어 라이브러리를 제공합니다. 기본적인 디자인 작업에 필요한 거의 모든 기능을 포함하고 있어 누구나 쉽게 사용할 수 있습니다.

2) 유료(Pro)

캔바 Pro는 개인 창작자와 콘텐츠 제작자, 전문가를 위한 유료 요금제로, 모든 프리미엄 기능에 대한 무제한 접근을 제공합니다. Pro 요금제를 통해 1억 개 이상의 시각 및 오디오 자산을 사용할 수 있으며, 배경 제거와 같은 고급 기능도 활용할 수 있습니다. 또한, 브랜드 키트를 통해 로고, 색상, 글꼴을 한 곳에 모아 빠르게 일관된 디자인을 만들 수 있습니다.

이미지나 그래픽 등에 왕관(👑) 표시가 있는 것은 Pro 사용자만 사용할 수 있는 프리미엄 요소입니다. 무료 버전에서도 다양한 템플릿과 디자인 요소를 이용할 수 있지만, 유료(Pro) 버전에서는 보다 풍부한 자료와 고급 기능을 활용할 수 있습니다.

항목	무료 버전	유료 버전(Pro) 👑
가격	무료	월 9,900원, 연 99,000원(1인 기준)
템플릿	2백만 개 이상의 템플릿 사용 가능	프리미엄 템플릿 무제한 사용
사진 및 그래픽	450만 개 이상의 스톡 사진 및 그래픽	1억 4천만 개 이상의 사진, 동영상, 그래픽, 오디오
배경 제거 및 AI 도구	X	클릭 한 번으로 배경 제거 가능, 25개 이상의 AI 도구로 창의성과 생산성 향상
클라우드 저장 공간	5GB	1TB

(2025년 3월 기준, 사용 조건은 추후 달라질 수 있음)

왕관 표시가 있는 템플릿과 사진, 그래픽 등의 요소나 기능은 유료(Pro) 버전에서만 사용할 수 있습니다.

무료 버전과 유료 버전(Pro)을 구분하는 방법

무료 사용자가 왕관 아이콘이 표시된 Pro 요소를 선택하면 워터마크가 나타납니다. 워터마크를 제거하려면 프리미엄 요소를 개별적으로 구매하거나 Pro 플랜으로 업그레이드해야 합니다. 또한, 왕관 아이콘이 표시된 프리미엄 기능은 Pro 플랜으로 업그레이드해야만 사용할 수 있습니다.

3) 단체용 캔바(Canva for Teams)

이 계정은 협업을 더욱 쉽게 만들어주는 기능을 제공합니다. 팀원들과 함께 디자인을 만들고 피드백을 주고받으며, 브랜드 자산을 공유할 수 있습니다. 캔바를 Pro(유료)로 사용 중이라면 Canva for Teams로 업그레이드하여 이러한 기능들을 활용할 수 있습니다.

4) 기업용 캔바(Canva Enterprise)

대규모 조직의 팀원들이 브랜드 가이드를 준수하면서 디자인할 수 있도록 다양한 도구와 기능을 제공합니다. 팀 관리자는 팀원의 역할에 따라 Canva Enterprise 기능에 대한 접근을 허용하거나 제한할 수 있어, 대규모 운영에서도 브랜드 일관성과 보안을 유지할 수 있습니다. Canva Enterprise를 통해 브랜드 자산을 보호하고 콘텐츠 사용 및 게시를 관리하며, 팀 외부와의 콘텐츠 공유를 제한할 수 있습니다.

5) 교육용 캔바(Canva for Education)

교육용 캔바 계정은 전 세계의 초·중등학교(K-12) 교사와 학생들에게 무료로 제공되는 프로그램입니다. 수업 자료 및 활동을 만들어 공유하고, 학생들 작품에 실시간으로 피드백할 수 있습니다. 또한, 교육에 특화된 콘텐츠와 템플릿을 활용하여 창의적인 학습 환경을 조성할 수 있습니다. 사용자가 교사이거나, K-12 기관에 속해 있다면 자격 요건을 확인한 후에 신청할 수 있습니다.

6) 학교 및 학군/대학용(Canva Education)

학교와 학군은 별도의 신청 과정을 통해 Canva Education을 신청할 수 있으며, 대학에서는 캔바의 다양한 템플릿과 협업 기능을 통해 강의 자료를 만들거나 학생들과의 프로젝트를 효과적으로 관리할 수 있습니다.

2.3 캔바 설정 메뉴 알아보기

본 내용은 캔바 무료 버전 가입자를 기준으로 작성되었습니다. 각 플랜에 따라 제공되는 메뉴와 기능은 다를 수 있습니다.

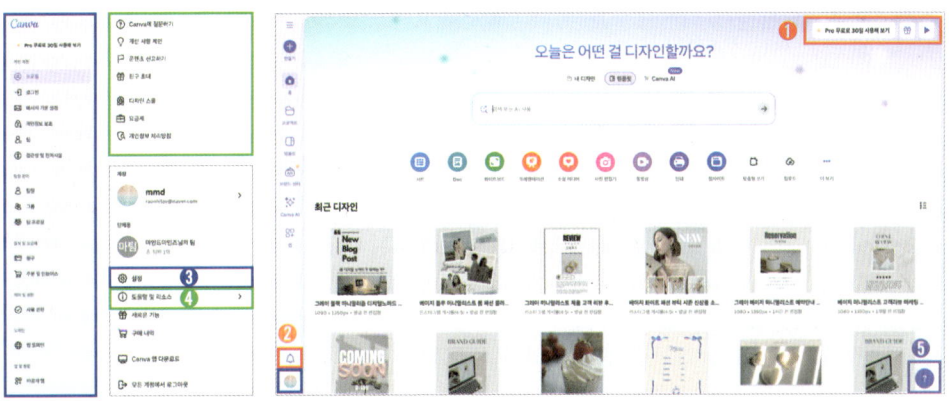

❶ [Pro 무료로 30일 사용해보기]

캔바 메인 홈에서 [Pro 무료로 30일 사용해보기] 메뉴를 클릭하면, 유료 계정인 Pro 계정을 30일 동안 무료로 사용해볼 수 있습니다. (Pro 무료 체험 기간은 지역이나 프로모션 또는 사용자의 계정 상태에 따라 다를 수 있습니다.)

　Pro 계정 무료 체험이 종료되기 7일 전에 알림을 받을 수 있고, 체험 중간에 취소하지 않으면 등록해 둔 결제 수단으로 유료 구독이 시작되므로 주의하길 바랍니다.

❷ 알림

공유된 디자인이나 댓글, 작업 요청 등 다양한 알림을 확인할 수 있습니다.

❸ [설정]

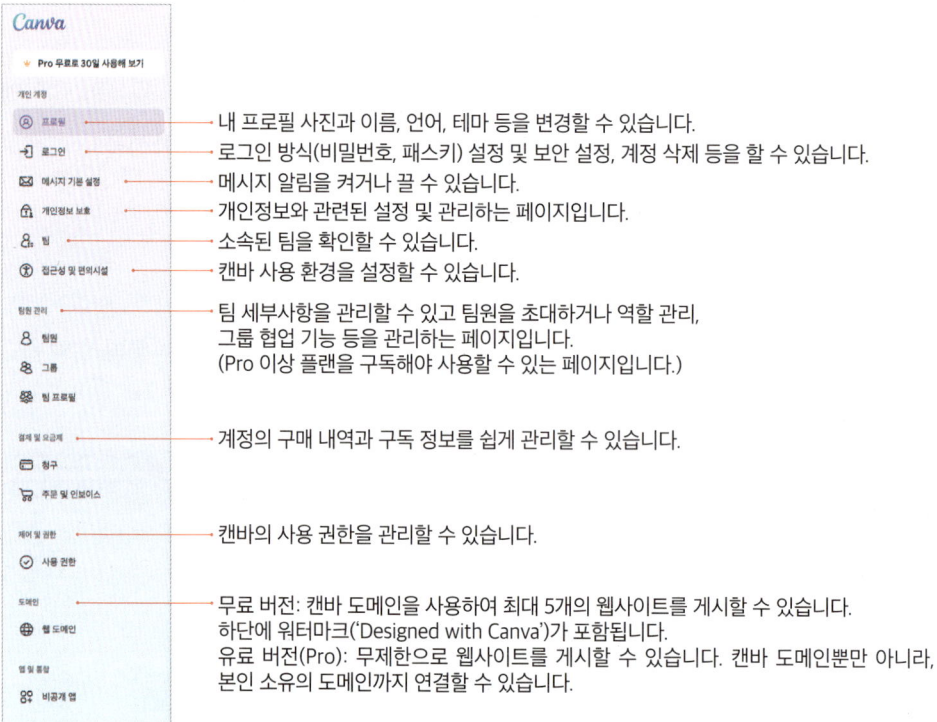

- 내 프로필 사진과 이름, 언어, 테마 등을 변경할 수 있습니다.
- 로그인 방식(비밀번호, 패스키) 설정 및 보안 설정, 계정 삭제 등을 할 수 있습니다.
- 메시지 알림을 켜거나 끌 수 있습니다.
- 개인정보와 관련된 설정 및 관리하는 페이지입니다.
- 소속된 팀을 확인할 수 있습니다.
- 캔바 사용 환경을 설정할 수 있습니다.
- 팀 세부사항을 관리할 수 있고 팀원을 초대하거나 역할 관리, 그룹 협업 기능 등을 관리하는 페이지입니다.
  (Pro 이상 플랜을 구독해야 사용할 수 있는 페이지입니다.)
- 계정의 구매 내역과 구독 정보를 쉽게 관리할 수 있습니다.
- 캔바의 사용 권한을 관리할 수 있습니다.
- 무료 버전: 캔바 도메인을 사용하여 최대 5개의 웹사이트를 게시할 수 있습니다. 하단에 워터마크('Designed with Canva')가 포함됩니다.
  유료 버전(Pro): 무제한으로 웹사이트를 게시할 수 있습니다. 캔바 도메인뿐만 아니라, 본인 소유의 도메인까지 연결할 수 있습니다.

❹ [도움말 및 리소스]

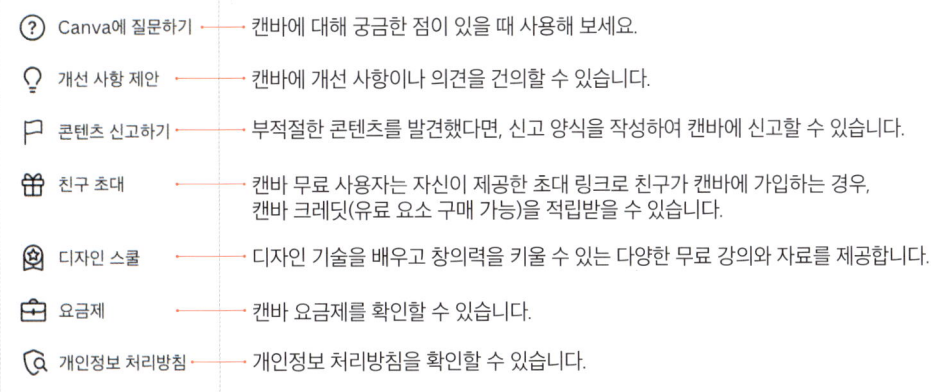

❺ [Canva에 질문하기]

캔바 사용 방법이나 궁금한 점이 있다면, 이 메뉴를 클릭하여 문의할 수 있습니다.

2.4 캔바 실행 환경

1) 웹

사용하는 브라우저를 통해 캔바 공식 웹사이트(www.canva.com)에 접속할 수 있으며, 따로 설치할 필요 없습니다. 브라우저 탭에서 실행되므로 여러 탭을 열어 작업할 수 있습니다.

2) 데스크톱 앱

Mac 또는 Windows용으로 설치하여 사용할 수 있습니다. 이를 통해 브라우저 탭을 줄이고 데스크톱 알림을 받을 수 있으며, 캔바의 최신 업데이트를 바로바로 반영할 수 있습니다.

[데스크톱 설치 바로가기] https://www.canva.com/download/

[설치 환경] Mac, Windows, iOS, Android, Chromebook

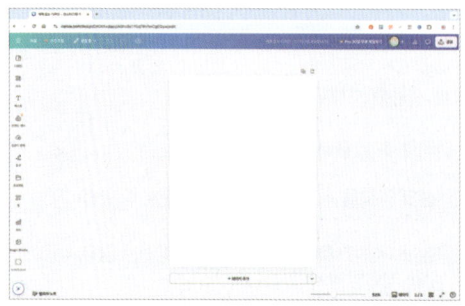
웹으로 캔바에 접속한 화면

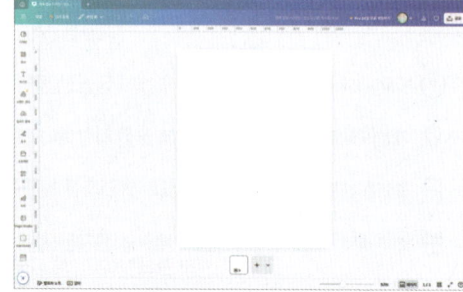
캔바 데스크톱 앱 화면

3 캔바 홈 화면 살펴보기

캔바의 인터페이스는 처음에는 복잡해 보일 수 있지만, 각 메뉴와 기능을 둘러보고 익숙해지면 정말 사용하기 편합니다. 처음부터 모든 것을 외우려고 하기보다는, 기본적인 메뉴의 위치와 기능을 가볍게 파악하고 자주 사용하는 기능부터 익혀보세요. 점차 자신만의 작업 방식에 맞게 활용할 수 있게 될 것입니다. 캔바에 로그인했을 때 가장 먼저 보이는 홈 화면에 대해서 살펴보겠습니다. (무료 계정 기준)

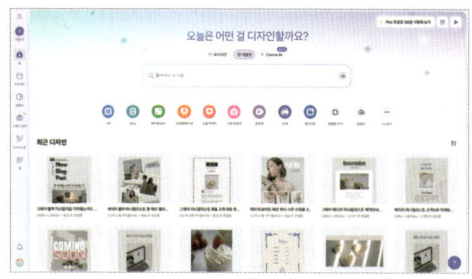
사이드바 [메뉴] 닫힌 상태의 홈 화면

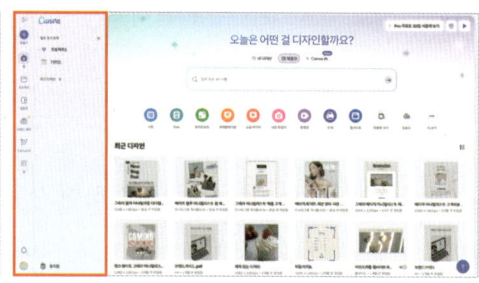
사이드바 [메뉴] 열린 상태의 홈 화면

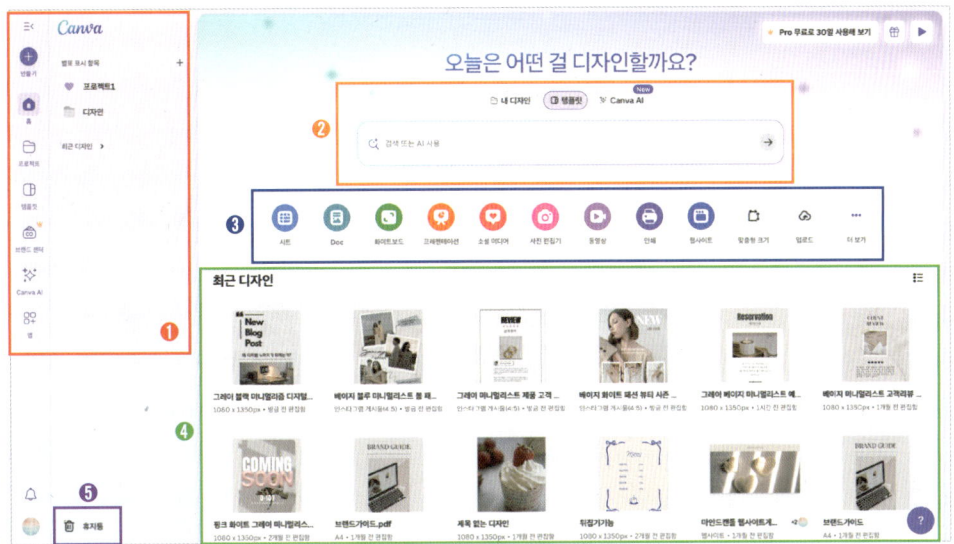

❶ 사이드바 메뉴

메뉴

사이드바 메뉴를 확장하거나 축소하는 데 사용됩니다.

- ☰ **메뉴 열기**: 사이드바를 확장하여 더 많은 옵션과 카테고리를 볼 수 있습니다.
- ☰< **메뉴 닫기**: 사이드바를 축소하여 화면 공간을 더 확보할 수 있습니다.

사이드바의 메뉴를 열면 사용자가 최근 작업한 디자인이나 별표 표시한 콘텐츠를 한눈에 확인할 수 있습니다.

- **[별표 표시 항목]**: 디자인이나 폴더에서 별표를 체크하면 [별표 표시 항목]에 표시됩니다.
- **[최근 디자인]**: 최근 작업한 디자인이 표시됩니다.

Canva

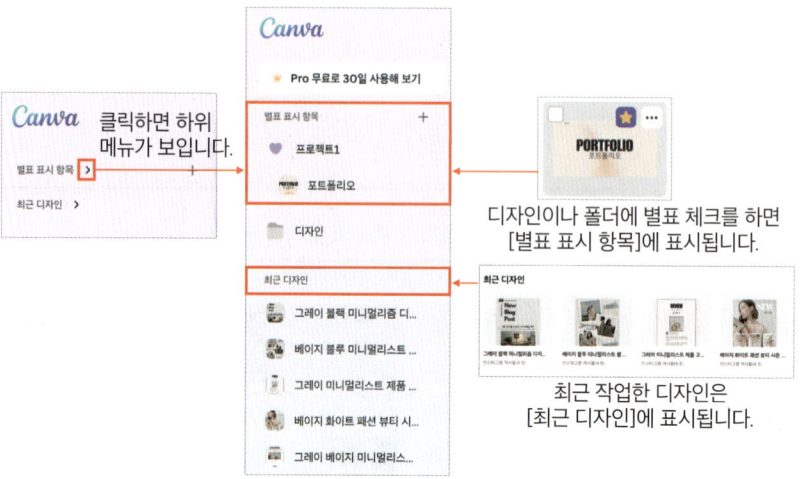

디자인이나 폴더에 별표 체크를 하면 [별표 표시 항목]에 표시됩니다.

최근 작업한 디자인은 [최근 디자인]에 표시됩니다.

섹션 만들기

별표 표시 항목에 섹션을 만들어서 작업물을 분류하여 관리할 수 있습니다.
[+] 버튼을 클릭하고 섹션 이름과 이모지를 설정합니다. 해당 섹션으로 디자인을 드래그하여 이동할 수 있습니다.

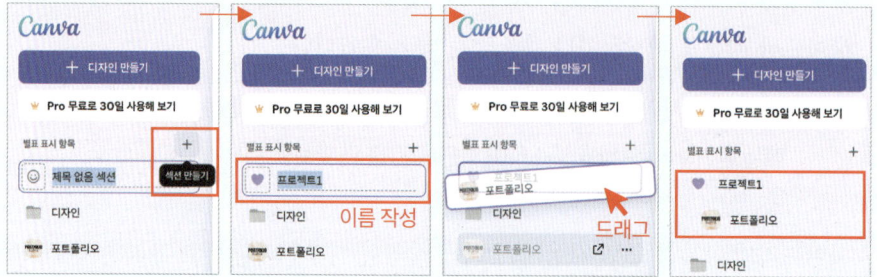

섹션 이름을 클릭하고 왼쪽 [V]를 클릭하면 섹션을 접거나 펼칠 수 있습니다. 오른쪽 […] 버튼을 클릭하면 섹션을 삭제하거나 섹션의 이름을 변경할 수 있습니다.

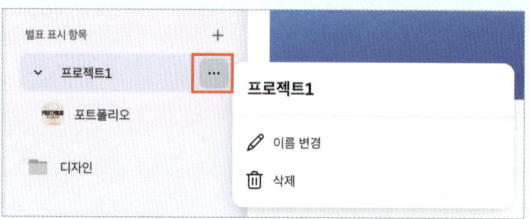

 **[만들기]**

캔바에서 원하는 디자인을 시작하는 기본적인 방법입니다. [만들기]를 클릭하여 디자인 유형이나 스타일, 크기를 선택하고 사용자의 선호도와 작업 스타일에 맞춘 사용자 맞춤 템플릿을 통해 빠르게 디자인을 시작할 수 있습니다.

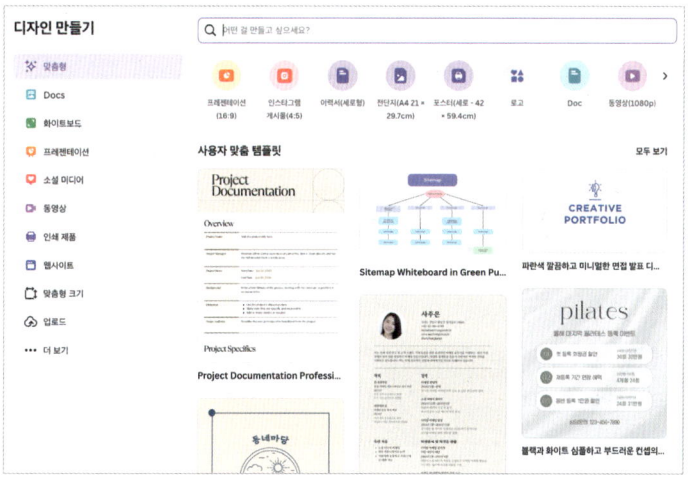

 **[홈]**

클릭하면 캔바의 첫 화면으로 이동합니다.

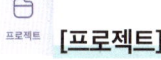 **[프로젝트]**

디자인이나 템플릿, 미디어 등의 콘텐츠를 체계적으로 관리할 수 있는 기능입니다. 폴더를 생성하여 팀이나 개인이 작업물을 쉽게 찾고 정리하거나 공유할 수 있습니다.

디자인을 폴더에 저장해두면 관리하기에 매우 편합니다.

1. 폴더 생성 방법

[프로젝트]→[폴더]→[새 항목 추가]→[폴더]를 차례로 선택합니다. 폴더 이름을 작성하고 [계속]을 클릭하면 작성한 폴더 이름으로 폴더가 생성됩니다.

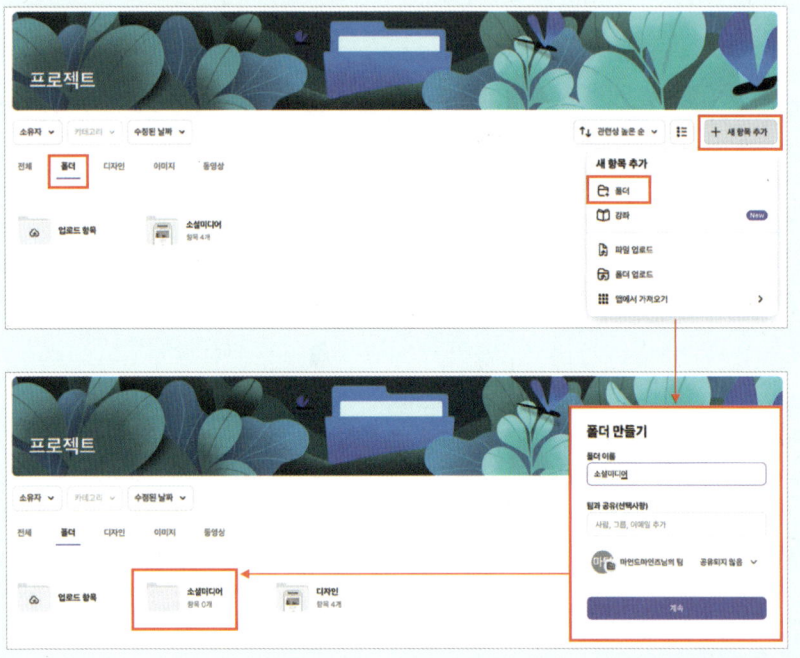

섹션 이름을 클릭하고 왼쪽 [V]를 클릭하면 섹션을 접거나 펼칠 수 있습니다. 오른쪽 [⋯] 버튼을 클릭하면 섹션을 삭제하거나 섹션의 이름을 변경할 수 있습니다.

2. 디자인을 폴더로 이동하는 방법

이동할 디자인을 선택합니다. 하단에 위치한 폴더 모양의 아이콘([폴더로 이동])을 클릭하고 폴더를 선택합니다.

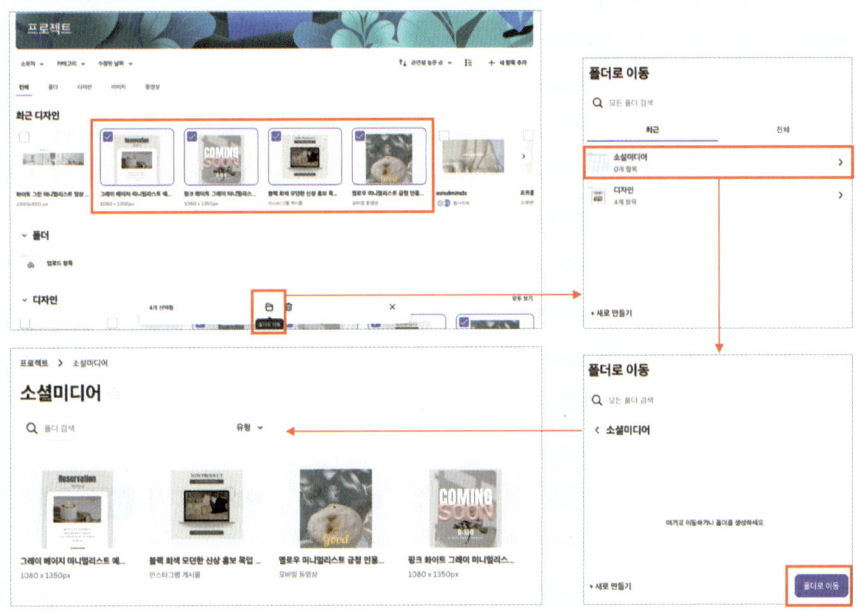

3. 폴더를 새로 만들어서 이동할 경우

이동할 디자인을 선택합니다. 하단 [**폴더로 이동**]을 클릭합니다. 왼쪽 하단 [**+ 새로 만들기**]를 선택하고 새 폴더 이름을 작성한 후, [**새 폴더로 이동**]을 클릭합니다.

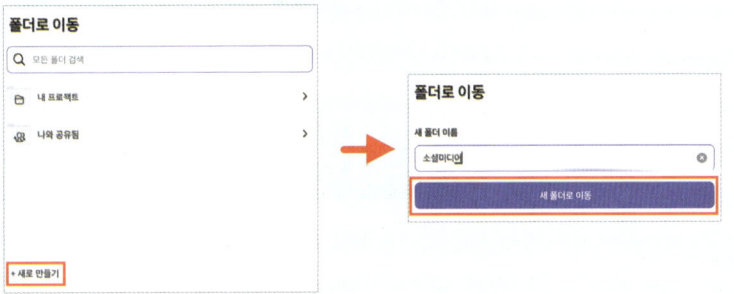

[템플릿]

캔바에서는 다양한 사진과 그래픽, 그리고 팔로우하는 크리에이터의 템플릿을 쉽게 찾아볼 수 있습니다. 카테고리별로 템플릿을 둘러볼 수 있으며, 추천 템플릿을 확인할 수 있습니다.

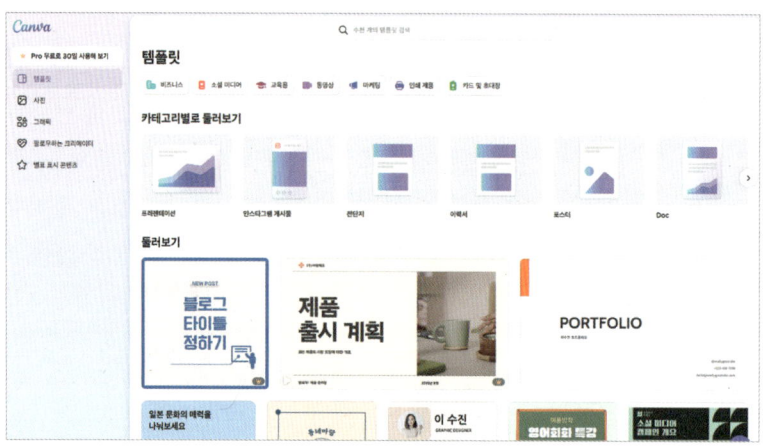

아이콘	기능 설명
사진	캔바의 사진 라이브러리에서 무료 및 프리미엄 이미지를 검색하고, 디자인에 바로 추가할 수 있습니다.
그래픽	다양한 그래픽 요소를 탐색할 수 있는 섹션으로 원하는 아이콘을 검색하거나 컬렉션을 둘러볼 수 있습니다. 
팔로우하는 크리에이터	추천 크리에이터와 팔로우한 크리에이터의 콘텐츠를 쉽게 확인할 수 있는 공간으로 크리에이터의 새로운 템플릿과 디자인을 빠르게 찾아볼 수 있습니다.
별표 표시 콘텐츠	즐겨찾기한 템플릿, 사진, 아이콘 등을 한곳에서 확인할 수 있고 자주 사용하는 콘텐츠를 저장해 빠르게 접근할 수 있습니다.

 **[Canva AI]**

디자인, 이미지, 텍스트, 코드 등을 생성할 수 있는 통합 AI 도구입니다.

원하는 이미지를 텍스트로 입력하거나 음성으로 설명하여 다양한 AI 생성 이미지를 만들 수 있습니다. 캔바 AI를 통해 간단한 설명과 스타일 선택만으로도 멋진 이미지를 생성할 수 있어서 초보자도 쉽게 이미지를 생성할 수 있습니다.

캔바 AI로 이미지 생성하기

1. 원하는 이미지에 대한 단어나 설명을 입력합니다.
2. 스타일 프리셋을 선택해 이미지 스타일을 설정합니다.

3. 이미지 크기를 선택합니다. 다양한 비율을 선택할 수 있습니다.

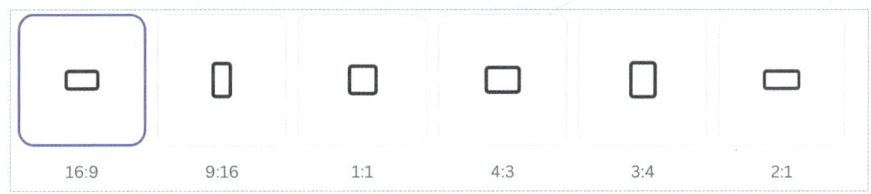

4. [화살표]를 클릭하면 이미지기 생성됩니다.

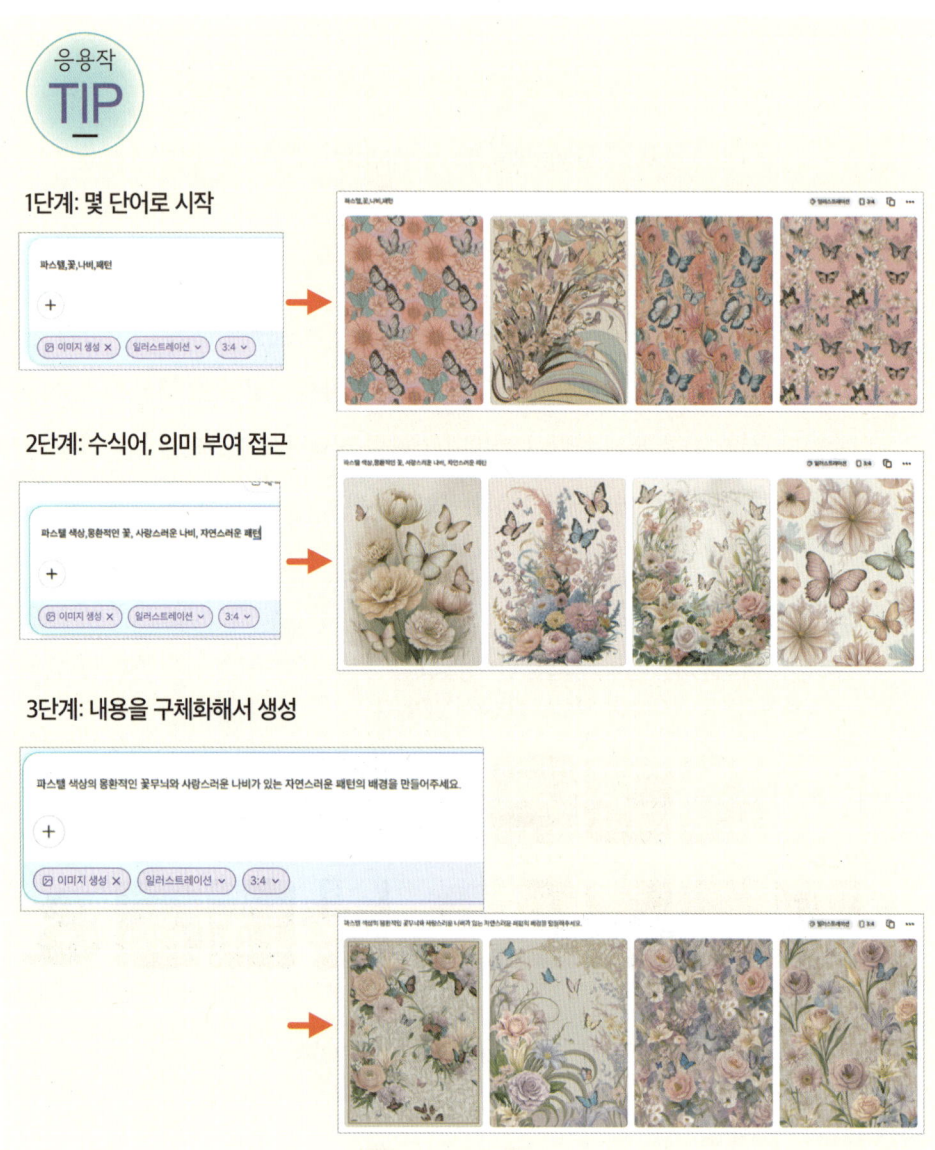

AI 이미지를 성공적으로 생성하기 위한 체크포인트

1. 명확한 프롬프트: 원하는 이미지의 세부 사항을 구체적으로 기술해야 합니다. 색상, 스타일, 구성 요소 등을 명확히 설명합니다.
2. 스타일 및 테마: 원하는 아트 스타일(예: 사실적, 추상적, 만화 스타일 등)과 주제를 명시하여 AI가 방향성을 이해하도록 합니다.
3. 적절한 키워드: 관련된 키워드를 사용하여 AI가 특정 요소를 강조하도록 유도합니다.

- [옵션]: 옵션을 클릭하여 [미디어를 추가]하거나 [최근 생성된 항목]에서 이미지를 추가하여 이미지의 스타일을 참조하여 생성할 수 있습니다.

 [앱]

다양한 앱으로 디자인을 풍부하게 만들 수 있습니다. 앱 섹션으로 이동하면 [작업공간 필수 앱], [AI 기반] 앱, [생산성] 도구, [디자인 필수품] 등 다양한 카테고리의 앱을 탐색할 수 있습니다. 특정 앱을 찾고 싶다면 검색창을 사용하거나 추천 앱을 확인해볼 수 있습니다.

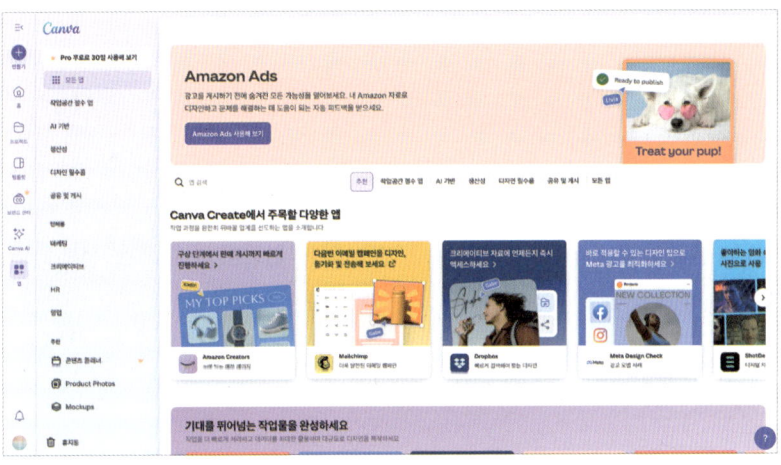

❷ 검색 및 AI바

캔바 내 검색과 AI 기능을 활용할 수 있는 게이트웨이입니다. [내 디자인] 찾기, [템플릿] 검색, [Canva AI] 기능을 사용할 수 있습니다.

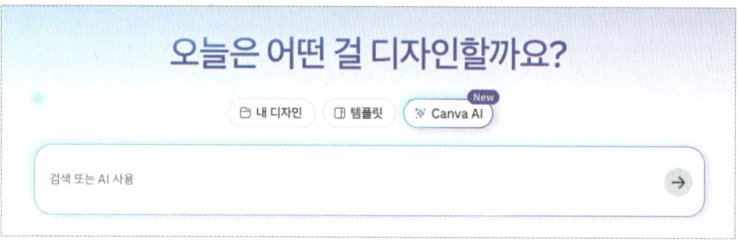

[내 디자인]

[내 디자인]을 선택하고 검색어를 입력하거나 유형 및 카테고리, 소유자, 수정된 날짜 등을 설정하면 결과를 필터링하여 찾을 수 있습니다.

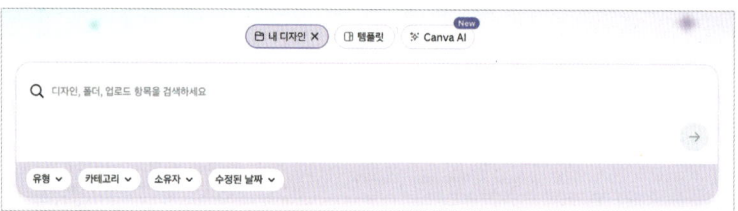

[템플릿]

[템플릿]을 선택하고 키워드나 주제 등을 입력하거나 필요한 항목을 선택하면, 필터링하여 다양한 템플릿을 찾을 수 있습니다.

❸ 홈페이지 배너

다양한 디자인 유형을 빠르게 선택하고 시작할 수 있습니다.

- **시트**: 엑셀과 같은 스프레드시트입니다. 데이터를 정리하고 시각적으로 표현할 수 있는 도구입니다.
- **Doc**: 문서 작성에 용이한 유형입니다. 텍스트와 비주얼을 결합한 문서를 디자인할 수 있는 기능입니다.
- **화이트보드**: 무한한 공간에서 아이디어를 브레인스토밍하고 협업할 수 있는 도구입니다.
- **프레젠테이션**: 시선을 사로잡는 프레젠테이션을 쉽게 만들 수 있습니다.
- **소셜 미디어**: 소셜 미디어용 포스트, 스토리, 동영상을 디자인할 수 있습니다.
- **사진 편집기**: 사진을 편집하고 보정할 수 있는 도구입니다.
- **동영상**: 간단한 드래그 앤 드롭으로 전문적인 동영상을 제작할 수 있습니다.
- **인쇄**: 디자인을 실제 제품으로 인쇄하여 받아볼 수 있습니다.
- **웹사이트**: 몇 분 안에 맞춤형 웹사이트를 디자인하고 런칭할 수 있습니다.
- **맞춤형 크기**: 맞춤형 크기를 직접 입력하여 새 페이지를 열어 디자인을 시작할 수 있습니다.
- **업로드**: 사진, 동영상, 문서 등을 업로드하여 디자인에 사용할 수 있습니다.

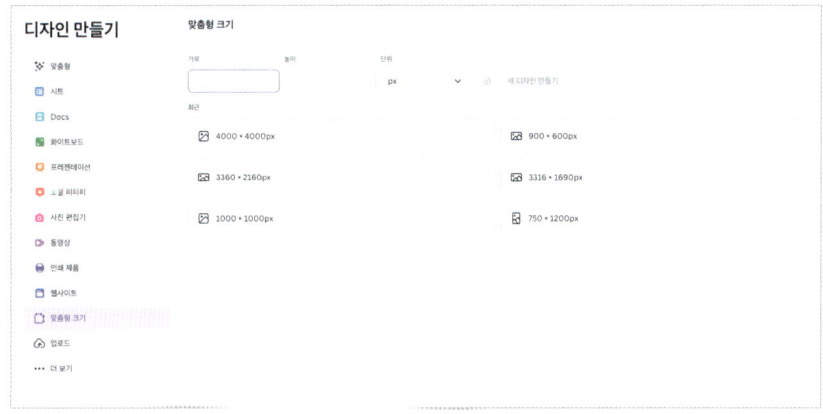

캔바에서 업로드 가능한 파일 형식

- **이미지**: JPEG, PNG, SVG, GIF
- **비디오**: MP4, GIF, MOV, MPEG, MKV, WEBM
- **오디오**: MP3, WAV, M4A, OGG, WEBM
- **문서**: PDF, DOC, DOCX, PPT, PPTX, DOTX, POTX
- **폰트**: OTF, TTF, WOFF(Pro 계정에서만 가능)

PDF 파일 업로드하는 방법

[**업로드**] 아이콘을 클릭하고 [**파일 업로드**]를 선택합니다. PDF 파일을 선택한 후 [**열기**]를 선택하면 업로드한 파일로 디자인이 생성됩니다. 업로드된 문서는 최근 디자인에서 확인할 수 있습니다.

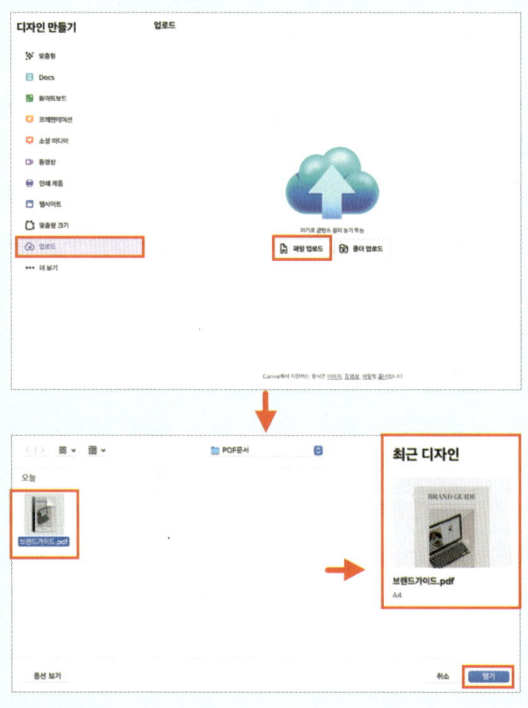

- **더 보기**: 디자인 유형이나 스타일, 크기를 선택하거나 다양한 템플릿을 탐색하여 선택할 수 있습니다.

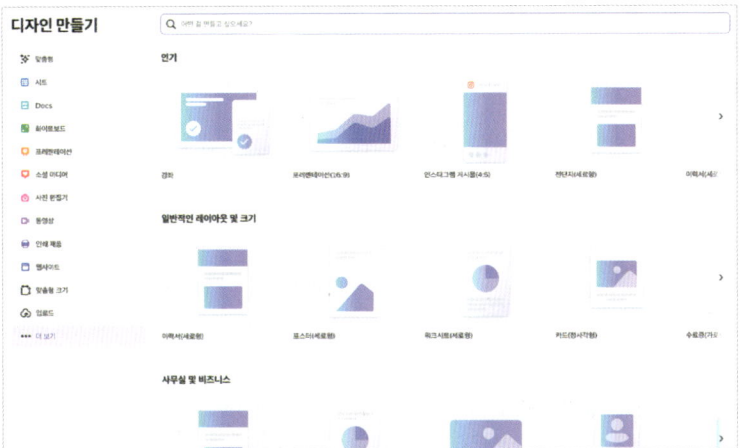

❹ 최근 디자인

최근에 작업한 디자인이 표시됩니다.

❺ 휴지통

삭제한 디자인이 30일간 보관됩니다. 30일 이내에는 복원할 수 있습니다.

4.1 템플릿 열기

템플릿은 디자인 결과물을 손쉽게 만들 수 있도록 도와주는 사전에 제작된 디자인입니다. 프레젠테이션이나 SNS 게시물, 문서, 웹사이트, 비디오, 인쇄물 등 다양한 디자인 유형에 맞는 템플릿을 제공합니다.

캔바 홈 화면에서 사이드바 메뉴에 있는 [템플릿] 탭을 클릭하거나, [검색 및 AI바]에 키워드를 검색하여 디자인을 찾을 수 있습니다. 우선, [검색 및 AI바]를 활용하여 템플릿을 열어 봅시다.

[검색 및 AI바]에 키워드를 검색합니다. 사용할 템플릿을 선택하고 [이 템플릿 맞춤 편집하기]를 클릭하면 템플릿 페이지가 열립니다. 이 페이지에서 템플릿을 편의에 맞게 자유롭게 편집할 수 있습니다.

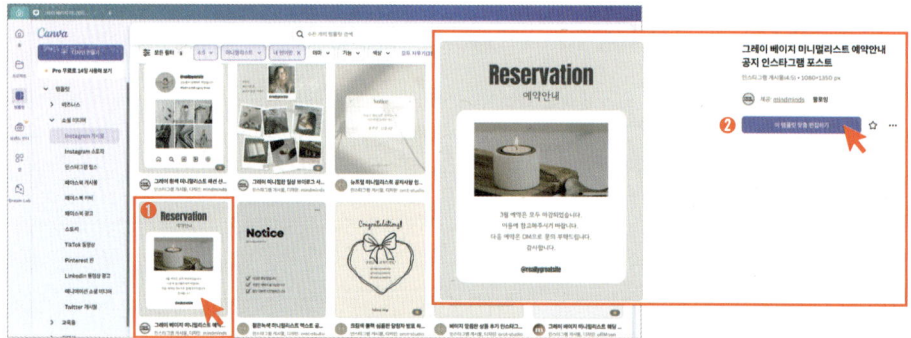

❶ 원하는 템플릿 클릭
❷ [이 템플릿 맞춤 편집하기] 클릭
❸ 템플릿이 열리면 자유롭게 편집

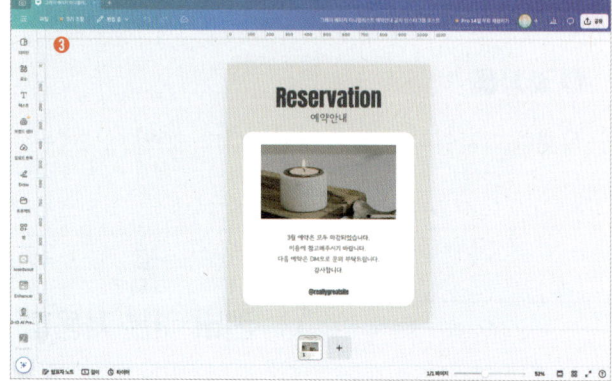

4.2 템플릿 편집 기초

템플릿 편집의 기초가 되는 조작법을 차근차근 알아보며 자주 쓰는 기능과 메뉴도 익혀봅시다. 총 다섯 가지 항목으로 나눠서 설명하겠습니다. 다섯 가지 항목은 다음과 같습니다.

1. 기본 동작
2. 사진(이미지)의 기본 메뉴와 조작법
3. 그래픽의 기본 메뉴와 조작법
4. 텍스트의 기본 메뉴와 조작법
5. 도형을 활용한 기본 사용법

기본 동작을 시작으로 순서대로 따라하며 배워봅시다.

1) 기본 동작

드래그 앤 드롭(Drag and drop)

모든 요소는 마우스 드래그 앤 드롭으로 쉽게 이동하고 교체할 수 있습니다.

이미지 바꾸기 전   드래그 앤 드롭   이미지 바꾼 후

요소의 회전과 이동

요소를 선택하면 표시되는 회전 아이콘을 좌우로 드래그하여 원하는 각도로 회전할 수 있고, 이동 아이콘을 드래그하여 요소를 이동할 수 있습니다. 이동 아이콘이 뜨지 않아도 선택한 요소를 드래그하면 이동할 수 있습니다.

회전: 좌우로 드래그하여 원하는 각도로 회전 가능
이동: 드래그하여 요소를 이동
(이동 아이콘이 뜨지 않아도, 요소를 드래그하여 이동할 수 있음)

빠른 이동

요소를 여러 개 선택했을 때 중앙에 보이는 빠른 이동 아이콘으로 요소의 위치를 빠르게 바꿀 수 있습니다.

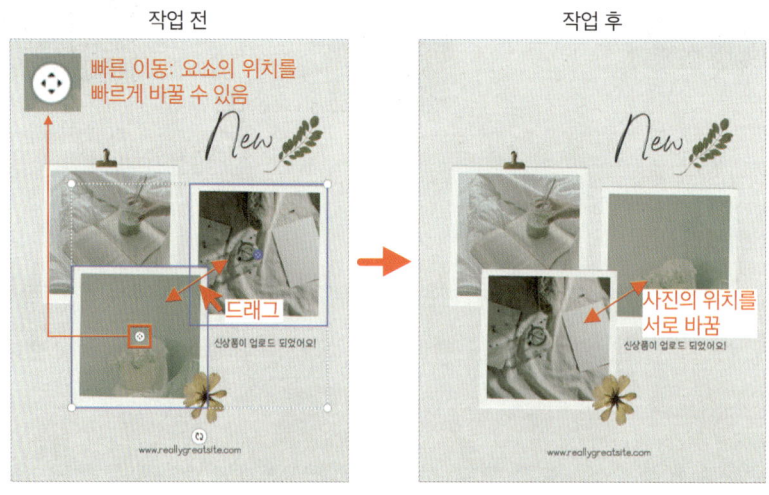

2) 사진(이미지)의 기본 메뉴와 조작법

사진 추가하기

[요소]에서 [사진]을 선택하고 원하는 사진을 클릭하면 페이지에 사진이 추가됩니다. 사용자가 가지고 있는 사진을 추가하고 싶은 경우 [업로드 항목]에서 업로드하여 추가할 수 있습니다.

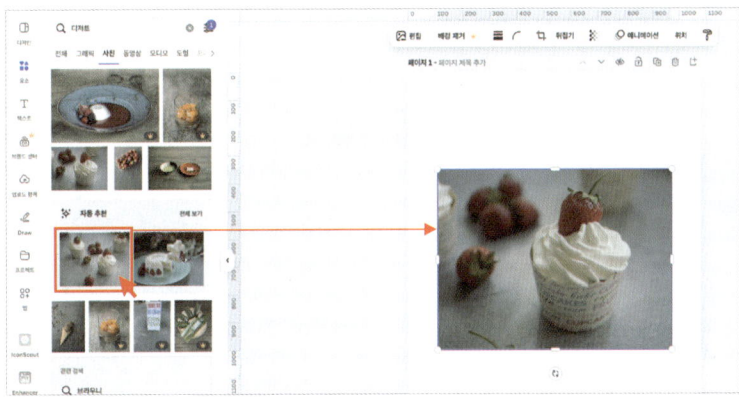

사진 크기 변경

사진을 선택한 후 모서리의 흰색 원형 핸들을 드래그하여 사진의 크기를 조절할 수 있습니다.

사진 회전하기

선택한 사진의 바깥쪽에 있는 회전 핸들을 클릭하고 드래그하여 원하는 방향으로 회전할 수 있습니다.

사진 자르기

사진을 더블클릭하고 왼쪽에 나오는 메뉴 패널에서 [자르기] 비율을 선택하여 자를 수 있습니다. 혹은 조절 핸들을 드래그하여 원하는 부분을 자르기할 수 있습니다.

사진을 선택한 후 양쪽에 있는 조절 핸들을 드래그하여 사진을 자를 수도 있습니다. 이 때, 원하는 부분만 자르려면 사진을 더블클릭하면 왼쪽에 나오는 메뉴 패널에서 사용할 영역의 위치를 조정해주면 됩니다.

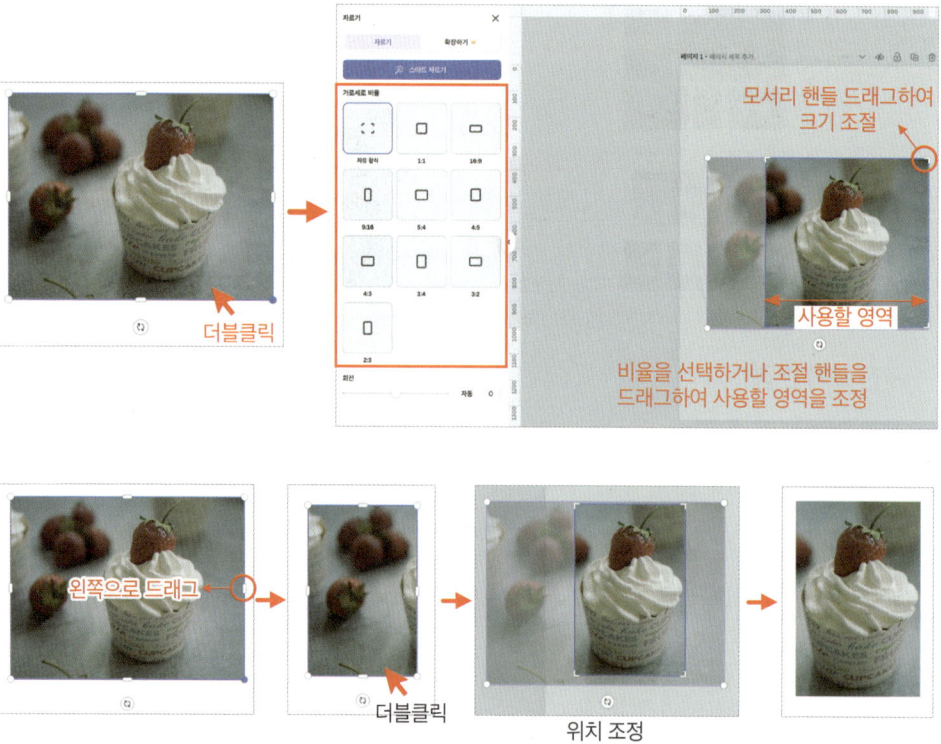

프레임에 사진 넣기

[요소]에서 [프레임]을 클릭하고 원하는 사진 프레임을 선택합니다. 사진을 드래그하여 프레임 위에 놓습니다. 사진이 프레임에 맞춰 자동으로 잘려 들어가며, 프레임 모양에 맞게 조정됩니다. 더블클릭하면 사진의 크기와 위치를 조절할 수 있습니다.

사진을 프레임에서 분리하기

프레임 속 사진을 마우스 우클릭하고 [이미지 분리하기]를 선택하면 프레임에서 사진이 분리됩니다.

사진을 배경으로 설정

사진을 선택하고 마우스 우클릭하여 [이미지를 배경으로 설정]을 선택합니다. 사진이 페이지에 맞게 꽉찬 이미지(배경)로 설정됩니다.

배경에서 사진을 분리

배경이 된 사진을 선택하고 마우스 우클릭하여 [이미지를 배경으로 분리합니다] 선택하면, 배경에서 사진이 분리됩니다.

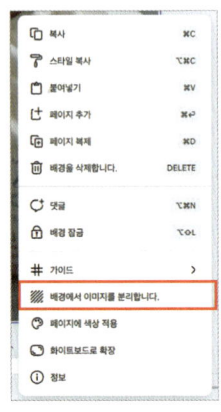

3) 그래픽의 기본 메뉴와 조작법

그래픽 추가하기

[요소]에서 [그래픽]을 클릭하고 원하는 그래픽을 선택하면 페이지에 그래픽이 추가됩니다.

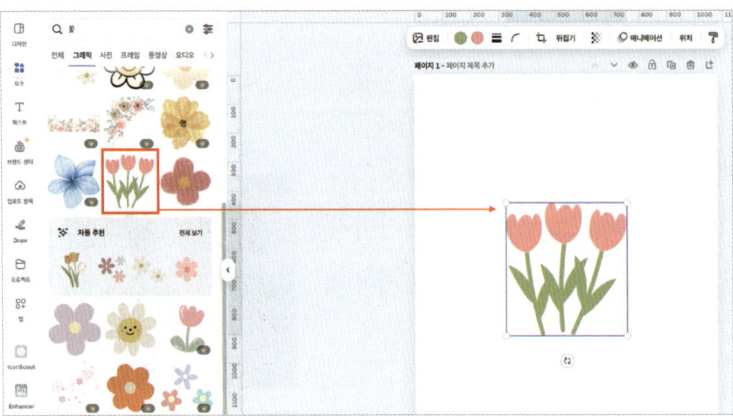

그래픽 크기 변경

그래픽을 선택한 후 모서리의 흰색 원형 핸들을 드래그하여 그래픽의 크기를 조절할 수 있습니다.

그래픽 회전하기

선택한 그래픽의 바깥쪽에 있는 회전 핸들을 클릭하고 드래그하여 원하는 방향으로 회전할 수 있습니다.

그래픽 색상 변경

색상 변경이 가능한 그래픽의 경우, 그래픽을 선택했을 때 상단 툴바에 색상 아이콘이 생깁니다. 색상 아이콘을 선택하여 원하는 색상을 선택하거나 기본 색상에서 골라 색상을 변경할 수 있습니다.

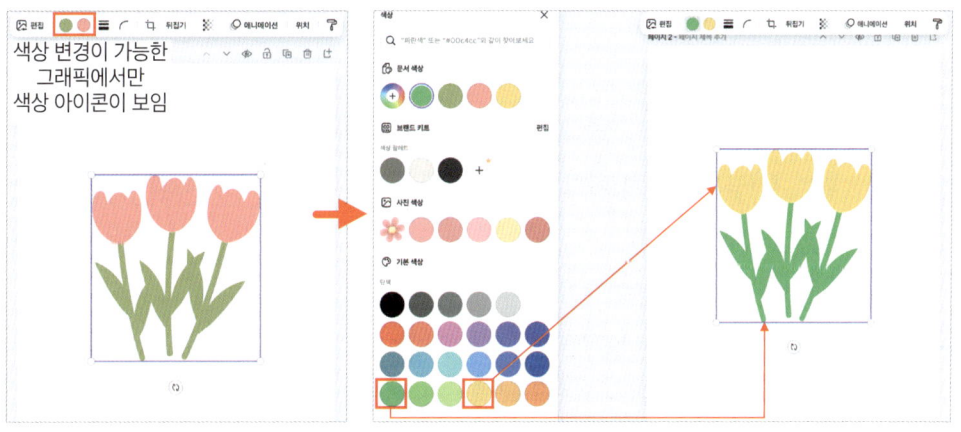

색상 변경이 안되는 그래픽의 색상 변경

색상 변경이 불가능한 그래픽도 있습니다. 이럴 때는 그래픽을 선택하고 [편집]→[효과]를 차례로 클릭합니다. [듀오톤]을 클릭하면 그래픽 전체의 색감을 바꿀 수 있습니다. 디테일한 색상 변경은 아니지만, 그래픽의 색감을 새롭게 연출하는 데 유용합니다.

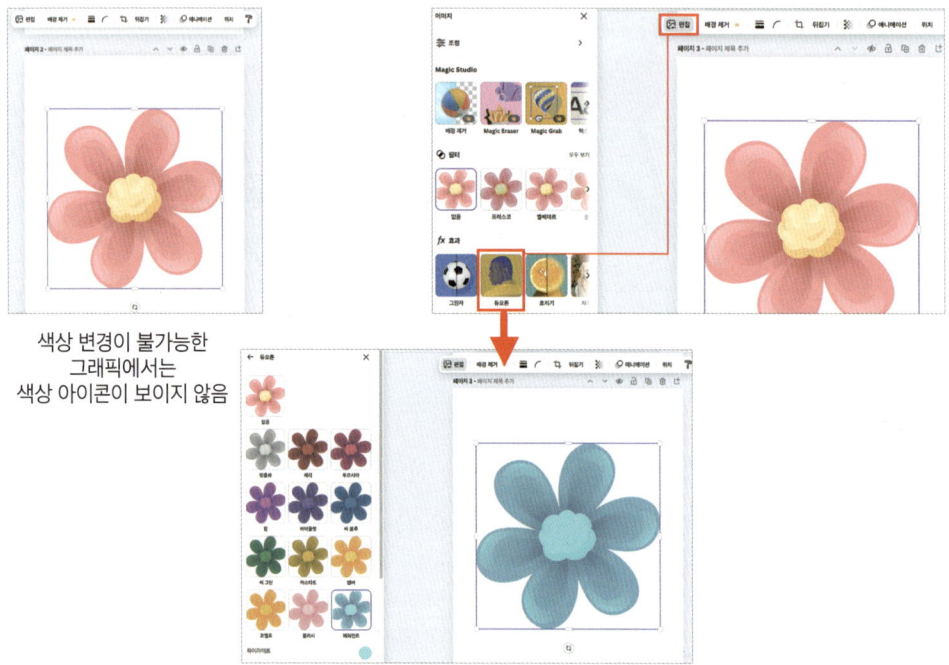

색상 변경이 불가능한
그래픽에서는
색상 아이콘이 보이지 않음

그래픽 정보 보기

그래픽을 선택하고 마우스 우클릭하여 [정보]를 선택하면 그래픽의 정보를 확인할 수 있습니다. 또한, [지금과 비슷한 이미지 더 보기], [컬렉션 보기] 등의 메뉴를 통해 다양한 그래픽을 만날 수 있습니다.

- [지금과 비슷한 이미지 더 보기]: 해당 그래픽과 유사한 추천 이미지를 확인할 수 있습니다
- [컬렉션 보기]: 비슷한 유형의 그래픽이 묶음으로 구성된 그룹으로 세트 키워드와 함께 컬렉션을 확인할 수 있습니다. (컬렉션이 있는 요소만 표시됨)

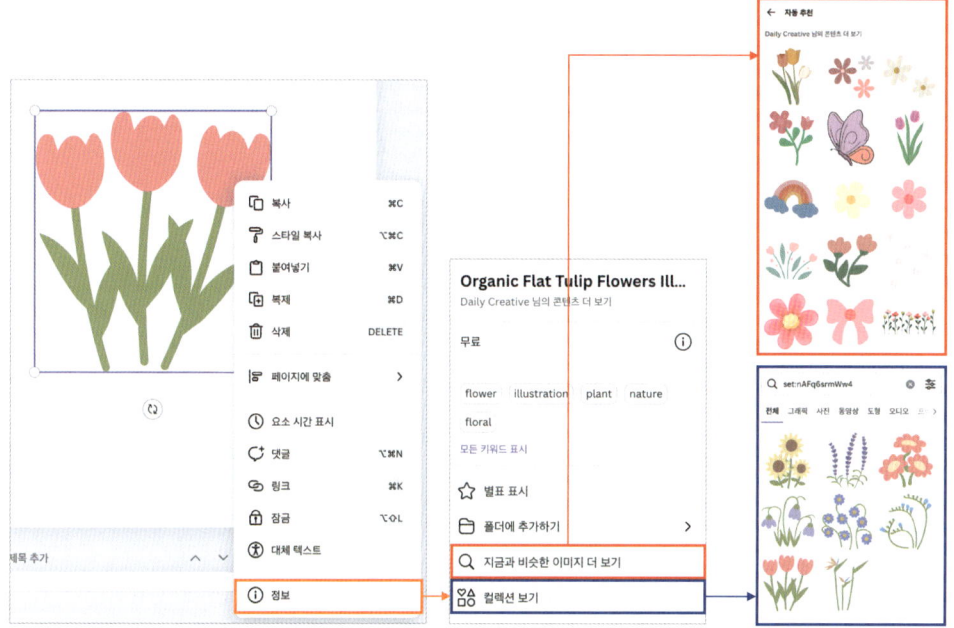

4) 텍스트의 기본 메뉴와 조작법

텍스트 크기 변경

텍스트를 선택한 후 모서리의 흰색 원형 핸들을 드래그하여 텍스트 전체 크기를 조절할 수 있습니다. 또한 양쪽에 있는 조절 핸들을 좌우로 조절하여 텍스트의 폭을 조절할 수 있습니다.

텍스트 회전하기

선택한 텍스트의 바깥쪽에 있는 회전 핸들을 클릭하고 드래그하여 원하는 방향으로 회전할 수 있습니다.

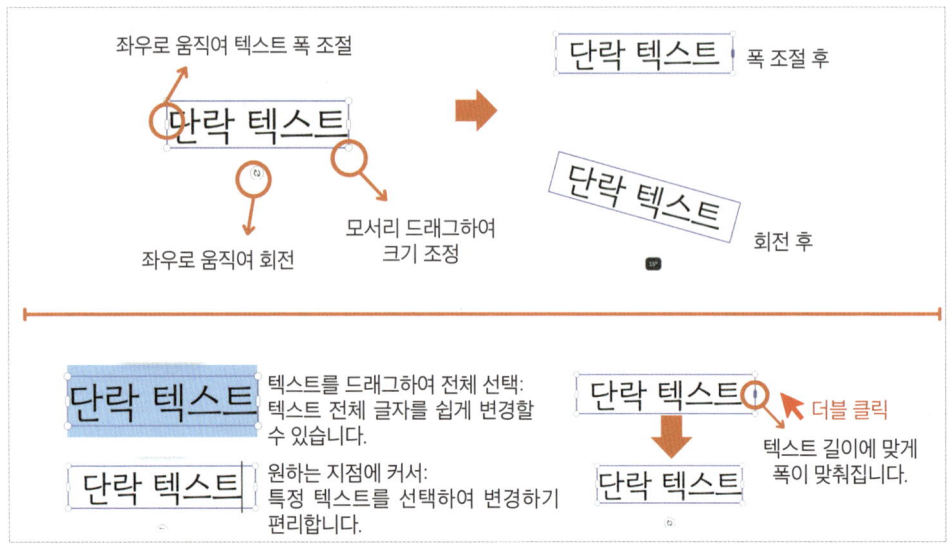

5) 도형을 활용한 기본 사용법

도형의 기본 사용법을 익히면 사진이나 그래픽 등 다양한 디자인 작업에도 유용하게 활용할 수 있습니다.

도형 추가하기

[요소]에서 [도형]을 클릭하여 원하는 도형을 선택하고 추가할 수 있습니다.

도형 색상 변경

도형을 선택하고 상단 툴바에서 색상 타일을 클릭합니다. 색상 팔레트에서 원하는 색으로 변경할 수 있습니다.

PART 1　　　　　　　　　　　　　　　　　　　처음부터 쉽게 배우는 캔바 기초

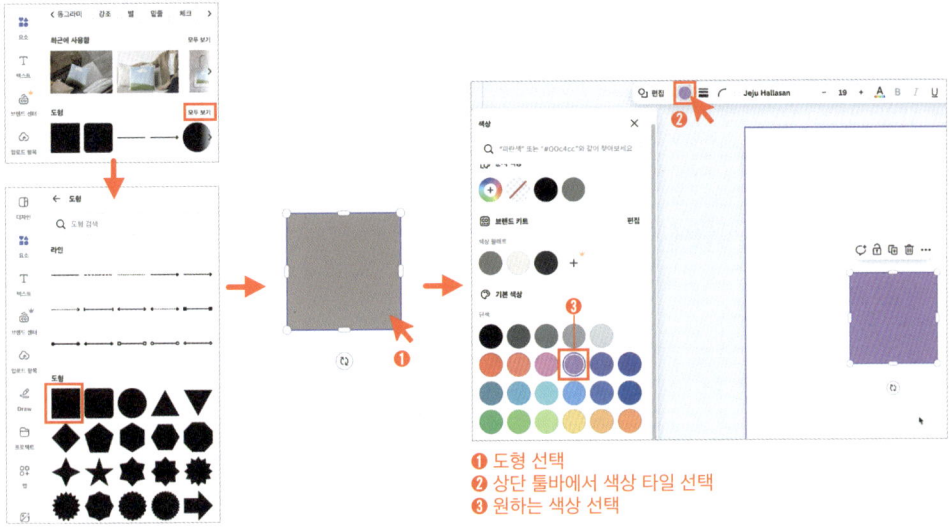

❶ 도형 선택
❷ 상단 툴바에서 색상 타일 선택
❸ 원하는 색상 선택

도형 크기 변경

　도형을 선택하고 모서리의 흰색 원형 핸들을 드래그하여 크기를 조절할 수 있습니다. 도형의 크기를 조절할 때 [Shift] 키를 누르면서 조절하면 비율을 일정하게 유지할 수 있습니다.

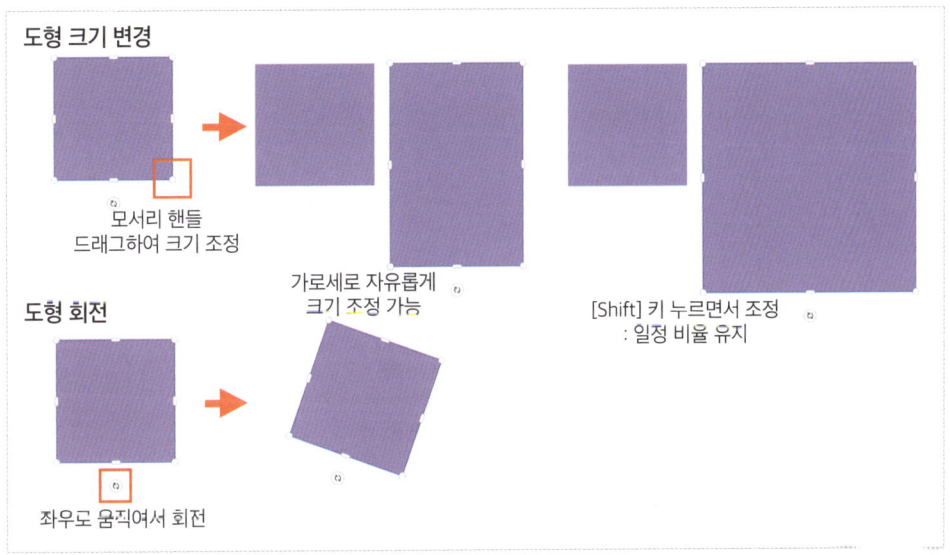

도형 회전하기

도형을 선택하고 바깥쪽에 있는 회전 핸들을 클릭하고 드래그하여 원하는 방향으로 회전할 수 있습니다.

도형 복제 방법

도형을 선택하고 상단에 나타나는 미니 툴바에서 [복제] 아이콘을 클릭합니다.

도형 교체 방법

도형을 선택하고 상단 툴바에서 [편집]을 클릭합니다. 원하는 도형으로 쉽게 교체할 수 있습니다.

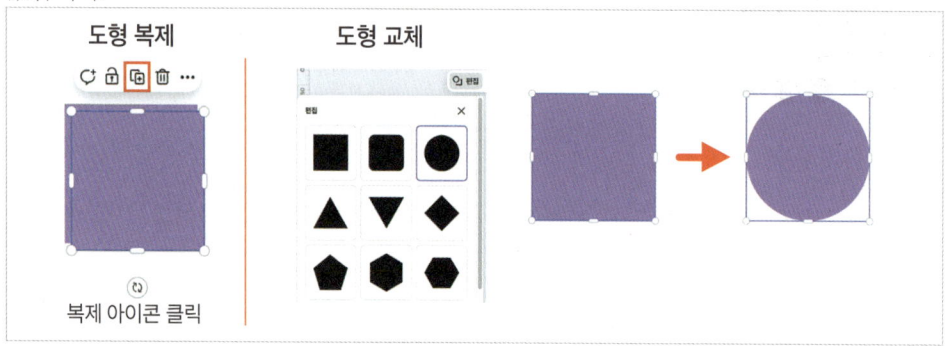

도형 테두리 설정

도형을 선택하고 상단 툴바에서 테두리 아이콘을 클릭합니다. 테두리 스타일과 굵기를 설정할 수 있습니다. 테두리의 색상 또한 여기서 변경할 수 있습니다.

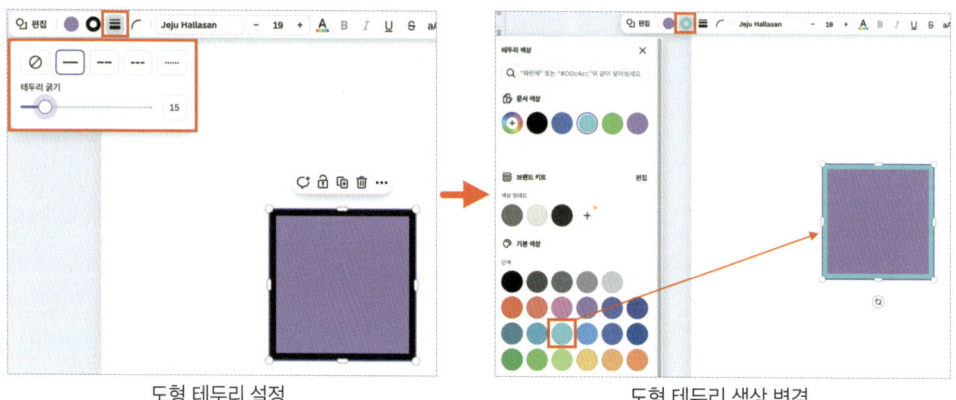

도형 테두리 설정   도형 테두리 색상 변경

도형 모서리 설정

도형을 선택하고 상단 툴바에서 테두리 모서리 아이콘을 클릭합니다. 슬라이더를 조정하거나 값을 입력하여 모서리의 둥근 정도를 조절할 수 있습니다.

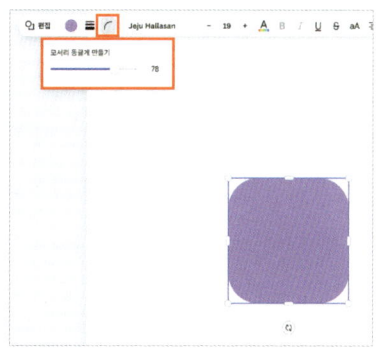

도형 정렬

도형을 선택하고 상단 툴바에서 [위치]→[정렬]을 차례로 클릭합니다. 정렬 기능을 활용하면 안정적으로 배치할 수 있고 요소 간의 간격도 균일하게 맞출 수 있습니다. 정렬 옵션에서 원하는 정렬 방향을 선택하여 설정합니다. [Shift] 키를 누르면 여러 도형을 함께 선택할 수 있습니다.

가운데 정렬

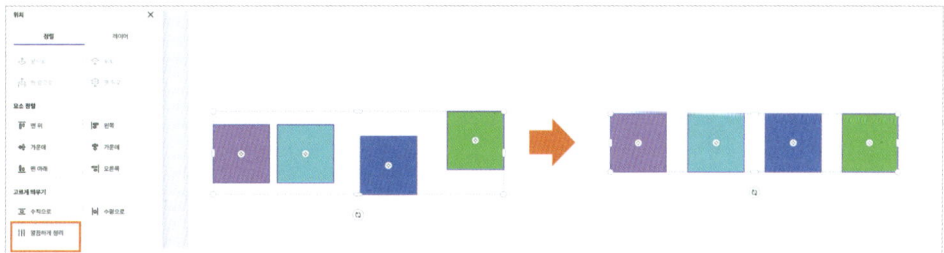

깔끔하게 정렬

도형 위치

도형을 선택하고 상단 툴바에서 [위치]→[레이어]를 차례로 클릭합니다. 레이어를 통해 디자인에 사용된 요소를 한눈에 확인할 수 있으며, 요소를 체계적으로 배치할 수 있습니다. 레이어를 드래그하여 원하는 위치로 쉽게 이동할 수 있으며, 가장 아래에 있는 레이어는 맨 뒤에 배치된 요소를 나타내고, 위쪽으로 갈수록 앞으로 배치된 요소를 의미합니다.

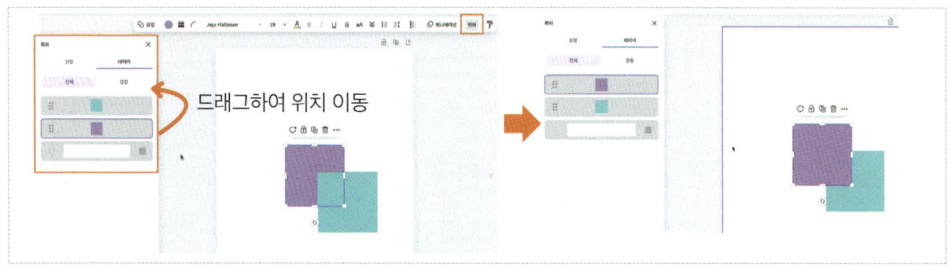

도형 그룹화

그룹화는 여러 요소를 그룹으로 묶어 디자인 작업을 훨씬 더 효율적으로 만들어주는 기능입니다. 여러 요소를 그룹화하면 한 번에 이동하거나 크기를 조정할 수 있어 작업이 편리합니다.

그룹화할 도형을 한꺼번에 드래그하여 선택하거나 [Shift] 키를 누른 상태에서 여러 도형을 선택합니다. 상단 미니 툴바에 보이는 그룹화 아이콘을 클릭하면 도형들이 하나의 그룹으로 묶입니다. 그룹화된 도형을 해제하려면 그룹화된 도형을 선택한 후 [그룹 해제]를 클릭하면 됩니다. 그룹화된 요소는 레이어에서 그룹으로 표시되며, 요소가 많거나 복잡한 디자인을 다룰 때 작업 속도를 높일 수 있습니다. 또한 레이어에서 마우스 우클릭하여 세부 옵션을 적용할 수 있습니다.

4.3 실전 활용: 다양한 방법으로 템플릿 편집하기

템플릿의 텍스트와 이미지를 변경하거나 배경 이미지를 바꾸는 등의 간단한 편집을 통해 새로운 디자인으로 완성할 수 있습니다. 다음 과정을 따라하며 실제 활용법을 알아 봅시다.

1. 사진 교체

가지고 있는 사진을 업로드하거나 [요소]→[사진]을 차례로 클릭하여 원하는 사진을 선택합니다. 사진을 드래그하여 프레임 속 사진을 교체합니다.

2. 텍스트 교체

텍스트의 내용과 글꼴, 사이즈, 색상 등을 변경합니다.

3. 도형과 배경색 교체

도형을 변경하거나 배경색을 변경합니다.

4. 배치 변경

요소를 자유롭게 이동, 크기를 조절하여 새롭게 배치합니다.

5. 이미지를 배경으로 변경

이미지를 배경으로 설정하여 새로운 디자인으로 변경할 수 있습니다.

CHAPTER 2 캔바 기본기 다지기

1 에디터 화면 열기

캔바 홈 화면에서 [만들기]를 클릭하여 새로운 디자인 작업을 시작하거나, 디자인 템플릿을 검색하여 템플릿을 선택하여 디자인 작업을 시작하면 에디터(editor) 화면이 열립니다. 에디터 화면은 캔바의 모든 디자인 작업이 이루어지는 공간입니다.

[만들기]를 클릭하여 새로운 디자인 작업을 시작하는 방법으로 에디터 화면을 열어봅시다. 캔바 홈 화면에서 [만들기]를 클릭하고 [인스타그램 게시물(4:5)]을 선택합니다.

(*참고: 실행 환경은 Mac, 캔바 데스크톱 앱)

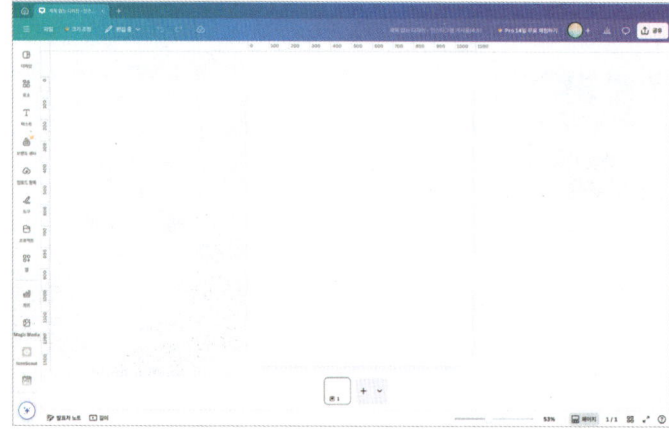

2 에디터 화면 구성 알아보기

에디터 화면을 열었다면 에디터 화면 구성과 각각의 메뉴 및 기능을 알아보겠습니다. 에디터에는 많은 메뉴가 있으므로 전부 외우려고 하기보다는, 어떤 메뉴가 있는지 대략적으로 파악하고 메뉴가 어디에 있는지 정도를 확인하는 것이 좋습니다. 이어지는 Chapter 3부터 본격적인 디자인 실습을 진행하며 에디터 메뉴와 기능을 자연스럽게 익힐 수 있으니, 지금은 편하게 훑어보는 정도로 진행하길 바랍니다.

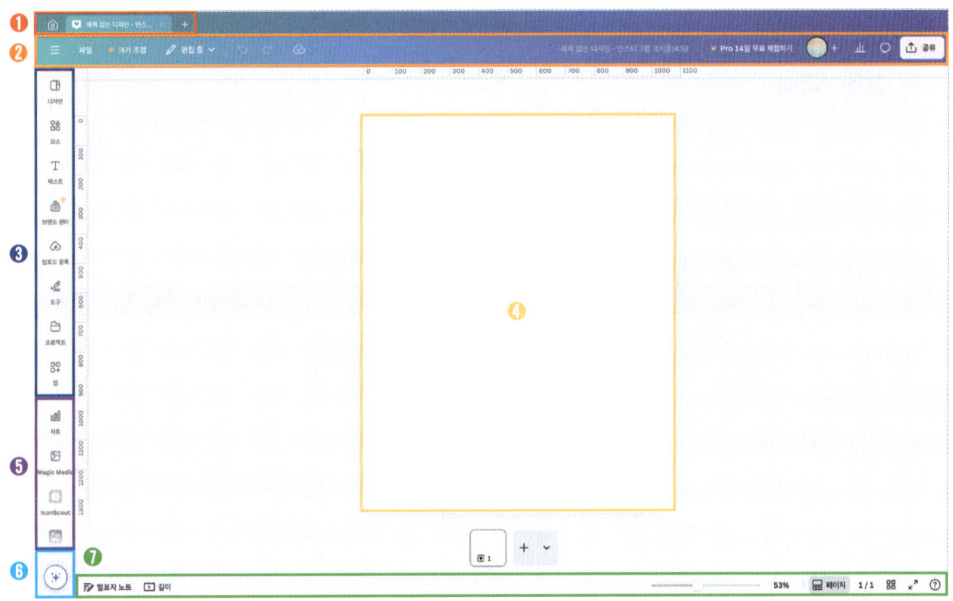

①작업 탭 ②상단 메뉴 ③사이드 패널 ④페이지
⑤최근 사용한 앱 ⑥빠른 작업 ⑦하단 메뉴

❶ 작업 탭

현재 작업 중인 디자인이 표시되는 탭입니다.

Canva

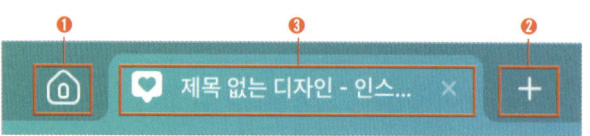

① **[홈] 버튼**: 캔바 홈으로 이동합니다.
② **[+] 버튼**: 새로운 디자인 유형의 페이지를 열거나,
맞춤형 크기의 새 페이지를 열 수 있습니다.
③ **브라우저 탭**: 작업 중인 탭이 표시되는 곳으로 여러 디자인을
작업 중일 때 이 탭을 통해 쉽게 이동할 수 있습니다.

작업 중인 디자인이 2개일 때의 브라우저 탭

❷ 상단 메뉴

디자인 제목, 자동 저장 상태, 파일 관리 옵션(파일, 공유, 크기 조정 등), 실행 취소/다시 실행 버튼 등이 포함되어 있습니다.

① 메뉴
② 파일
③ 크기 조정
④ 편집 모드
⑤ 실행 취소/다시 실행
⑥ 자동 저장
⑦ 파일명
⑧ 접근 권한
⑨ 분석
⑩ 댓글
⑪ 공유

1. 메뉴

디자인 작업을 더 효율적으로 관리할 수 있도록 돕는 기능입니다. 템플릿, 최근 디자인, 별표 표시 항목 등으로 빠른 탐색을 제공합니다.

[메뉴 열기]	[메뉴 닫기]
메뉴가 닫힌 상태일 때, 이 아이콘을 누르면 메뉴가 열립니다.	메뉴가 열린 상태일 때, 이 아이콘을 누르면 메뉴가 닫힙니다.

2. 파일 파일

디자인 작업을 관리하고 다양한 옵션을 제공하는 도구입니다. 클릭하면 다음과 같이 메뉴가 열립니다.

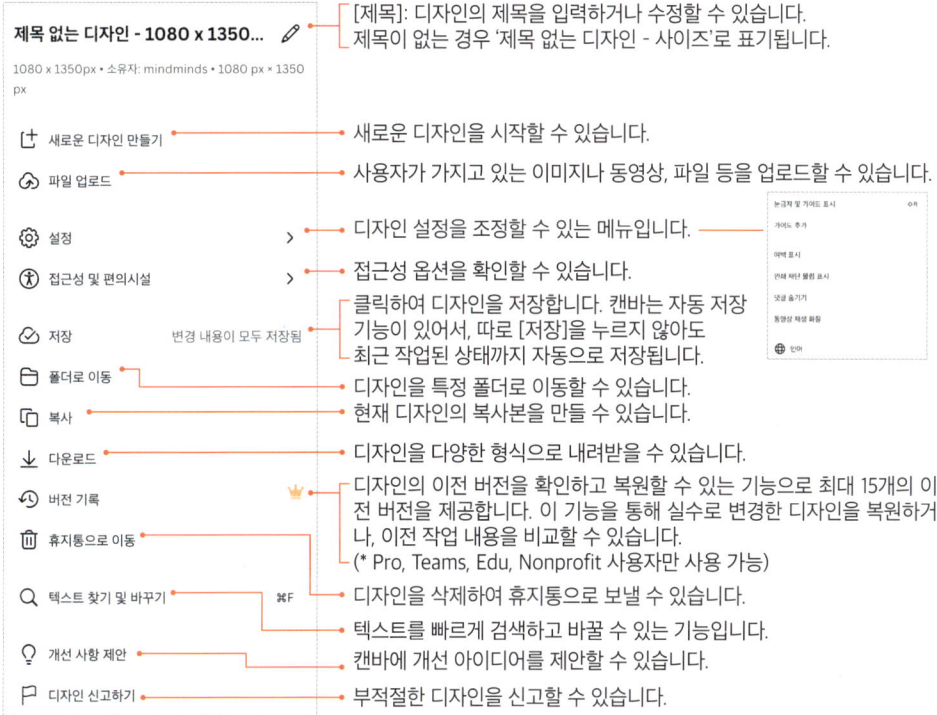

3. 크기 조정 크기 조정

유료(Pro) 기능입니다. 작업 중인 페이지의 크기를 다양한 디자인 유형으로 변경하거나 맞춤형 크기로 변경할 수 있습니다.

4. 편집 모드 편집 중

작업 중인 페이지의 상태를 변경할 수 있습니다.

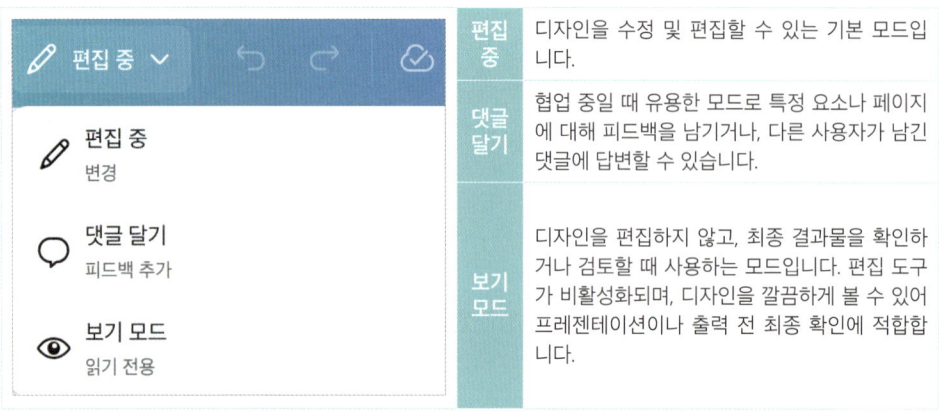

편집 중	디자인을 수정 및 편집할 수 있는 기본 모드입니다.
댓글 달기	협업 중일 때 유용한 모드로 특정 요소나 페이지에 대해 피드백을 남기거나, 다른 사용자가 남긴 댓글에 답변할 수 있습니다.
보기 모드	디자인을 편집하지 않고, 최종 결과물을 확인하거나 검토할 때 사용하는 모드입니다. 편집 도구가 비활성화되며, 디자인을 깔끔하게 볼 수 있어 프레젠테이션이나 출력 전 최종 확인에 적합합니다.

5. 실행 취소/다시 실행

실행 취소하거나 다시 실행하여 작업 상태를 이전 상태로 되돌리거나 복원할 수 있습니다.

6. 자동 저장

캔바는 작업 중인 디자인을 자동으로 저장해 주기 때문에, 따로 저장하지 않아도 변경사항이 안전하게 저장됩니다. "변경사항이 모두 저장됨"이라고(구름에 체크 표시) 보이면 안전하게 저장되었다는 표시입니다.

7. 파일명

작업중인 디자인의 이름을 기재할 수 있고, 제목이 없는 상태에서는 디자인의 사이즈가 표시됩니다.

8. 접근 권한

현재 디자인에 접근 권한이 있는 사람의 프로필이 표시됩니다. 함께 디자인하는 협업 상황에서 이 부분을 보고 사용자를 확인할 수 있습니다.

9. 분석

디자인의 인사이트를 확인할 수 있습니다. (Pro, Teams, Edu, Nonprofit만 사용 가능)

10. 댓글

디자인에 댓글을 추가하거나 답글을 달거나, 해결 상태로 변경할 수 있습니다. 팀원들과 효율적으로 협업하기에 유용한 기능입니다.

11. 공유

디자인을 다른 사람과 공유하거나, 다양한 방식으로 저장 및 변환할 수 있는 기능입니다. 접근 권한이 있는 사용자 편집, 협업 링크 설정이 가능합니다. [모두 보기]를 선택하여 디자인을 PDF 파일이나 이미지 파일 형식 등으로 변환하거나, 소셜 미디어에 직접 공유할 수 있습니다.

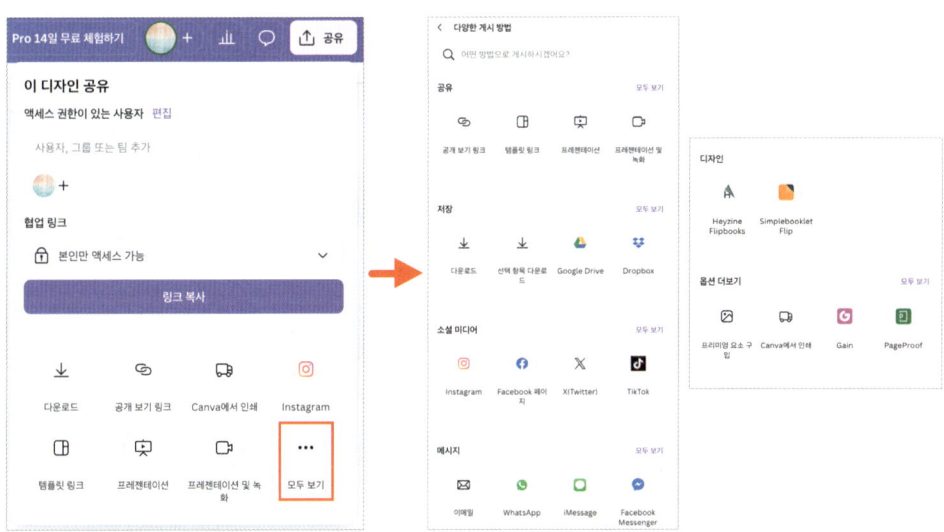

12. 재생 시간

애니메이션이나 영상이 들어간 경우, 상단 메뉴에 표시되는 메뉴입니다. 디자인 내에서 영상을 미리 재생해 볼 수 있는 기능입니다. (시간은 디자인에 따라 다르게 표시됩니다.)

13. 프레젠테이션

프레젠테이션 디자인 사용 시 상단에 나타나는 메뉴입니다. 전체 화면, 발표자 보기, 프레젠테이션 및 녹화, 자동 재생 등의 프레젠테이션 메뉴를 빠르게 실행할 수 있습니다. [프레젠테이션] 버튼이 안보이는 디자인은 [공유]→[프레젠테이션]을 차례로 선택하면 됩니다.

❸ 사이드 패널

디자인과 템플릿, 요소, 텍스트 등 다양한 도구를 찾을 수 있습니다. 뿐만 아니라 기존에 있던 파일을 업로드하여 사용하는 기능도 제공합니다.

사이드패널에 있는 메뉴에 마우스를 올리면 탭의 내용이 잠시 표시됩니다. 메뉴를 클릭하면 탭이 왼쪽에 고정되어 디자인하는 동안 사용할 수 있습니다. 고정된 탭을 안보이게 하려면 화살표를 클릭하여 닫을 수 있습니다.

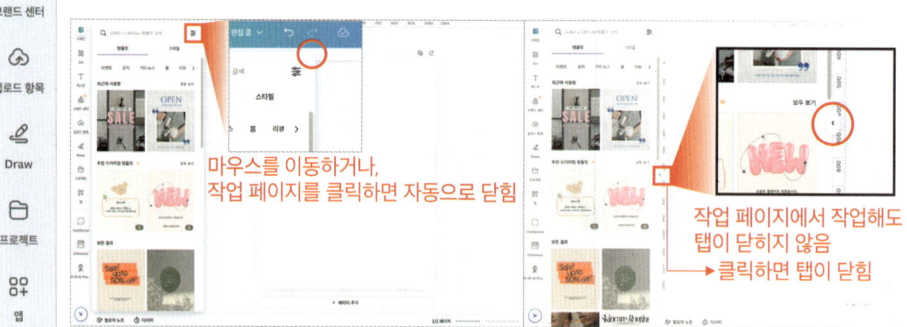

사이드 패널 탭이 임시로 열린 화면   사이드 패널 탭이 고정된 화면

1. 디자인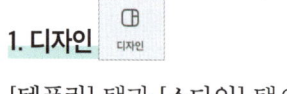

[템플릿] 탭과 [스타일] 탭으로 구분됩니다. [템플릿] 탭에서는 미리 만들어진 디자인 템플릿과 최근에 사용한 템플릿, 추천 프리미엄 템플릿을 한눈에 볼 수 있습니다. 검색창에 원하는 스타일이나 아이디를 검색하여 디자인을 찾거나 제시된 키워드를 클릭하여 빠르게 디자인을 찾아볼 수 있습니다.

원하는 템플릿을 클릭하면 작업 페이지에 디자인이 반영되며 왼쪽에 디자인의 정보가 표시됩니다.

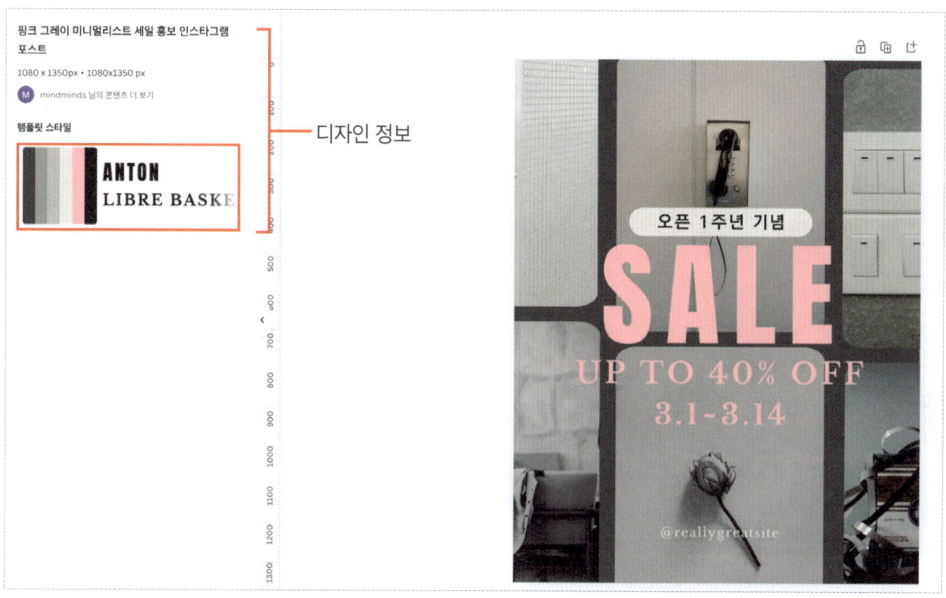

현재 디자인에서 다른 템플릿의 [⋯]→[페이지 스타일 적용]을 선택하면, 선택한 템플릿의 색상과 글꼴 스타일이 반영됩니다.

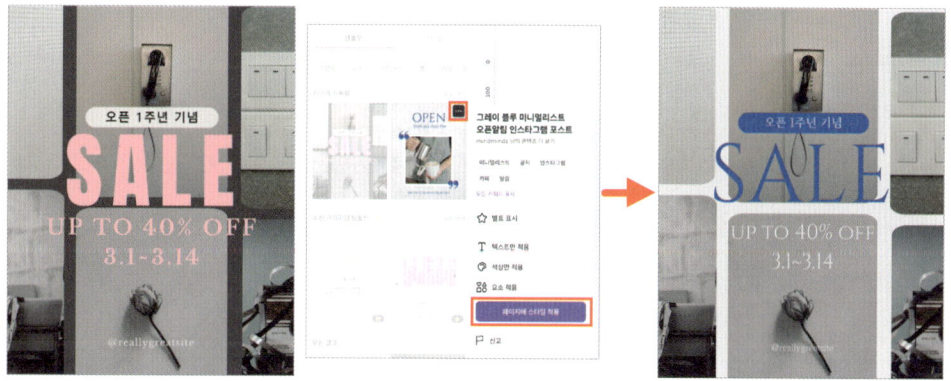

[스타일] 탭에서는 디자인에 적합한 색상과 글꼴을 쉽게 찾을 수 있습니다. [브랜드 키

트]에서 제안하는 색상과 글꼴을 활용할 수 있으며(Pro기능), 색상 조합 선택에 어려움을 겪을 때는 추천 팔레트를 활용하면 유용합니다.

2. 요소

그래픽과 사진, 비디오, 오디오, 도형, 선, 프레임, 그리드, 표, 차트 등 다양한 디자인 요소를 추가하여 디자인에 응용할 수 있습니다. 검색창에 원하는 요소의 스타일이나 이름, 사용자의 아이디 등을 입력하여 찾아볼 수 있습니다. 도형, 그래픽, 사진, 프레임, 동영상, 표, 목업 등 필요한 항목을 구분하여 탐색할 수 있습니다.

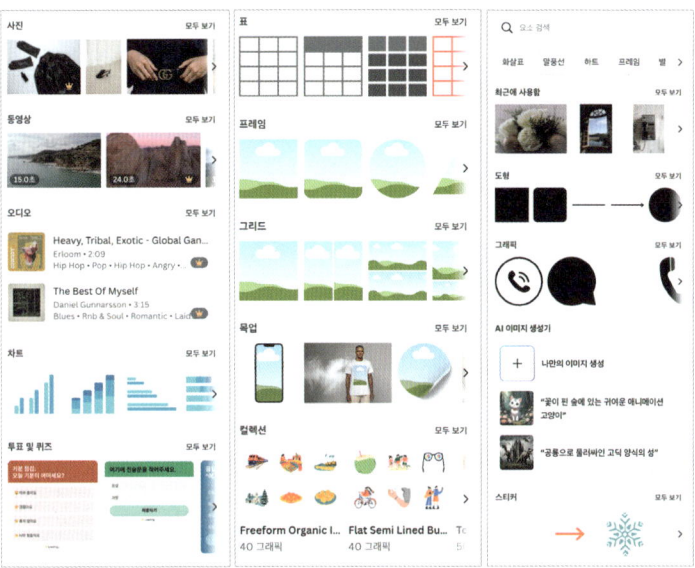

AI 이미지 생성기: [Magic Media]

AI 생성 도구인 Magic Media에서 간단한 텍스트 설명을 입력해 이미지, 그래픽, 동영상을 생성할 수 있습니다.

- **무료 사용자**: 50회까지 사용 가능합니다.
- **Pro 사용자**: 매달 500회까지 사용 가능하며, 매달 갱신됩니다.

[앱]→[Magic Media]를 클릭합니다. [Magic Media]의 [이미지] 탭에서 원하는 이미지를 텍스트로 작성합니다. 스타일과 비율 등을 설정하고 [이미지 생성하기]를 클릭하면 4개의 이미지가 생성됩니다. 사용할 이미지를 클릭하면 작업 페이지에 추가됩니다. 자유롭게 편집하여 새로운 디자인으로 완성하거나 생성된 이미지를 다운로드하여 활용할 수 있습니다.

Canva

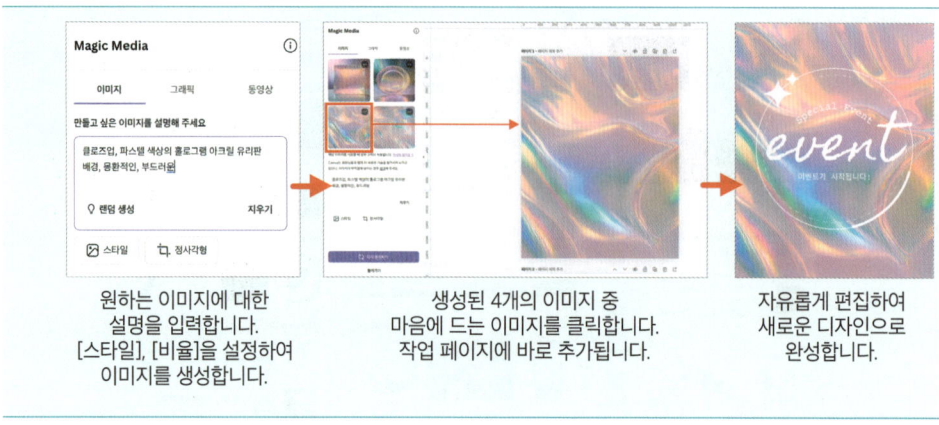

원하는 이미지에 대한
설명을 입력합니다.
[스타일], [비율]을 설정하여
이미지를 생성합니다.

생성된 4개의 이미지 중
마음에 드는 이미지를 클릭합니다.
작업 페이지에 바로 추가됩니다.

자유롭게 편집하여
새로운 디자인으로
완성합니다.

3. 텍스트

다양한 텍스트 스타일과 폰트를 사용하여 텍스트를 추가할 수 있습니다

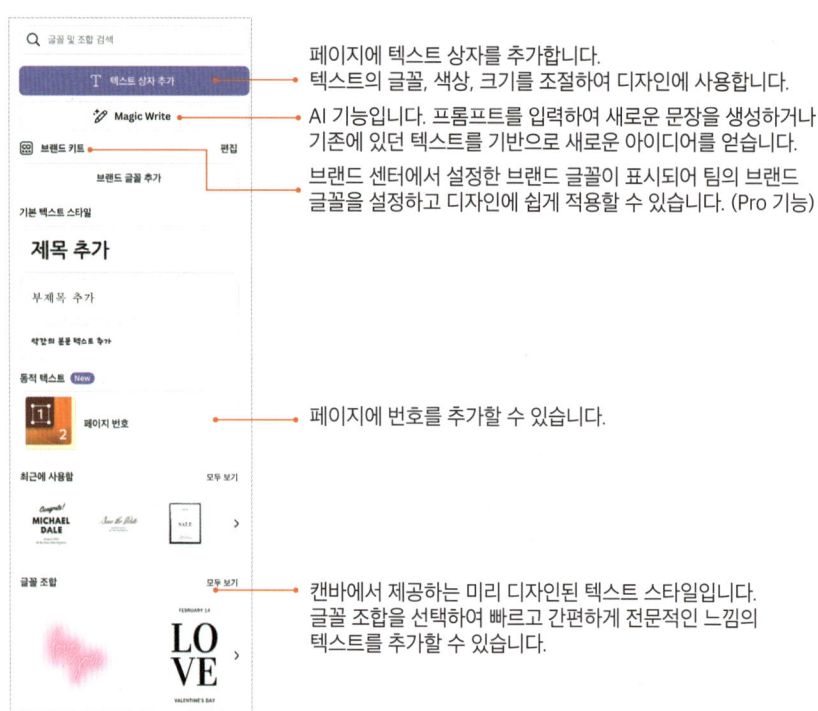

페이지에 텍스트 상자를 추가합니다.
텍스트의 글꼴, 색상, 크기를 조절하여 디자인에 사용합니다.

AI 기능입니다. 프롬프트를 입력하여 새로운 문장을 생성하거나 기존에 있던 텍스트를 기반으로 새로운 아이디어를 얻습니다.

브랜드 센터에서 설정한 브랜드 글꼴이 표시되어 팀의 브랜드 글꼴을 설정하고 디자인에 쉽게 적용할 수 있습니다. (Pro 기능)

페이지에 번호를 추가할 수 있습니다.

캔바에서 제공하는 미리 디자인된 텍스트 스타일입니다.
글꼴 조합을 선택하여 빠르고 간편하게 전문적인 느낌의
텍스트를 추가할 수 있습니다.

4. 브랜드 센터

설정한 브랜드 키트가 표시되어 디자인시 빠르게 적용할 수 있습니다. (Pro 기능)

5. 업로드 항목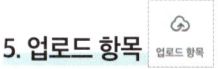

사용자가 가지고 있는 이미지(JPEG, PNG, SVG, GIF), 비디오(MP4, GIF, MOV), 오디오(MP3, WAV), 문서(PDF, DOC, DOCX) 등 다양한 파일을 업로드해서 디자인에 적용할 수 있습니다.

파일을 업로드하는 방법

[파일 업로드]를 클릭하고 업로드할 파일을 선택하거나, 컴퓨터 폴더에서 파일을 드래그 앤 드롭하여 업로드합니다. 또한, [⋯]→[폴더 업로드], [Dropbox], [Google 포토], [Google Drive] 등을 통해 파일을 손쉽게 업로드할 수 있습니다.

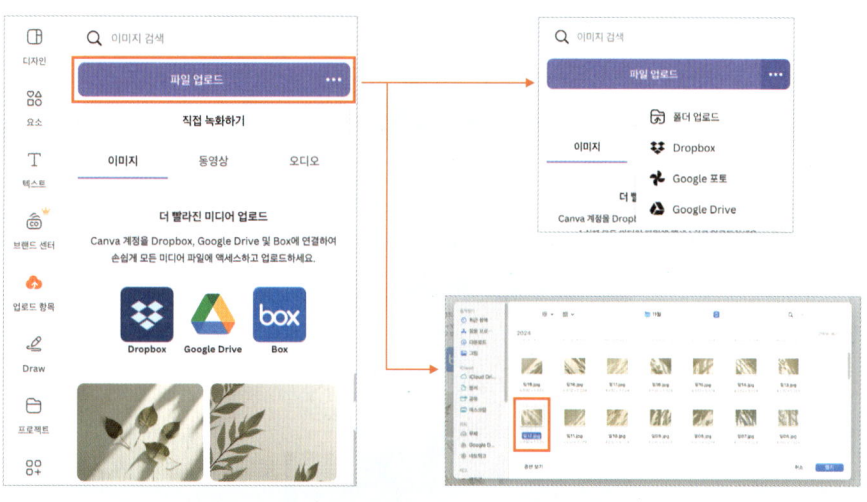

6. 도구

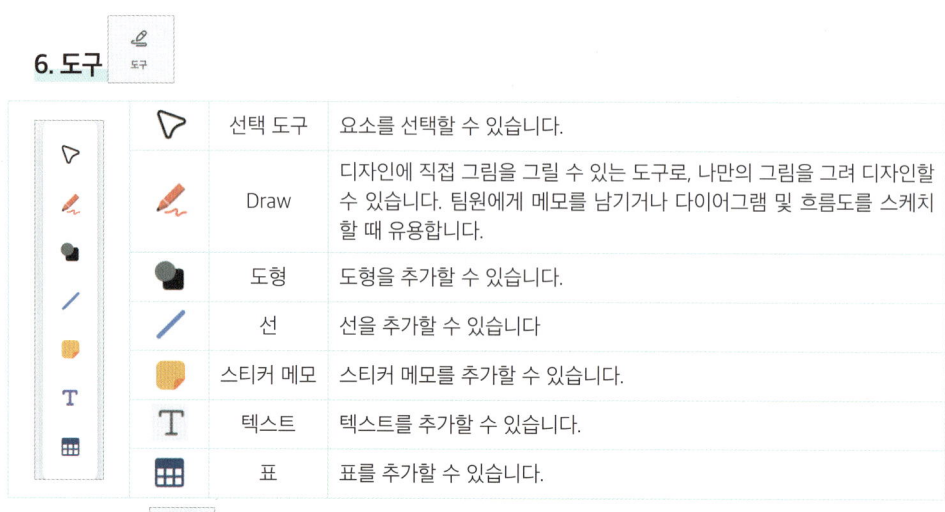

		선택 도구	요소를 선택할 수 있습니다.
		Draw	디자인에 직접 그림을 그릴 수 있는 도구로, 나만의 그림을 그려 디자인할 수 있습니다. 팀원에게 메모를 남기거나 다이어그램 및 흐름도를 스케치할 때 유용합니다.
		도형	도형을 추가할 수 있습니다.
		선	선을 추가할 수 있습니다
		스티커 메모	스티커 메모를 추가할 수 있습니다.
		텍스트	텍스트를 추가할 수 있습니다.
		표	표를 추가할 수 있습니다.

7. 프로젝트

에디터 화면에서도 사이드 패널의 [프로젝트] 버튼을 통해 홈 화면의 프로젝트 메뉴에 접근할 수 있습니다. 프로젝트 메뉴에서는 [모든 프로젝트], [내 프로젝트], [나와 공유됨] 중에서 선택하거나, 최근 작업한 디자인과 폴더, 이미지, 동영상 등 프로젝트 항목을 빠르게 찾을 수 있습니다. 필요한 항목은 클릭하거나 드래그 앤 드롭으로 작업 페이지에 쉽게 추가할 수 있습니다.

작업 중인 페이지에 프로젝트를 적용하게 되면, 기존 디자인은 삭제되므로 새 페이지를 추가하여 적용하는 것이 좋습니다.

프로젝트1,2

8. 앱

다양한 앱과 통합 기능을 탐색하고 활용할 수 있는 공간으로, AI 도구와 생산성 도구, 창의적 도구 등을 통해 디자인 작업을 더 창의적이고 효율적으로 만들 수 있습니다.

앱을 사용하려면 일부 앱은 추가로 로그인을 하거나 계정 연결이 필요할 수 있습니다. 캔바 무료 사용자도 다양한 앱을 사용할 수 있지만, 일부 고급 기능은 Pro 또는 다른 유료 플랜에서만 제공됩니다.

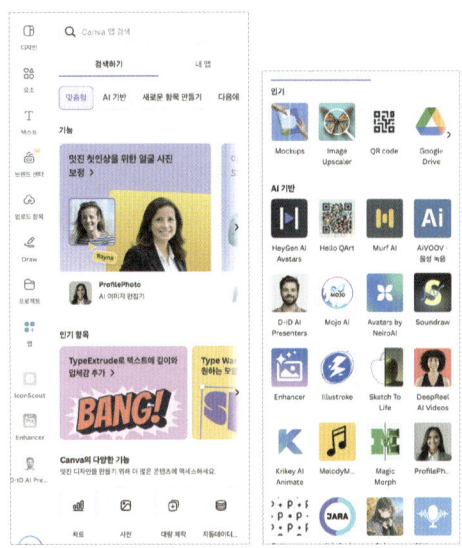

❹ 페이지

페이지는 실제 디자인 작업이 이루어지는 공간입니다. 디자인 작업뿐만 아니라 페이지를 복제하거나 추가, 삭제, 숨기기, 이동, 제목 추가 등을 할 수 있습니다.

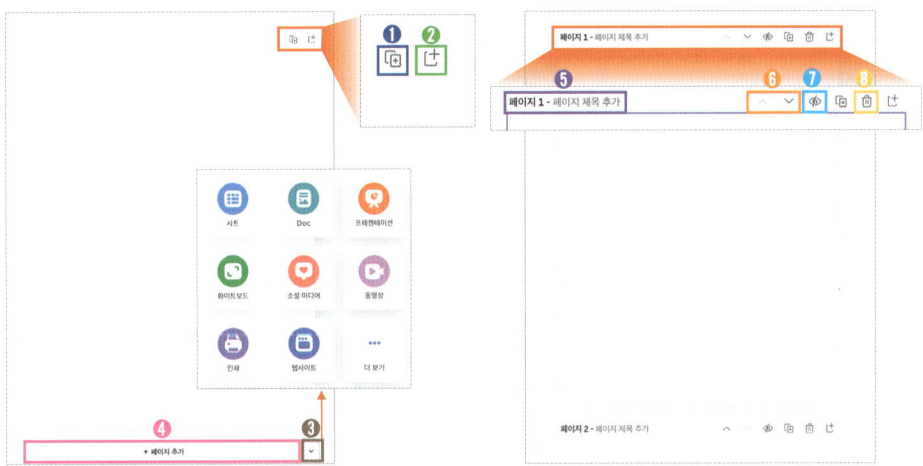

①페이지 복제 ②페이지 추가 ③페이지 유형 추가(Pro 기능) ④페이지 추가
⑤페이지 제목 ⑥페이지 이동 ⑦페이지 숨기기 ⑧페이지 삭제

- ❶ **페이지 복제**: 페이지를 복사하여 동일한 페이지를 추가할 수 있습니다.
- ❷, ❹ **페이지 추가**: 새로운 페이지를 디자인에 추가할 수 있습니다.
- ❸ **페이지 유형 추가**: 하나의 페이지에서 다양한 유형의 디자인을 추가하여 작업할 수 있습니다. (Pro 기능)
- ❺ **페이지 제목**: 페이지에 제목을 입력하여 쉽게 구분할 수 있습니다.
- ❻ **페이지 이동**: 페이지 순서를 변경할 수 있습니다.
- ❼ **페이지 숨기기**: 특정 페이지를 숨겨 디자인에서 보이지 않게 할 수 있습니다.
- ❽ **페이지 삭제**: 필요 없는 페이지를 삭제할 수 있습니다.
- ❾ **잠금 기능**: (🔒) 작업 중인 디자인의 페이지 전체를 잠금 설정할 수 있습니다. 디자인이 실수로 편집되는 것을 방지할 수 있습니다.

❺ 최근 사용한 앱

최근 사용한 앱이 표시됩니다.

❻ 빠른 작업

디자인 작업 중 [빠른 작업] 아이콘을 누르거나 키보드 [/] 키를 누르면 캔바에서 다양한 작업을 신속하게 수행할 수 있습니다. 페이지 번호 추가, Magic Write, 텍스트 입력, 공유 등의 작업을 빠르게 진행할

수 있으며, 그래픽과 사진, 동영상 등의 요소를 쉽게 찾아 디자인에 추가할 수 있습니다.

❼ 하단 메뉴

하단 메뉴는 사용 중인 디자인 유형에 따라 표시되는 옵션이 달라질 수 있습니다. 이 책에서는 프레젠테이션과 화이트보드 디자인 시 볼 수 있는 하단 메뉴를 설명하겠습니다.

①발표자 노트 ②길이 ③타이머 ④확대/축소 ⑤썸네일 페이지
⑥페이지로 이동 ⑦그리드 뷰 ⑧전체 화면 ⑨캔바에 질문하기

(1) 발표자 노트

발표 중 사용할 스크립트나 주요 포인트를 추가할 수 있습니다. [발표자 보기] 모드에서만 볼 수 있어, 발표 중 참고하기에 좋습니다.

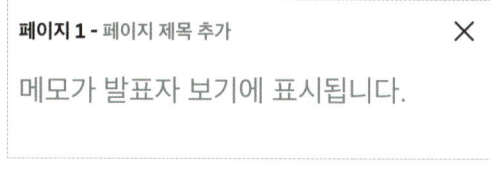

(2) 길이

페이지의 재생 시간(길이)을 조정하거나 확인할 수 있는 기능입니다. 슬라이더를 좌우로 움직여 시간을 조절할 수 있습니다

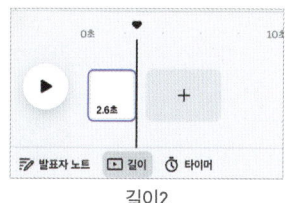

길이2

(3) 타이머

작업 시간이나 협업 세션 동안 카운트다운 타이머를 설정할 수 있습니다. 발표 중에는 타이머를 설정해 시간 관리를 도와줍니다.

타이머

(4) 확대/축소

디자인을 확대하거나 축소하여 세부적으로 작업할 수 있습니다.

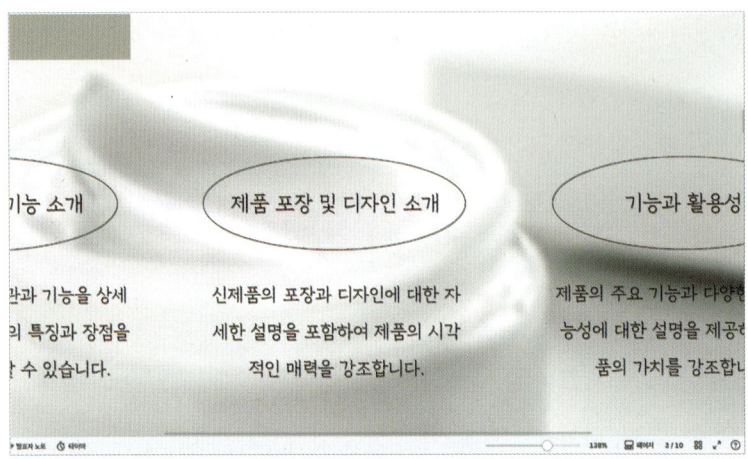

확대

(5) 썸네일 페이지

페이지 아래에 썸네일을 표시하거나 숨기기 할 수 있습니다.

페이지 썸네일 표시

페이지 아래 썸네일이 표시되어 페이지 간 이동이 쉽고, 썸네일을 확인하며 디자인을 관리할 수 있습니다.

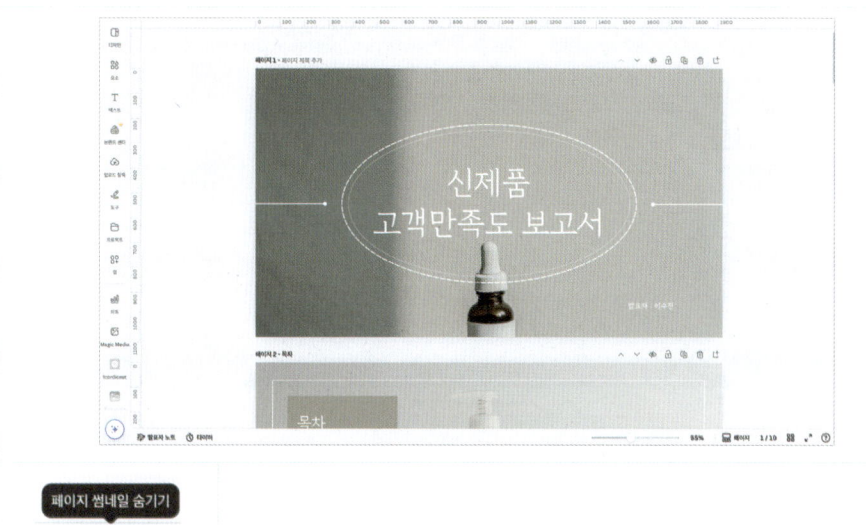

페이지를 세로로 스크롤하여 볼 수 있습니다.

[페이지 썸네일 숨기기]

(6) 페이지로 이동 1 / 10

현재 작업 중인 페이지 번호와 전체 페이지 번호가 표시됩니다. 클릭하여 이동하고 싶은 페이지 번호를 기재하면 쉽게 해당 페이지로 이동할 수 있습니다.

(7) 그리드 뷰

페이지를 한눈에 볼 수 있는 그리드 형식으로 전환할 수 있습니다. 그리드 뷰에서도 페이지 추가, 복제, 삭제 등이 가능하며 페이지를 드래그하여 순서를 쉽게 바꿀 수 있습니다.

Canva

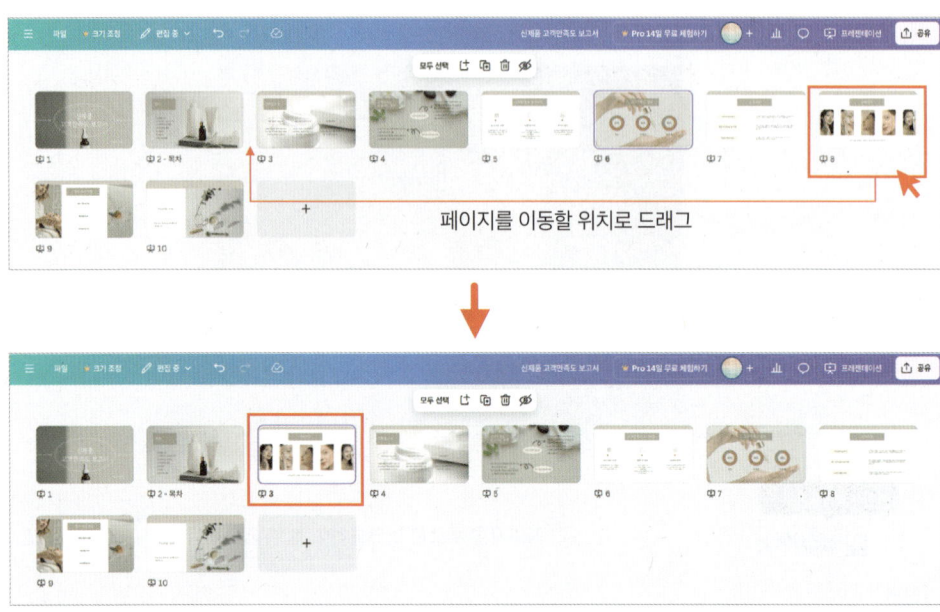

(8) 전체 화면

디자인을 전체 화면으로 전환할 수 있습니다. 전체 화면을 종료하려면 오른쪽 아래 화살표 를 클릭하거나 [Esc] 키를 누릅니다.

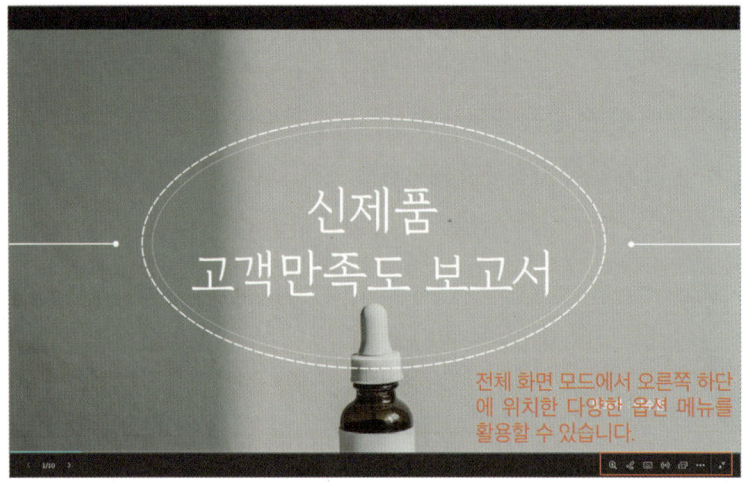

(9) 캔바에 질문하기 ❓

사용자가 캔바를 효과적으로 활용할 수 있도록 돕는 기능입니다. 궁금증이나 사용법 등을 캔바에 문의하여 문제를 해결할 수 있습니다.

3 에디터 툴바 알아보기

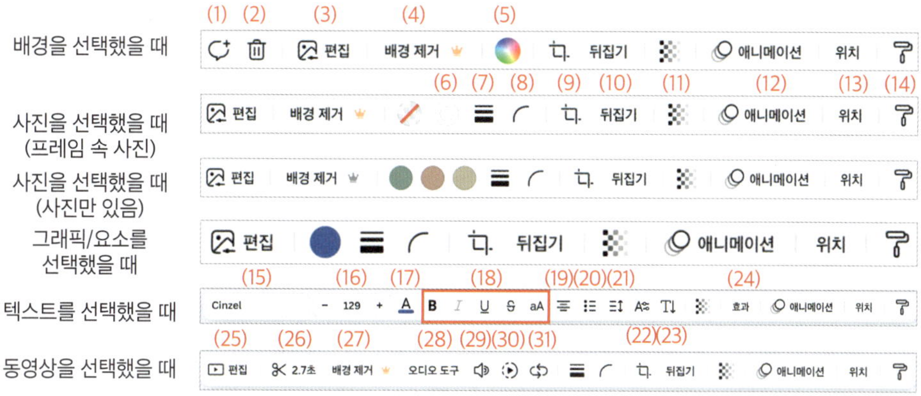

배경을 선택했을 때		(1)(2) (3) (4) (5) 툴바
사진을 선택했을 때 (프레임 속 사진)		(6)(7)(8) (9)(10) (11) (12) (13)(14)
사진을 선택했을 때 (사진만 있음)		
그래픽/요소를 선택했을 때		
텍스트를 선택했을 때		(15) (16)(17) (18) (19)(20)(21) (24)
동영상을 선택했을 때		(25) (26) (27) (28)(29)(30)(31) (22)(23)

(1)	댓글	(9)	자르기	(17)	글자 색상	(25)	동영상 편집
(2)	휴지통	(10)	뒤집기	(18)	글자 기타 설정	(26)	다듬기
(3)	편집	(11)	투명도	(19)	정렬	(27)	배경 제거
(4)	배경 제거	(12)	애니메이션	(20)	목록	(28)	오디오 도구
(5)	색상	(13)	위치	(21)	간격	(29)	볼륨
(6)	테두리 색상	(14)	스타일 복사	(22)	고급 서시 지정	(30)	재생 속도
(7)	테두리 스타일	(15)	글꼴	(23)	세로 텍스트	(31)	재생 설정
(8)	모서리 둥글게 만들기	(16)	글자 사이즈	(24)	효과		

에디터 툴바(Editor toolbar)는 디자인 작업 중 선택한 요소에 따라 상단에 표시되는 옵션으로, 다양한 편집 기능을 제공합니다. 이 툴바를 통해 사용자는 요소의 편집, 색상, 글꼴, 애니메이션, 위치 조정 등 여러 설정을 손쉽게 할 수 있습니다.

세부 기능에 대해서는 이어지는 Chapter 3부터 여러 디자인 Lesson을 따라하며 익힐 수 있습니다.

1. 댓글

디자인에 빠르게 댓글(코멘트)를 남길 수 있습니다. 페이지에 댓글을 남기면 페이지 옆에 댓글 표시창이 보입니다.

2. 휴지통

선택한 요소를 삭제할 수 있는 옵션입니다. 삭제한 요소는 상단의 [되돌리기(Undo)] 버튼을 클릭하거나, 단축키 [Ctrl]+[Z] 또는 [⌘]+[Z]를 사용하여 복구할 수 있습니다.

3. 편집

선택한 사진이나 요소를 편집할 수 있는 옵션입니다. 밝기나 대비, 채도를 조정할 수 있고 Magic Studio나 필터 및 효과를 적용할 수도 있으며 다양한 편집 도구를 사용할 수 있습니다. 설정을 되돌리려면 [조정]→[조정 초기화]를 차례로 클릭하면 됩니다.

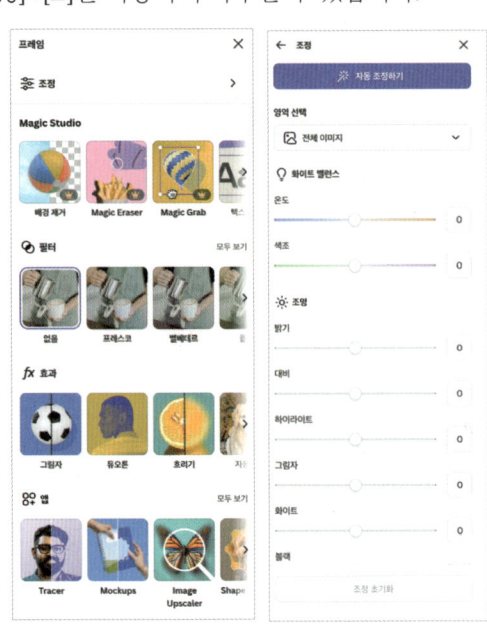

4. 배경 제거

이미지의 배경을 제거할 수 있습니다. (Pro 기능)

5. 색상

색상을 변경할 수 있는 기능입니다. #ffffff(흰색)가 설정된 경우에는 무지개색으로 표시됩니다. 색상을 검색하여 설정할 수도 있고 새로운 색상을 추가할 수 있습니다.

- **색상이 설정된 경우**: 색상이 설정된 경우에는 설정된 색상이 표시됩니다.
- **색상 없음 표시**: 요소나 텍스트의 색상을 제거하여 투명하게 만드는 옵션입니다. 색상 없음을 설정했을 때 표시됩니다.

6. 테두리 색상

요소의 테두리 색상을 변경할 수 있는 기능입니다. 테두리에 색상을 설정한 경우 표시됩니다.

7. 테두리 스타일

요소의 테두리 스타일을 변경할 수 있는 기능입니다. 테두리 스타일 등을 선택하고 슬라이더를 조정하거나 값을 입력하여 테두리의 굵기를 원하는 정도로 설정할 수 있습니다.

8. 모서리 둥글게 만들기

선택한 요소의 모서리를 부드럽게 둥글게 만드는 기능입니다. 슬라이더를 조정하거나 값을 입력해 원하는 정도로 둥글게 만들 수 있습니다. 모서리 조정이 가능한 경우에만 상단 툴바에 아이콘이 표시됩니다.

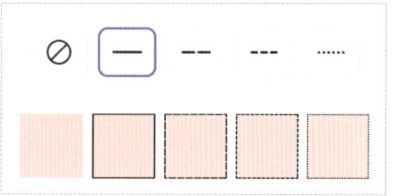

 →

[모서리 둥글게 만들기]와 [테두리] 설정

9. 자르기

이미지를 자를 수 있는 기능(크롭)입니다. 이미지를 마우스 더블클릭해도 자르기를 사용할 수 있습니다.

10. 뒤집기

요소를 좌우(수평)로 뒤집거나 상하(수직)로 뒤집어 대칭 효과를 줄 수 있는 기능입니다. 텍스트, 도형, 차트 등 일부 요소는 뒤집을 수 없습니다. 뒤집기가 가능한 요소가 있을 때 표시됩니다.

↶ 수평 뒤집기
↥ 수직 뒤집기

1. 코너 장식 요소 추가

2. 요소를 복제하고 [뒤집기]→[수평 뒤집기]

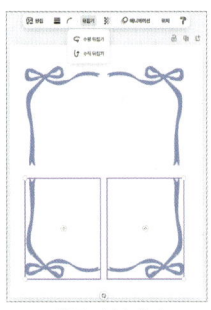

3. 2개를 더 복제하고 [뒤집기]→[수직 뒤집기]

4. 깔끔하게 정리

디자인 응용 →

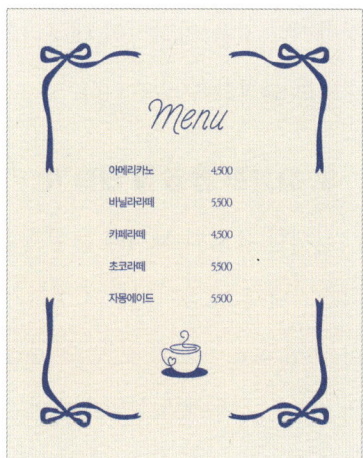

11. 투명도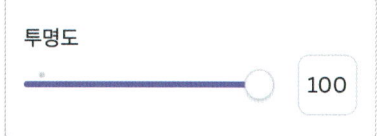

투명도를 조정하여 요소를 투명하게 만드는 기능입니다. 슬라이더를 조정하거나 값을 입력해 원하는 정도로 투명도를 조절할 수 있습니다.

12. 애니메이션

디자인에 움직임을 추가하여 시각적으로 더 매력적인 효과를 줄 수 있는 도구입니다. 페이지와 텍스트에 다양한 애니메이션을 추가하고 Magic Animate로 AI가 추천하는 애니메이션을 빠르게 적용하거나, 직접 [애니메이션 만들기]를 통해 제작할 수도 있습니다. 일부 고급 기능은 Pro 사용자만 사용 가능합니다.

애니메이션이 설정되면 툴바에 표시되는 애니메이션 스타일 아이콘이 해당 스타일(예: 파노라마)에 맞게 변경됩니다. 다시 클릭하면 애니메이션을 변경하거나 [애니메이션 제거] 버튼을 클릭하여 제거할 수 있습니다.

13. 위치

요소를 정렬하거나 배치할 때 사용하는 도구입니다. [정렬] 기능을 통해 요소의 위치를 조정하거나 페이지에 맞춰 여러 요소를 한꺼번에 정렬할 수 있습니다. 또한, 너비와 높이를 직접 설정하거나 회전 각도를 세밀하게 조정할 수 있습니다.

[레이어]는 디자인 내 요소들의 순서를 쉽게 관리할 수 있는 기능입니다. 레이어 탭에서 모든 레이어를 한눈에 확인할 수 있으며, 원하는 위치로 드래그하여 배치할 수 있어 작업에 매우 유용합니다. 가장 아래에 있는 레이어는 맨 뒤에 배치된 요소이고, 위쪽으로 갈수록 앞으로 배치된 요소를 의미합니다.

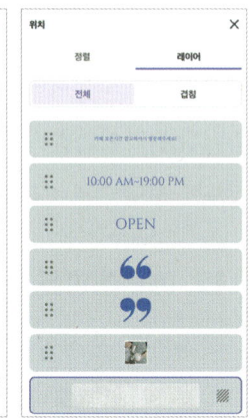

14. 스타일 복사

디자인의 텍스트나 요소 스타일을 빠르게 복사해 다른 요소에 적용할 수 있습니다.

| 배경만 선택하고 [스타일 복사] | 변경할 디자인의 배경을 클릭 | 배경이 변경됨 |
| 효과가 적용된 텍스트 [스타일 복사] | 변경할 텍스트를 클릭 | 텍스트가 변경됨 |

15. 글꼴   Cinzel

- **[글꼴] 탭**: 글꼴을 확인하고 변경할 수 있습니다. 추천 폰트와 최근에 사용한 글꼴을 빠르게 찾아 디자인에 적용할 수 있습니다.

- **[텍스트 스타일] 탭**: 다양한 텍스트 스타일을 빠르게 적용할 수 있습니다. 제목, 부제목, 본문 등 디자인에 적합한 텍스트 스타일을 선택해 손쉽게 텍스트를 꾸밀 수 있습니다. Pro 사용자라면 브랜드키트에서 설정한 글꼴이 표시됩니다.

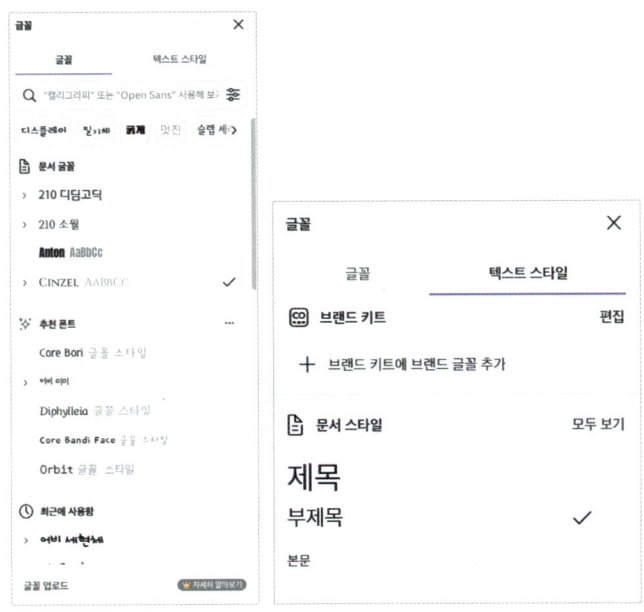

16. 글자 사이즈

숫자 부분을 클릭해 쉽게 글자 사이즈를 변경할 수 있습니다. [-], [+]버튼으로 조정하거나 직접 숫자를 입력해 원하는 크기로 설정할 수도 있습니다.

17. 글자 색상

글자의 색상을 변경할 수 있습니다. #ffffff(흰색)이 설정된 경우에는 무지개색으로 표시됩니다. 글자에 색상이 설정된 경우에는 글꼴에 색상이 설정된 경우에는 해당 색상이 표시됩니다. (예시:)

18. 글자 기타 설정

아이콘	명칭	기능 소개
B	굵게	글자를 굵게 설정할 수 있습니다. B 사용 중인 글꼴이 굵게 설정을 지원하지 않는 경우, 버튼이 흐리게 표시됩니다.
I	기울임	글자를 기울임꼴로 설정할 수 있습니다. I 사용 중인 글꼴이 기울임꼴 설정을 지원하지 않는 경우, 버튼이 흐리게 표시됩니다.
U	밑줄	글자에 밑줄을 설정할 수 있습니다.
S	취소선	글자 중간에 취소선을 설정할 수 있습니다.
aA	대문자/소문자	글자를 대문자 또는 소문자로 변환할 수 있습니다.

19. 정렬

글자를 왼쪽, 가운데, 오른쪽, 양쪽으로 정렬하여 깔끔하게 배치할 수 있습니다.

아이콘	명칭	기능 소개
≡	왼쪽 정렬	텍스트를 왼쪽에 맞춥니다.
≡	가운데 정렬	텍스트를 중앙에 맞춥니다.
≡	오른쪽 정렬	텍스트를 오른쪽에 맞춥니다.
≡	양쪽 정렬	텍스트를 양쪽 끝에 맞춥니다.

20. 목록

텍스트를 목록화할 수 있습니다. 글머리 기호 목록과 번호 매기기 목록( )으로 스타일을 변경할 수 있습니다.

21. 간격

글자 사이의 간격을 조정하거나 줄과 줄 사이의 간격을 조정할 수 있습니다. 디자인에 어울리는 적당한 간격으로 텍스트를 배치하면 텍스트 가독성이 향상되고 전체적인 레이아웃을 더욱 깔끔하게 만들 수 있습니다. [텍스트 상자 고정] 메뉴는 텍스트 상자 내에서 텍스트의 위치를 상단, 가운데, 하단으로 정렬할 수 있습니다.

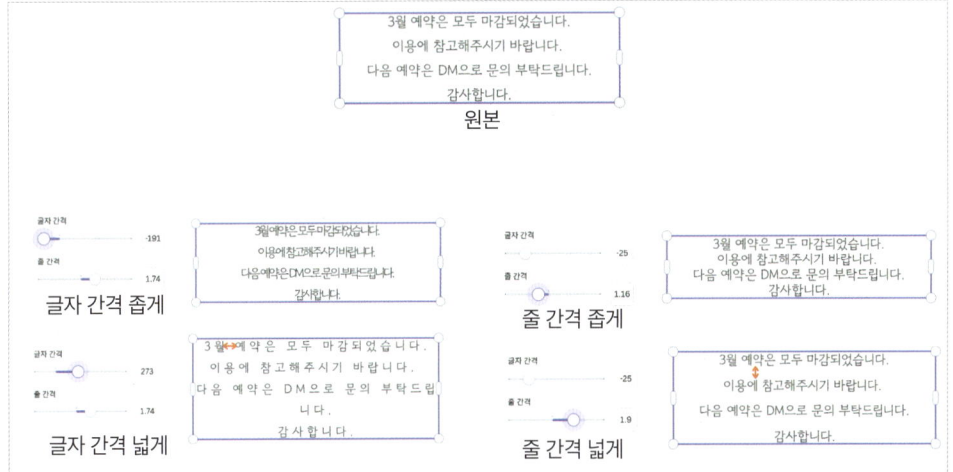

22. 고급 서식 지정

텍스트의 위치(없음, 위첨자, 아래첨자), 글자 간격, [합자] 활성화/비활성화 등의 텍스트 고급 서식을 지정합니다.

23. 세로 텍스트

텍스트를 가로쓰기가 아닌, 세로쓰기로 변경합니다.

24. 효과 효과

글자에 다양한 스타일과 시각적 효과([곡선])를 추가할 수 있는 기능입니다.

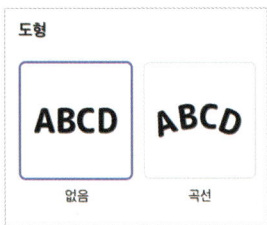

25. 동영상 편집 ▶ 편집

동영상을 편집할 수 있는 옵션입니다. 동영상의 밝기와 대비, 채도를 조정할 수 있고 Magic Studio나 필터 등을 적용할 수 있습니다. 또한 [오디오], [재생] 탭에서 다양한 편집 도구를 사용할 수 있습니다. 설정을 되돌리려면 [조정]→[조정값 초기화] 버튼을 클릭합니다.

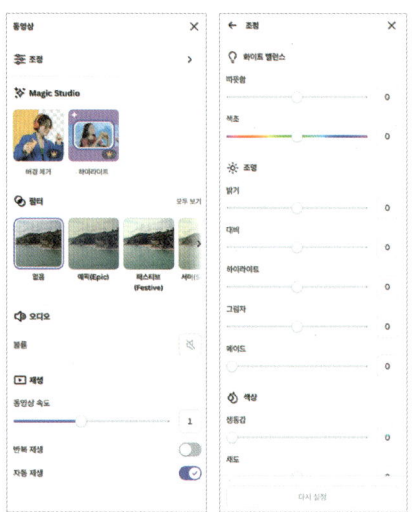

26. 다듬기

선택한 영상의 총 시간이 아이콘에 표시됩니다. 양끝에 있는 보라색 슬라이더를 좌우로 드래그하여 동영상을 짧게 혹은 길게 조정할 수 있습니다.

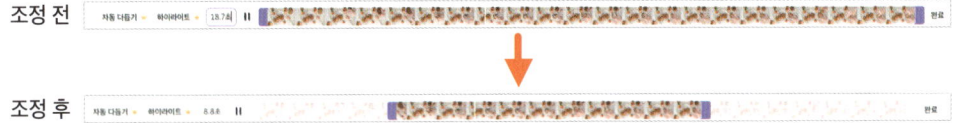

27. 배경 제거

동영상의 배경을 제거할 수 있습니다.(Pro기능)

28. 오디오 도구 오디오 도구

동영상의 오디오를 추출하거나 [음성 향상]을 통해 음질을 개선하고 더 선명한 사운드를 제공해주는 도구입니다. (Pro 기능)

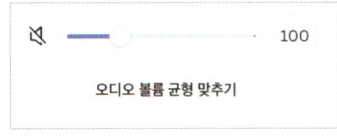

29. 볼륨

오디오의 볼륨을 조정하거나 오디오와 비디오의 볼륨을 자동으로 조정해주는 기능인 [오디오 볼륨 균형 맞추기]를 설정할 수 있습니다.

음소거( )를 클릭하면 영상의 오디오를 끌 수 있습니다.

30. 재생 속도

동영상의 속도를 조절할 수 있습니다.

31. 재생 설정 ↻

동영상의 [반복 재생], [자동 재생] 설정이 가능합니다.

그 외. 캡션 [cc] 캡션

영상에 캡션이 설정된 경우 보이는 메뉴로 동영상에 자막을 추가하여 메시지를 효과적으로 전달하고, 콘텐츠의 접근성과 참여도를 높이는 데 유용한 기능입니다.

4. 미니 에디터 툴바

캔바에서 디자인 작업을 할 때 선택한 요소에 따라 자동으로 상단에 나타나는 도구 모음입니다. 상단에 고정된 에디터 툴바와는 별도로, 선택한 요소 바로 위에 떠 있는 형태로 표시됩니다. 이 툴바는 선택한 요소에 맞는 편집 옵션을 빠르게 제공하여 작업을 더 효율적으로 진행할 수 있도록 도와줍니다.

아이콘	명칭	기능 소개
	댓글	선택한 요소에 빠르게 댓글을 작성할 수 있습니다.
	잠금/ 잠금 해제	실수로 이동하거나 변경되지 않도록 요소나 페이지를 고정할 수 있습니다. 잠그고 싶은 요소를 선택하고 잠금 아이콘을 클릭하면 잠금으로 표시됩니다. 잠금 해제하려면 잠금 아이콘을 한번 더 클릭합니다. 여러 요소를 선택하려면 [Shift] 키를 누른 상태로 요소를 클릭하거나 드래그하여 선택합니다.
	부분 잠금 (Pro 기능)	요소의 위치는 잠금 상태로 만들지만, 편집은 가능하게 설정할 수 있습니다.
	복제	선택한 요소를 간단히 복제 및 복사할 수 있습니다.

휴지통　선택한 요소를 빠르게 삭제할 수 있습니다.

선택한 요소에서 추가 옵션을 확인할 수 있는 메뉴입니다. 사진과 그래픽, 동영상 등의 유형에 따라 옵션이 다르게 표시됩니다. [⋯]를 클릭하거나 마우스 우클릭하면 옵션을 볼 수 있습니다.

더 보기

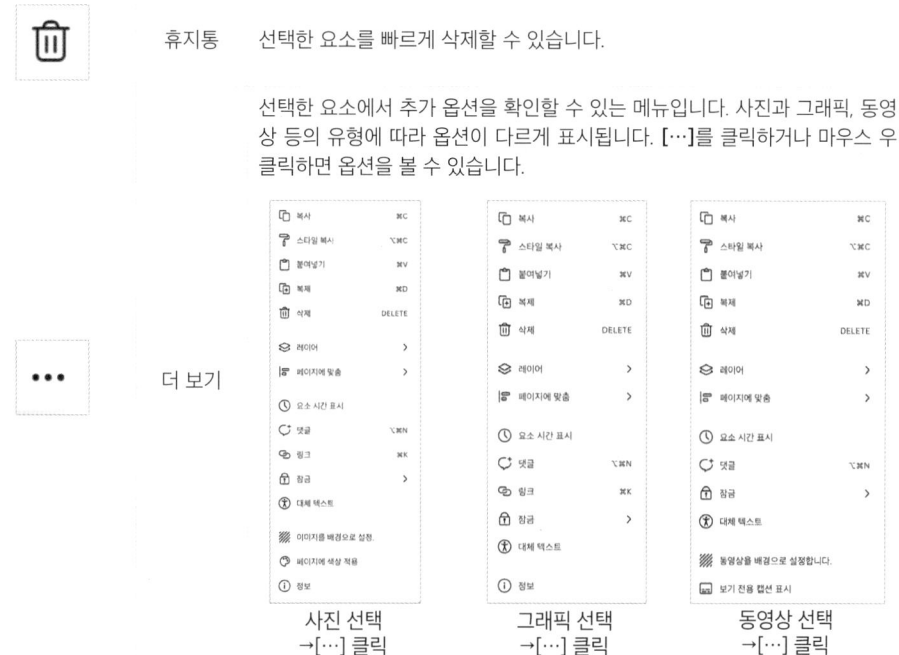

상세한 기능은 이어지는 디자인 실전 Lesson에서 실습하며 익히도록 합시다.

PART 2

캔바 하나로 끝내는 비즈니스 이미지 디자인 A to Z

Chapter 3 인스타그램
Chapter 4 블로그
Chapter 5 유튜브
Chapter 6 쇼핑몰
Chapter 7 인쇄물

CHAPTER 3 인스타그램

(1 효과적인 디자인과 인스타그램 마케팅 활용 가이드)

1인 사업자와 소규모 기업에게 효과적인 디자인은 이미지를 넘어 브랜드의 정체성과 메시지를 전달하는 핵심 요소입니다. 잘 설계된 로고, 웹사이트, 마케팅 이미지는 고객의 신뢰를 얻고 브랜드 인지도를 높이는 데 결정적인 역할을 합니다. 경쟁 시장에서 눈에 띄는 디자인은 소비자에게 긍정적인 인상을 주고 제품과 서비스에 관심을 유도하며, 이는 브랜드 성장과 발전에 필수적인 요소입니다.

1.1 시각적 요소의 중요성

시각적 요소는 브랜드의 첫인상을 좌우하는 핵심 요소입니다. 소비자는 제품과 서비스를 선택할 때, 시각 정보에 큰 영향을 받습니다. 매력적인 비주얼과 일관된 디자인은 소비자에게 브랜드 신뢰도와 긍정적인 이미지를 형성합니다. 브랜딩에 있어 시각적 요소는 브랜드 정체성을 강화하고 소비자와의 감정적 연결을 형성하는 데 중요한 역할을 합니다. 색상과 폰트 그리고 이미지 스타일 등을 통해 브랜드의 성격과 가치를 효과적으로 전달할 수 있습니다.

1.2 인스타그램 마케팅 활용 가이드

인스타그램은 현재 10억 명 이상이 사용하는 대표적인 소셜 미디어 플랫폼으로, 높은 몰입도와 참여율을 자랑합니다. 인스타그램 마케팅을 성공적으로 진행하기 위해 목표 설정과 타겟 고객층 분석, 매력적인 콘텐츠 제작과 적극적인 소통, 데이터 분석 및 개선 등의 전략이 필요합니다.

특히 인스타그램 게시물과 스토리, 릴스는 인스타그램의 핵심 콘텐츠 유형으로, 각각의 강점을 활용하여 시너지 효과를 극대화해야 합니다. 고품질 이미지와 텍스트 중심의 게시물은 브랜드 이미지와 정보를 효과적으로 전달하며, 24시간 후 사라지는 스토리 콘텐츠는 실시간 소통과 이벤트에 활용하기 적합합니다. 짧은 영상 콘텐츠인 릴스는 높은 몰입도와 확산력을 바탕으로 젊은 세대에게 어필하기 좋습니다.

1) 인스타그램 콘텐츠 유형별 활용 전략

- 게시물

브랜드 스토리와 제품 소개, 이벤트 공지 등 다양한 주제를 다루기에 적합한 콘텐츠 유형입니다. 고품질 이미지와 함께 핵심 메시지를 간결하게 전달하는 것이 중요합니다.

- 스토리

설문조사나 퀴즈, Q&A 등 활발한 상호작용이 필요한 상황에서 활용하기 좋습니다. 고객 참여를 유도하고, 실시간 소통을 통해 친밀한 관계를 형성할 수 있습니다. 프로필 하이라이트 기능을 활용하면 24시간 후에도 스토리를 공유할 수 있습니다.

- 릴스

제품 사용 팁이나 챌린지 영상, 유머 영상 등 다양한 형태로 짧은 영상을 올리는 콘텐츠 유형입니다. 고객의 흥미를 유발하기에 적합하며, 트렌디한 음악과 편집을 활용하여 시선을 사로잡는 것이 중요합니다.

2) 콘텐츠 연계 및 시너지 창출

효과적인 인스타그램 마케팅을 하려면 인스타그램의 세 가지 유형의 콘텐츠를 서로 연계하고 일관된 메시지를 전달하며, 플랫폼 맞춤 전략을 활용하는 것이 중요합니다. 예를 들어, 릴스에서 제품 사용 후기를 짧게 보여준 후 게시물에서 자세한 정보를 제공하는 방식으로 연결할 수 있습니다. 또한, 인플루언서 활용 및 해시태그 전략, 광고 활용 등을 통해 마케팅 효과를 높일 수 있습니다.

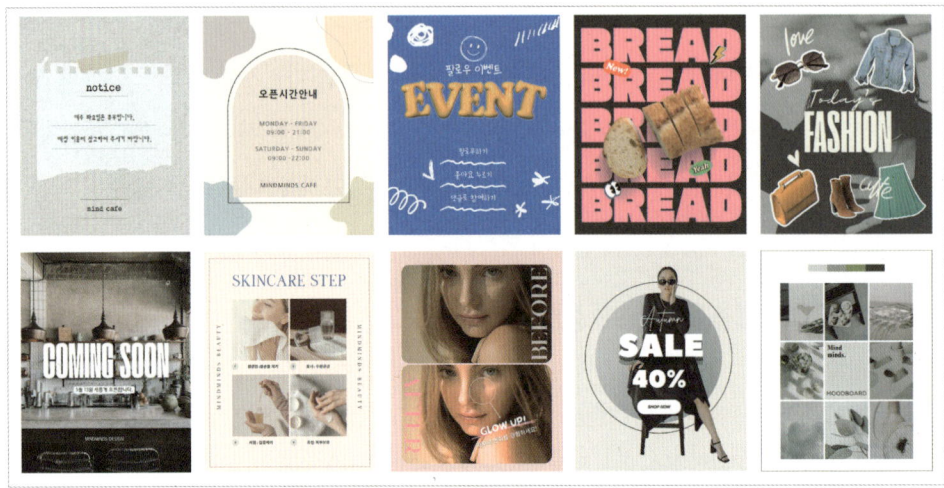

인스타그램 게시물

인스타그램 스토리와 릴스

3) 인스타그램 마케팅 주제 제안

- **브랜드 소개**: 브랜드 역사와 철학을 담은 영상
- **제품 하이라이트**: 인기 제품 및 신제품 특징 강조

- **스토리텔링**: 제품 제작 과정, 비즈니스 비하인드 씬
- **고객 후기**: 실제 체험 및 사용한 고객의 추천 영상
- **이벤트 및 프로모션**: 특별 할인 행사 홍보 스토리
- **Q&A 세션**: 자주 묻는 질문 답변
- **트렌드 소개**: 최신 산업 트렌드 및 팁 공유

1.3 캔바를 활용한 브랜드 디자인 완성

인스타그램 마케팅은 지속적인 노력과 분석이 필요합니다. 성공적인 인스타그램 마케팅의 핵심은 다양한 콘텐츠를 시도하고 결과를 분석하여 최적의 조합을 찾아내는 것입니다. 캔바와 같은 디자인 도구를 활용하여 효율적인 디자인 제작을 병행한다면 더욱 강력한 브랜드 마케팅 전략을 구축할 수 있을 것입니다.

캔바는 다양한 템플릿과 요소를 제공하여 누구나 쉽게 전문적인 디자인을 만들 수 있도록 돕는 디자인 도구입니다. 1인 사업자와 소규모 기업은 캔바를 통해 저비용으로 고품질의 마케팅 자료를 제작할 수 있습니다. 디자인 경험이 없는 사람도 캔바의 직관적인 인터페이스를 통해 멋진 비주얼을 만들 수 있으며, 디자인 부담을 덜고 브랜드 아이덴티티를 효과적으로 표현하여 효율적인 마케팅을 할 수 있습니다. 캔바를 활용하여 효율적인 디자인 제작을 병행한다면 더욱 강력한 브랜드 마케팅 전략을 구축할 수 있을 것입니다.

이 책에서 소개하는 다양한 디자인 실습을 통해 캔바의 기본 기법과 디자인 실력을 키워 나만의 브랜드 디자인을 완성해 보세요.

Lesson 01 | 가독성과 주목성을 높이는
커밍순 디자인

무료
템플릿 응용 디자인

"Coming Soon" 문구가 들어간 디자인은 한눈에 시선을 사로잡고 간결한 정보를 전달하는 데 효과적입니다. 따라서 소비자의 기대감과 관심을 끌 수 있는 분위기와 가독성 높은 디자인이 중요합니다.

예시작

완성작 인스타그램 (4:5) 1080*1350 px

예시작은 눈에 띄는 서체가 없어서 소비자에게 전달하고자 하는 메시지를 효과적으로 전달하지 못합니다. 또한 사진 크기가 작으므로 소비자의 관심을 끌기 어렵고, 브랜드에 대한 호기심을 유도하는 데 한계가 있습니다. 이를 보완하여, 눈에 띄는 포인트가 될 서체를 사용하여 가독성과 주목성을 높인 디자인으로 개선해 봅시다.

작업 포인트
· 가독성을 높이는 글꼴 선택과 입체감 추가
· 브랜드의 주목도를 높이는 사진 설정

디자인 레시피
· 텍스트: Extenda 30 Deca (사이즈: 242 | 색상: #ffffff)
  210디딤고딕 (사이즈: 23, 21 | 색상: #ffffff)
· 텍스트 효과: 들어올리기, 배경 (색상: #ffffff)

01 주목도를 높이기 위해 사진을 전체 배경으로 설정

사진을 마우스 우클릭하여 [이미지 분리하기]를 선택하여 이미지를 분리한 후에 [이미지를 배경으로 설정]을 선택하여 전체 배경으로 설정합니다. 사용하지 않는 사진 프레임은 삭제합니다.

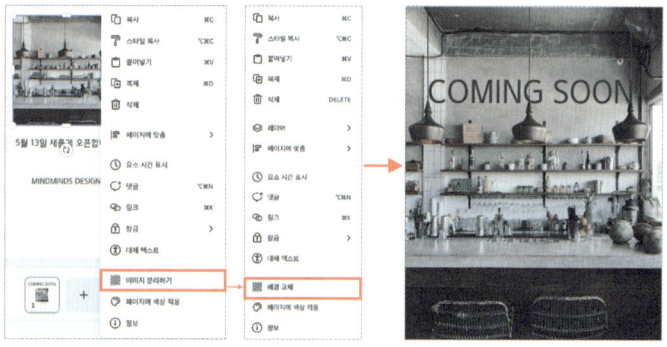

02 가독성을 높이는 글꼴 설정과 균형 잡힌 배치

텍스트(Coming Soon)를 선택하여 **Extenda 30 Deca**로 글꼴을 변경합니다. 색상은 **흰색**으로 설정하고, 눈에 잘 띄게 중앙에 배치해줍니다.

Tips

가독성을 높이는 글꼴 추천 :
ANTON, Gotham

03 글자에 입체감을 더하는 그림자 효과 적용

텍스트를 선택한 후, [효과]→[들어올리기]를 선택하여 적용합니다. 글자에 입체감을 더하고, 배경과 글자의 구분을 명확하게 하여 가독성을 높일 수 있습니다(강도: 60).

하단 텍스트를 선택한 후, [효과]→[배경]을 설정하면 글자 뒤에 박스 형태로 배경이 생겨서 글자가 더욱 잘 보입니다(둥근 정도: 50, 확산: 50, 투명도: 100, 색상 #ffffff). 세부 설정은 배경 사진의 분위기나 밝기에 따라 적절한 강도로 설정해 주세요.

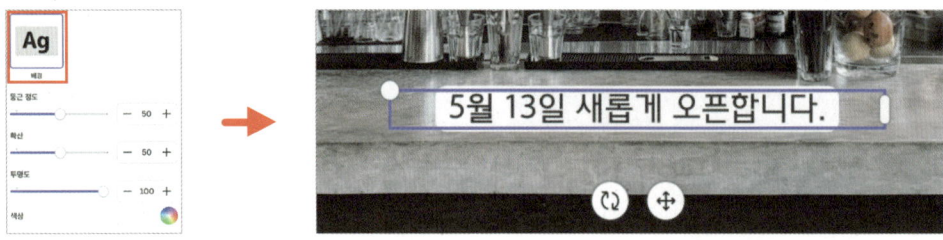

이미지를 여러 조각으로 인스타그램 피드에 올리는 방법

인스타그램 레이아웃을 활용하여 이미지를 여러 조각으로 올리면, 하나의 이미지를 마치 퍼즐 조각을 조합한 것처럼 보여줄 수 있습니다.

예를 들어, 하나의 이미지를 여러 조각으로 나누어 올리면 팔로워가 전체 이미지를 보기 위해 피드를 더 탐색하게 되어 많은 참여를 유도할 수 있습니다. 또한, 각 사진 조각이 연결되어 하나의 이야기를 전달하므로 감정적 연결을 형성하고, 통일성 있는 피드를 통해 전문적인 인상을 줄 수 있습니다. 초보자라면 이러한 기능을 활용하여 고객의 시선을 끌고 브랜드의 메시지를 효과적으로 전달하여 고객과의 상호작용을 증가시킬 기회를 놓치지 않는 것이 중요합니다.

[앱]→[Image Splitter]를 선택한 후에 기존에 있는 이미지를 업로드하거나, 현재 디자인을 내보내기합니다. 이미지를 선택하고 다양한 분할 옵션을 적용한 후에 분할된 디자인을 저장하여, SNS에 업로드하거나 디자인에 활용하면 됩니다.

여러 조각으로 분할된 이미지를 피드에 올린 모습

Canva

내용을 쉽게 전달하는
메뉴 소개 디자인

무료
레이아웃 응용 디자인

메뉴 소개 디자인에서는 메뉴를 한눈에 알아볼 수 있는 사진을 사용하고 간결한 텍스트로 내용을 쉽게 전달하는 것이 중요합니다. 또한, 브랜드 로고와 색상을 활용하여 고객에게 브랜드 인지도를 각인시키는 것 역시 중요합니다. 이때, 가격을 함께 표기하여 충분한 정보를 제공해야 합니다. 메뉴 디자인은 가격 할인 정보나 신메뉴 출시 등 마케팅에 효과적으로 활용할 수 있습니다.

레이아웃

완성작 인스타그램 1080*1350 px

작업 포인트
· 내용을 쉽게 전달하기 위한 적절한 사진과 텍스트
· 여러 장의 사진을 통일감 있는 색감으로 편집

디자인 레시피
· 텍스트: 210 옥탑방(사이즈 87 | 글자 효과: 곡선+28 | 색상 #9d2e2e)
  210 소월(사이즈 32, 25 | 색상 #000000)
· 배경색: #f2ece3

01 친근감을 주는 글꼴과 곡선 효과

상단 텍스트를 "시즌 특별 메뉴"로 바꿔 입력하고, 글꼴을 친근하고 따뜻한 느낌의 **210 옥탑방**으로 설정합니다. 텍스트에 부드러운 느낌을 더하기 위해 [효과]→[도형]→[곡선]을 선택합니다(수치: 28).

친근한 느낌의 또 다른 글꼴:
210 합창단, 210 다락방

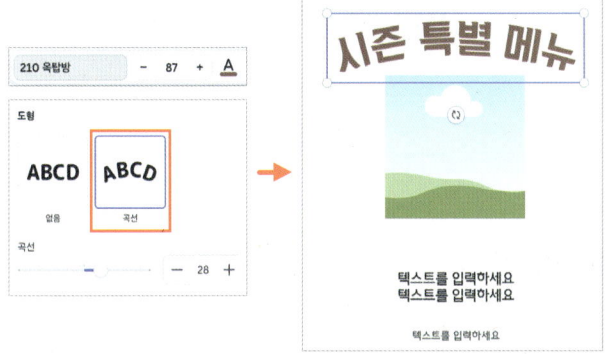

02 프레임을 추가하여 사진을 한 장 더 배치

사진 프레임을 선택한 후, 복제 아이콘을 눌러 동일한 사진 프레임을 한 장 더 만듭니다. 사진 두 장을 나란히 배치하고 메뉴 사진을 프레임에 추가합니다.

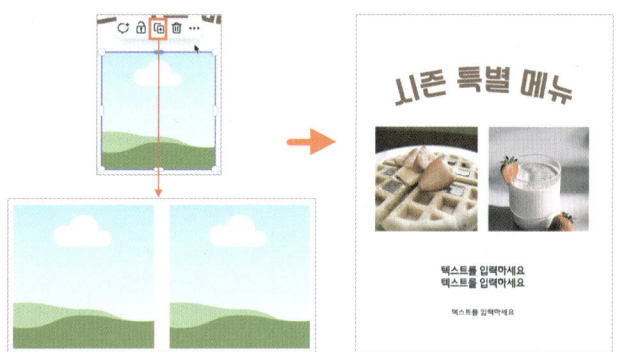

03 사진 색감에 통일감을 주는 필터와 사진 테두리 설정

두 장의 사진에 [편집]→[필터]에서 비슷한 느낌의 필터를 적용합니다. 이를 통해, 사진의 색감을 통일하여 조화를 이룹니다. 사진 크기를 적절하게 키워주고, 정돈된 느낌을 위해 사진 테두리를 설정합니다(테두리 굵기: 7).

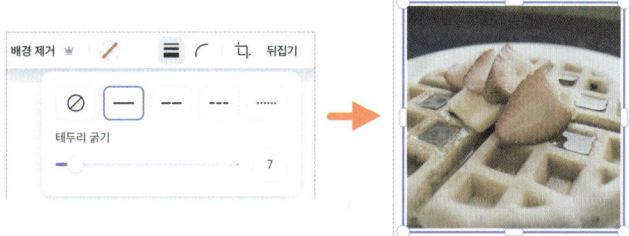

Canva

사용된 필터

미스트	플린트
루나 / 에어로 / **미스트**	내추럴(Natural) 프레스코 / 벨베데르 / **플린트**
강도	강도
미스트: 몽환적인 느낌으로 부드러운 우아함을 강조	플린트: 색감을 차분하고 고급스럽게 연출
필터 설정 전 / 필터 설정 후	필터 설정 전 / 필터 설정 후

04 정보 전달 텍스트에 명료한 글꼴을 사용하고 브랜드 로고를 추가

정보를 쉽게 전달할 수 있는 명료한 글꼴인 **210 소월**로 사진 아래에 메뉴명과 가격 정보를 텍스트 입력합니다. 고객에게 브랜드를 알리기 위해 하단 영역에는 브랜드 로고와 영업시간을 추가합니다.

메뉴와 어울리는 일러스트를 제목 위에 추가하고 사진이 돋보이도록 전체 배경을 어둡게(#f2ece3) 조정하여 완성합니다.

음식 사진이 돋보이는 필터 추천

음식 사진을 더욱 매력적으로 만들기 위해 적절한 필터를 선택하는 것이 중요합니다.

- 카프리: 청량감 있는 색조를 강조하여 이미지를 밝고 생동감 있게 합니다.
- 크로마: 강렬한 색상을 강조하는 필터로, 대비를 높여 음식의 생동감을 극대화합니다.
- 프레스코: 음식의 질감과 색감을 더욱 풍부하게 합니다.
- 웜지: 이미지를 부드럽고 표근하게 만들어 감성적인 느낌의 이미지를 연출합니다.

카프리

크로마

프레스코

웜지

질감을 살린 배경의
휴무 안내 디자인

무료
템플릿 응용 디자인

휴무 안내 및 공지사항 디자인은 브랜드의 신뢰도와 전문성을 강조하는 데 매우 중요합니다. 레드오션인 인스타그램에서 고객의 눈에 띄기 위해서는 단조로움을 피하고 독창적인 디자인을 통해, 다른 브랜드와 차별화하는 것이 필요합니다. 이번 디자인은 브랜드 이미지를 강화하고 고객의 관심을 끌어올리는 데 큰 도움을 줍니다.

예시작

완성작 인스타그램 1080*1350 px

현재 디자인은 여백이 많고 단조로운 배경으로 인해 고객의 관심을 끌기 어렵습니다. 개성이 없는 디자인은 브랜드의 독창성을 부각시키지 못하고 고객에게 무관심한 인상을 줄 수 있으며, 이는 브랜드의 신뢰도에도 부정적인 영향을 미칩니다. 이 점을 보완하기 위해 배경의 질감을 살리고, 다양한 요소를 활용하여 시각적 흥미를 높이면 고객의 관심을 끌고 브랜드의 개성을 효과적으로 전달할 수 있습니다.

작업 포인트
- 배경의 밋밋함을 줄이는 질감 표현
- 여백을 줄이는 요소와 균형 있는 배치

디자인 레시피
- 텍스트: 탁탁클로버 (사이즈 55, 36 | 색상 #000000)
- 배경색: #e4e2dd
- 선 스타일: 중간 점선 (선 두께: 1)
- 요소 검색어: 질감, Note Paper, Paper sticky tape

01 배경의 밋밋함을 줄이기 위해 질감 느낌 추가

배경에 밋밋함을 줄이기 위해 [요소]→[사진]을 차례로 누르고, 질감이 돋보이는 이미지를 선택하여 마우스 우클릭한 후에 [배경 교체]를 클릭합니다. 요소와 배경 간의 자연스러운 조화를 위해 배경의 투명도를 적절히 조정하여 시각적 집중도를 높입니다.

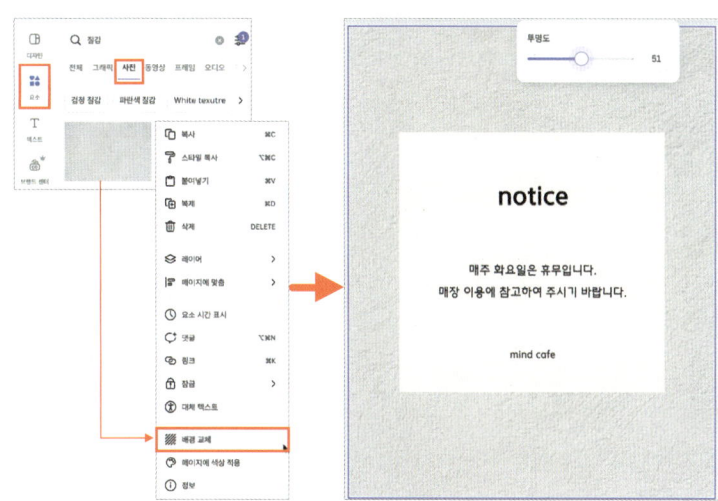

02 여백을 채우기 위해 요소 추가

여백을 채우기 위해 도형을 삭제한 후, 메모지와 테이프 요소를 검색하여 적절하게 추가합니다.

03 친근한 느낌을 주는 글꼴 설정

딱딱하지 않고 친근한 느낌을 주는 글꼴인 **탁탁 클로버**로 텍스트 글꼴을 변경하고, 텍스트의 위치를 적당히 이동합니다.

Tips
친근감을 주는 글꼴:
210소월, TDTD온굴림

04 정돈된 느낌의 선을 추가하여 여백 채우기

텍스트 간의 여백을 줄이고 정돈된 느낌을 위해 [요소]→[도형]→[라인]→[선]을 차례로 선택하고 중간 점선(선 두께: 1)을 선택한 후, 선의 길이를 적당히 조정하여 텍스트 사이에 배치합니다.

배경 디자인 꿀팁 3가지

1. 배경에 깊이감을 더하는 비네팅 효과

배경에 비네팅 효과를 추가하면 이미지의 네 군데 모서리에 어둡게 깊이감이 생기고, 시선을 자연스럽게 중앙으로 모을 수 있으므로 집중도를 높이며 메시지를 효과적으로 전달할 수 있습니다. 또한, 비네팅 효과는 또 다른 질감의 느낌을 더해주어 전체적인 디자인을 풍부하고 다채롭게 만들어 줍니다. **[편집]→[조정]→[비네팅]** 효과를 차례로 선택하여 추가할 수 있습니다.

2. 자연스럽게 이미지를 합성하는 Image Blender

Image Blender 앱을 통해 이미지를 자연스럽게 합성하여 배경 이미지로 활용할 수 있습니다.

[앱]→[Image Blender]를 차례로 누른 후, 적용할 이미지를 선택합니다. 합성 유형을 선택하고 유사성을 적절하게 조정한 후에 저장([Save])하여 디자인에 활용해 보세요. (* 완성작은 **[선형]**으로 합성한 이미지입니다.)

3. 이미지에 노이즈 효과를 추가하는 Noise Image

Noise Image 앱을 통해 이미지에 노이즈 효과를 추가할 수 있습니다. 이를 통해, 감성적인 분위기와 빈티지 느낌의 이미지를 만들어 낼 수 있습니다.

[앱]→[Noise Image]를 차례로 누른 후, 원하는 이미지를 선택하여 편의에 맞게 옵션을 조절하여 노이즈를 추가하고 저장하여 디자인에 활용해 보세요.

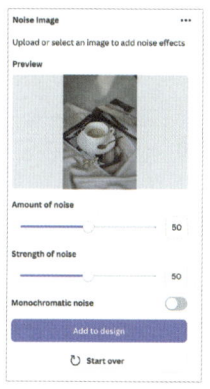 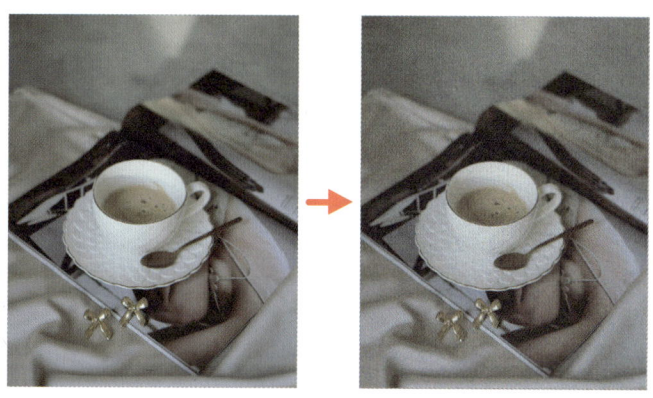

Canva

Lesson 04

효과적인 정보 전달을 돕는, 파스텔 톤의
오픈시간 안내 디자인

무료
레이아웃 응용 디자인

오픈시간을 안내하는 디자인에서는 효과적인 정보 전달을 위해 최대한 텍스트를 간결하게 보여줘야 합니다. 눈에 띄는 시각적 요소와 브랜드 아이덴티티를 강조한 디자인을 통해 브랜드를 각인시켜 고객이 쉽게 기억할 수 있도록 하는 것이 중요합니다.

레이아웃

완성작 인스타그램 1080*1350 px

작업 포인트
- 간결한 텍스트와 부드러운 이미지 연출을 위한 색상 설정
- 생동감 있는 시각적 요소

디자인 레시피
텍스트: Nanum Gothic (사이즈 45,26 | 색상 #000000)
색상: 배경 #FBF9F3 | 아치형 도형 #F2E5DC
　　　모양 #D7CCC9, #F9E7CF, #C5D1D9, #E9E0C7
요소 검색어: 모양, shape

PART 2   캔바 하나로 끝내는 비즈니스 이미지 디자인 A to Z   - 인스타그램 -

01 부드러운 느낌을 주기 위해 아치형 도형으로 변경, 도형을 추가하여 테두리 효과 적용

부드러운 이미지를 연출하기 위해 도형을 선택한 후에 **[편집]→[아치형]**을 선택하여 변경합니다. 적당한 크기로 조정하고 이 도형을 복제하여 색상을 없앤 후, 테두리를 1로 설정하여 **[맨 뒤로 보내기]** 설정합니다.

Tips

[Shift] 키를 누른 상태로 드래그하여 사이즈를 조정하면 일정 비율이 유지된 채로 조정됩니다.

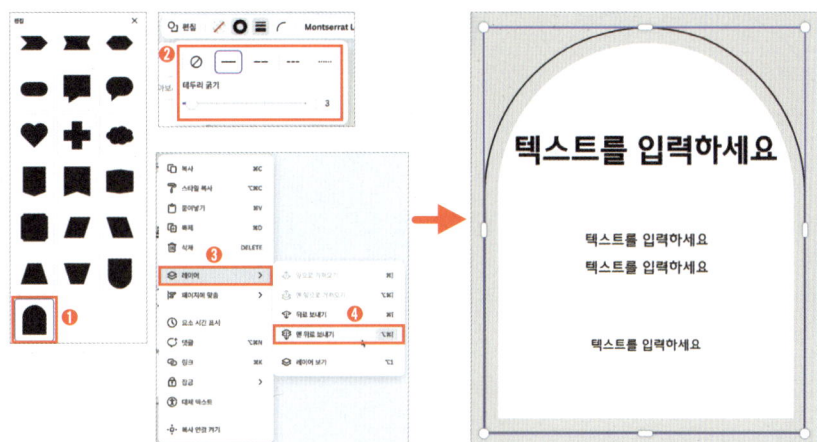

02 생동감 있는 표현을 위해 다양한 모양 및 부드러운 느낌의 파스텔 색상 적용

생동감 있는 시각적 표현을 위해 **[요소]→[그래픽]**을 차례로 선택하여 다양한 모양을 추가합니다. 크기를 적절하게 조절하고 회전시켜 네 군데 모서리에 배치합니다. 모양과 배경, 도형의 색상을 전체적으로 파스텔 톤으로 변경하여 부드러운 느낌을 줍니다. 색상 세부 설정은 <디자인 레시피>를 참고하세요.

03 간결한 느낌의 글꼴 설정

간결한 느낌의 글꼴인 **Nanum Gothic**으로 텍스트의 글꼴을 변경해서 디자인을 완성합니다.

간결한 느낌의 글꼴 추천:
Nanum Square, 무궁화 고딕

이 외에도 다양한 모양의 그래픽을 활용하여 응용해 보세요!

디자인의 스타일을 빠르게 바꾸는 2가지 방법

1. 특정 페이지에만 스타일을 적용하는 [페이지에 스타일 적용]

사이드 메뉴에서 [디자인]→[템플릿]을 클릭합니다. 여기서 원하는 템플릿을 선택하여 [더보기]→[페이지에 스타일 적용하기]를 선택하면 템플릿에 사용된 색상과 글꼴 스타일이 현재 페이지에 일괄 적용되어 색상과 텍스트를 쉽게 바꿀 수 있습니다.

2. 디자인 전체의 스타일을 관리하는 패널 [스타일 탭]

사이드 메뉴의 [디자인]→[스타일]→[조합]이나 [색상 팔레트]를 선택합니다. 이를 활용해 브랜드의 통일성과 아이덴티티를 강조할 수 있고, 다양한 색상과 텍스트의 조합으로 개성 있는 디자인을 구현할 수 있습니다. 색상 팔레트, 글꼴 조합, 이미지 팔레트 등을 선택하거나 최근 사용한 스타일이나 브랜드 스타일도 적용할 수 있습니다.

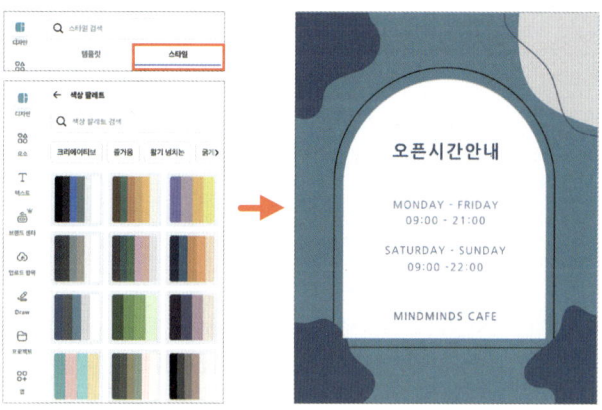

Lesson 05
여름의 청량감을 강조한 계절감을 살린
휴가 공지 디자인

무료
템플릿 응용 디자인

일정 안내 디자인은 고객과의 소통에 중요한 역할을 합니다. 특히 휴가 공지 디자인의 경우, 계절감이 느껴지게 구성하면 고객의 더 빠른 이해를 돕습니다. 이처럼 매력적인 비주얼과 정보 전달이 결합된 디자인은 시즌에 맞춘 특별 이벤트나 프로모션을 효과적으로 강조하는 데 활용할 수 있습니다.

예시작

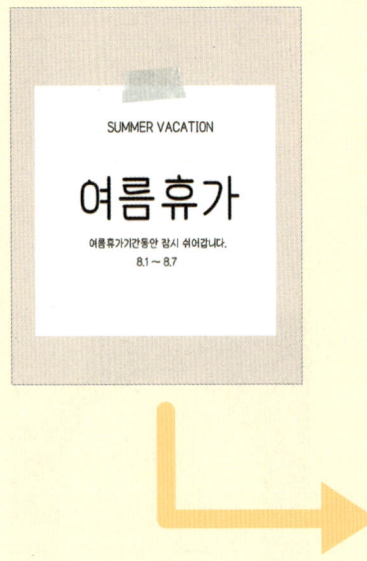

완성작 인스타그램 1080*1350 px

예시작은 계절감이 느껴지지 않고 단조로운 배경으로, 시각적인 임팩트가 부족합니다. 따라서, 고객의 시선을 끌기 어렵고 휴가 공지가 아닌 일반적인 안내로 인식될 가능성이 높아 정보 전달에 부족함이 있습니다.

이 점을 보완하기 위해 계절에 맞는 색상과 이미지를 활용하여 시각적으로 매력적인 요소를 추가하고, 메시지의 주제를 명확히 강조함으로써 고객의 관심을 끌 수 있도록 해야 합니다. 이를 통해, 효과적으로 정보를 전달할 수 있습니다.

작업 포인트
- 계절감을 강조하는 배경과 색상의 조합
- 청량감을 극대화할 수 있는 요소 배치

디자인 레시피
- 텍스트: Bodoni FLF(사이즈 141 | 색상 #000000)
  윤고딕(사이즈 103, 27, 25 | 색상 #067dba)
- 요소 검색어: 여름바다, soap bubbles

01 계절감이 느껴지는 이미지를 배경으로 설정

[요소]→[사진]을 차례로 선택한 후, 계절감이 느껴지는 이미지를 추가합니다. 해당 이미지를 마우스 우클릭하여 [배경 교체]를 클릭하여, 배경으로 설정합니다.

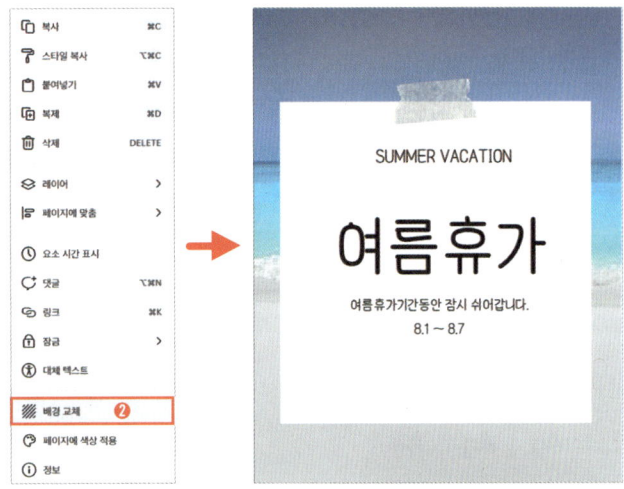

02 위아래 구분을 위해 도형을 타원형으로 변경한 후에 투명도 조절

기존에 있던 테이프 장식을 삭제한 후에 위아래 구분을 위해 도형을 편집합니다. [편집]→[원형]을 선택하고 크기를 조절하여 타원형으로 만듭니다. 타원형을 살짝 아래로 이동시키고 투명도 72로 설정 후, 마우스 우클릭하여 [레이어]→[맨 뒤로 보내기]를 선택합니다.

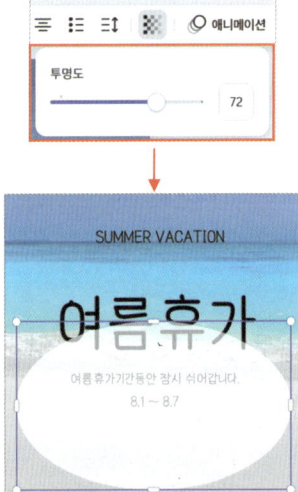

03 메시지를 강조하기 위해 제목과 내용을 구분하여 배치

메시지를 강조하기 위해 제목 글꼴을 **Bodoni FLF**로 설정하여 상단에 배치하고, 내용 글꼴은 **윤고딕**으로 설정하여 타원형 안에 배치합니다. 그리고 글자가 깔끔하게 돋보이고 입체감이 강조될 수 있도록 "여름휴가" 텍스트에 **[효과]→[그림자]**를 선택하여 그림자를 만들어줍니다. 그림자의 투명도는 40으로 설정합니다.

Tips
메시지를 강조하기 좋은 글꼴 추천:
Didot LP, Abril Fatface

04 청량감을 더하는 요소 추가

계절의 청량감을 더하는 요소(검색어: soap bubbles)를 추가하여 적절하게 크기 조정 및 회전시켜 레이어의 맨 뒤에 자연스럽게 배치합니다.

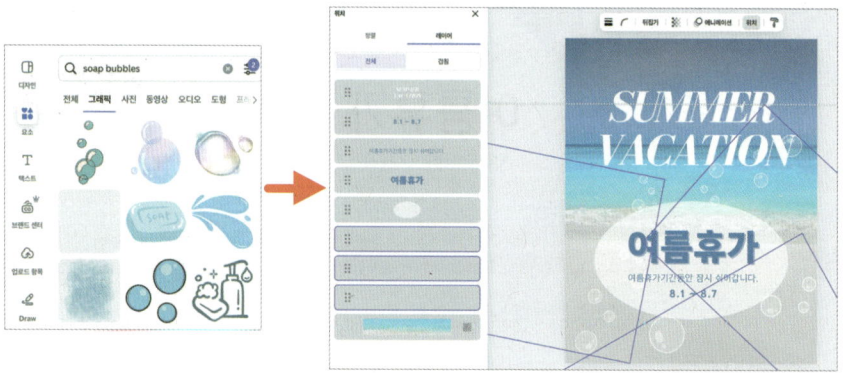

이미지에서 색상을 추출하여 계절에 맞는 인스타그램 피드 디자인하기

색상 선택이 어려울 때, 이미지에서 색상을 추출하여 디자인하면 이미지와 조화로운 콘텐츠를 만들 수 있어요.

봄	가을	겨울
꽃의 화사한 색상을 활용하여 봄에 어울리는 밝고 생기 넘치는 디자인	따뜻한 단풍 색상을 바탕으로 아늑하고 안정감 있는 디자인	겨울의 차가운 느낌을 살려, 깔끔하고 세련된 디자인

디자인에 즐거움과 활기를 주는 콘페티 추가하기

꽃가루가 날리는 듯한 콘페티(confetti) 요소를 활용하면 디자인에 즐거움과 활기를 불어넣을 수 있습니다.

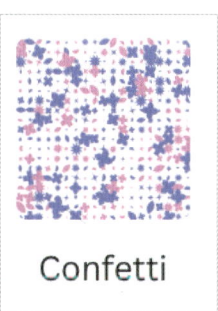

Confetti

[앱]→[Confetti]를 차례로 선택한 후에 원하는 옵션을 설정하고 [Add to design]을 클릭합니다. 디자인에 알맞게 색상을 변경한 후 활용해 보세요.

PART 2 캔바 하나로 끝내는 비즈니스 이미지 디자인 A to Z — 인스타그램 —

구매를 유도하는 효과적인
제품 홍보 디자인

무료
레이아웃 응용 디자인

제품 홍보 디자인은 브랜드의 제품이나 서비스를 효과적으로 홍보하고, 고객의 관심을 끌어 구매로 이어지도록 하는 중요한 역할을 합니다. 제품의 특징이나 계절에 맞는 색상을 조합하고 구매를 유도할 수 있는 요소를 추가하면 호기심을 유발하고 눈길을 끌어 제품에 대한 관심이 커집니다. 이 디자인은 신제품, 이벤트, 프로모션 등 소비자 참여 마케팅에 활용할 수 있습니다.

레이아웃

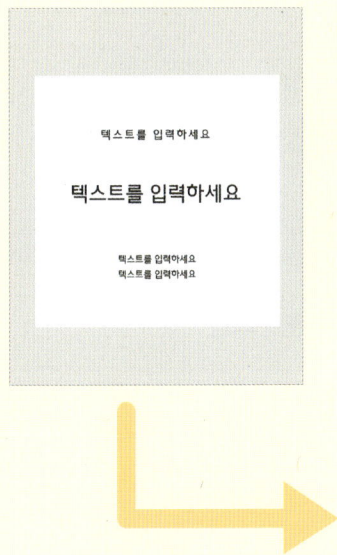

완성작 인스타그램 1080*1350 px

작업 포인트
· 제품의 특징을 살린 색상 조합
· 호기심을 자극하는 요소 배치

디자인 레시피
· 텍스트: 210 썸타임(사이즈 122 | 색상 #ffffff | 효과 세부설정: 테두리 두께 50 | 색상 #8dbfe0)
　Gowun Dodum(사이즈 35 | 색상 #000000 | 효과 세부설정: 배경 50/50/100 | 색상 #ffffff)
· 사진 효과: [흐리기]→[전체 이미지](강도 22)
· 배경색: #f7f6f3
· 요소 검색어: 여름바캉스용품, 브러시
　(set: nAEDHrCW4XY), splash, 하살표

127

01 제품을 시각적으로 보여주기 위해 도형 대신 사진 추가

제품의 시각적 전달을 위해 도형을 삭제하고 [요소]→[프레임]을 차례로 선택한 후에 사각형 사진 프레임을 추가하여, 사이즈를 적당히 키워주고 제품 사진을 넣어줍니다. 부드러운 느낌을 위해 사진 프레임을 선택한 후, 테두리(테두리 굵기 7, 색상 #8dbfe0)를 설정하고 모서리를 둥글게(52) 만듭니다.

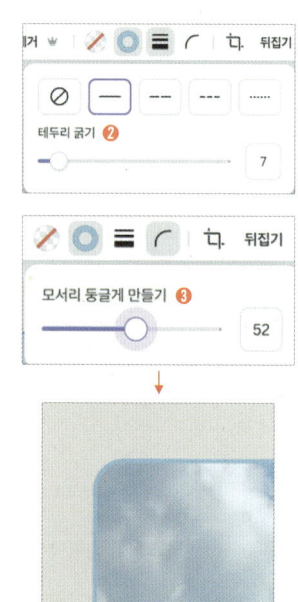

02 복잡한 시각적 요소를 정리하기 위해 사진 흐리기 효과 적용

복잡한 시각적 요소를 정리하기 위해 [편집]→[효과]→[흐리기]→[전체 이미지]를 차례로 선택한 후 흐리기 강도는 21로 설정합니다.

PART 2　　　캔바 하나로 끝내는 비즈니스 이미지 디자인 A to Z　　　- 인스타그램 -

03 경쾌하고 활기찬 느낌의 글꼴 설정과 시각적인 강조를 위한 테두리 효과

경쾌하고 활기찬 느낌의 글꼴인 **210 썸타임**으로 메인 텍스트를 작성한 후, 텍스트를 시각적으로 강조하기 위해 [효과]→[스타일]→[테두리]를 차례로 선택하여 테두리를 설정합니다.

메인 텍스트에 사용하기 적절한 글꼴:
210 밀레니얼, 210 콤퓨타세탁

글꼴: 210 썸타임

04 주제를 강조하고 주목을 끌기 위한 글꼴 설정

주제를 강조하기 위해 상단 텍스트를 Gowun Dodum 글꼴로 작성한 후, [효과]→[스타일]→[배경]을 차례로 선택하여 설정합니다. 하단에는 주목을 끌기 위한 문구를 작성한 후, 글자가 돋보일 수 있도록 글자 뒤에 브러시 요소를 추가합니다.

05 고객의 호기심을 자극하고 행동 유도를 위한 요소 추가

고객의 호기심을 자극하는 요소를 추가하여 꾸며주고, 하단에는 행동 유도를 위한 화살표 요소를 추가합니다.

 **Designer TIP**

제품 홍보 디자인 작업 시, 텍스트 작성 3단계

1단계 [명확한 헤드라인 작성]: 소비자의 관심을 즉각적으로 끌어내는 핵심 문구
(예시: "여름을 특별하게 만들어 줄 필수템" / "올 여름 스타일을 위한 아이템 추천")

2단계 [서브 헤드라인 작성]: 헤드라인 문구를 보완하고 추가 정보를 제공하는 문구
(예시: "여름에 딱 맞는 제품" / "편안함과 스타일을 동시에!")

3단계 [콜 투 액션(CTA)문구 작성]: 소비자에게 원하는 행동을 취하도록 유도하는 문구
(예시: "한정 세일을 놓치지 마세요!" / "홈페이지 바로가기")

② 서브 헤드라인
헤드라인을 보완하고 추가 정보를 제공하는 문구

① 명확한 헤드라인
소비자의 관심을 즉각적으로 끌어내는 핵심 문구

③ 콜 투 액션(CTA)
소비자가 원하는 행동을 취하도록 유도하는 문구

PART 2   캔바 하나로 끝내는 비즈니스 이미지 디자인 A to Z   - 인스타그램 -

깔끔하게 정돈된 감성적인
달력&일정 안내 디자인

Pro
템플릿 응용 디자인
AI:Magic Expand

달력을 사용하여 일정을 안내하면 소비자에게 명확한 정보를 제공하여 혼란을 방지합니다. 여기에 감성적인 배경 사진은 따뜻하고 차분한 느낌을 주어, 소비자와의 소통을 원활하게 하고 브랜드를 친근하게 어필할 수 있습니다. 이 디자인은 브랜드의 행사 일정, 배송 안내와 같은 일정을 안내하는 데 효과적으로 활용될 수 있습니다.

예시작
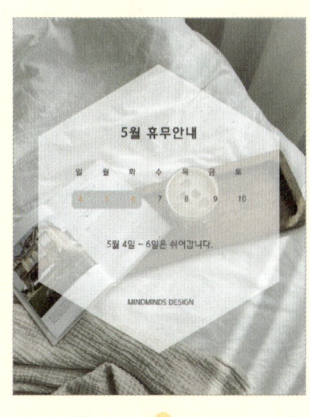

완성작 인스타그램 1080*1350 px
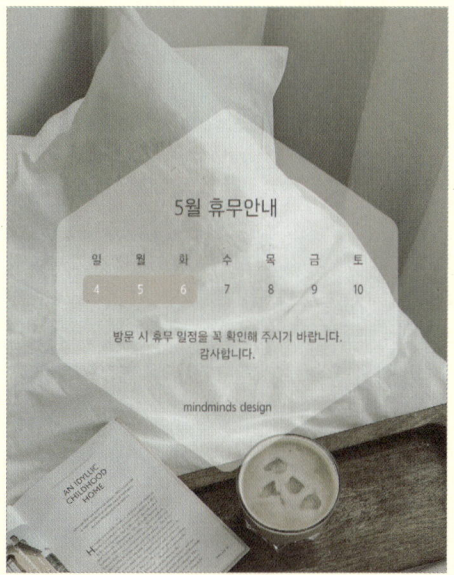

예시작은 배경 사진과 내용이 겹쳐 보여서 정확한 내용을 인식하기 어려우며, 달력 부분의 텍스트 정렬이 불규칙하여 시각적인 안정감이 부족합니다. 때문에 소비자가 필요한 정보를 쉽게 파악하지 못하고, 브랜드의 신뢰도를 저하시킬 수 있습니다. 디자인에 안정감을 더하기 위해 복잡한 배경 부분을 조정하고 텍스트를 깔끔하게 정렬하여 정돈된 느낌으로 디자인해야 합니다.

작업 포인트
· 정확한 내용 전달을 위한 배경 사진 조정
· 시각적인 안정감을 위해 텍스트 정렬

디자인 레시피
· 텍스트: 210 스탠다드 (사이즈 37,22 | 색상 #2b2b2b)
· 도형: 육각형 (색상 #ffffff | 모서리 둥글게 22 | 투명도 34)

01 AI 기능으로 상단 이미지를 확장하여 안정감 있는 사진 배치

안정감 있는 사진 배치를 위해 배경 사진을 마우스 우클릭하여 **[배경에서 이미지를 분리합니다.]**를 선택하여 이미지를 분리합니다. 이후, **[편집]**→**[Magic Studio]**→**[Magic Expand]**→**[확장하기]**→**[자유형식]**을 차례로 선택합니다. 사진에서 확장할 영역을 표시한 후에 **[확장]**을 선택하여 AI 이미지를 생성합니다. AI로 생성된 이미지 중에 맘에 드는 이미지가 있다면 완료하고, 이미지가 마음에 들지 않거나 새로운 이미지 생성을 원할 때는 **[새로운 결과 생성하기]**를 클릭하여 이미지를 다시 만듭니다.

02 이미지를 배경으로 설정한 후 차분하고 감성적인 필터 적용

선택한 AI 이미지를 배경으로 설정(**[이미지를 배경으로 설정]**)한 후, 사진 속 복잡한 부분이 텍스트에 가려지지 않도록 이미지를 더블클릭하여 위치를 조정합니다. 차분하고 감성적인 분위기를 더하기 위해 **[편집]**→**[필터]**→**[노르딕]** 필터를 적용합니다.

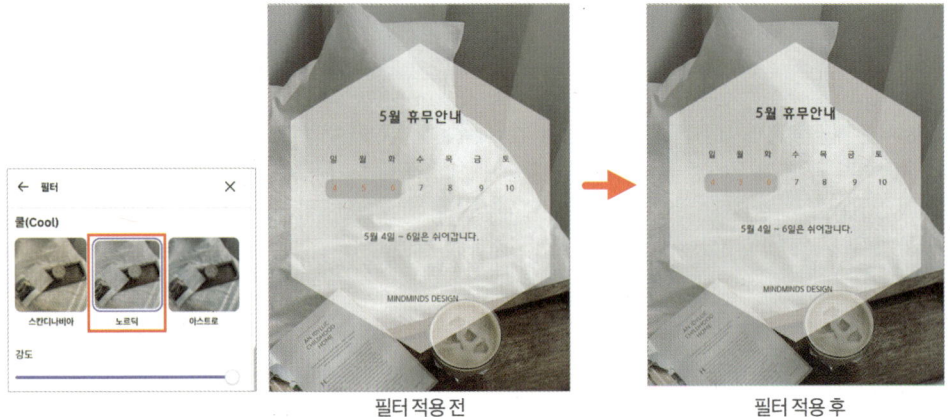

필터 적용 전   필터 적용 후

03 미니멀한 느낌의 글꼴 사용 및 텍스트를 안정감 있게 정렬

미니멀한 느낌의 글꼴인 **210 스탠다드**로 변경 후, 정렬이 필요한 텍스트를 선택해서 **[위치]→[정렬]→[가운데]**를 차례로 선택하여 텍스트를 가지런히 정렬합니다.

미니멀한 느낌의 글꼴 추천:
코어 고딕D, Open Sauce

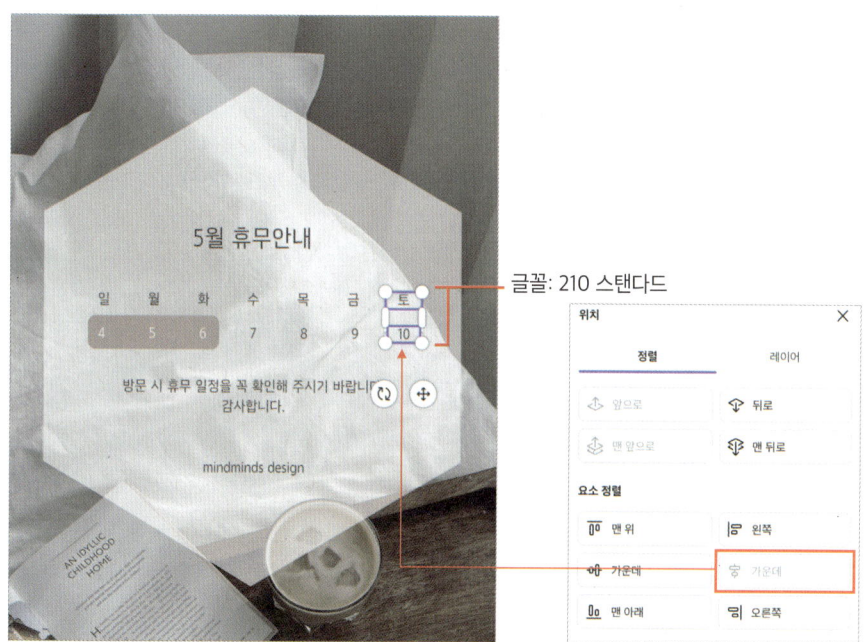

04 도형의 모서리를 둥글게하여 부드러운 느낌 더하기

도형의 모서리를 둥글게(22) 만들고 투명도 조절(34) 및 사이즈를 작게 조정하여 부드러운 느낌을 더합니다.

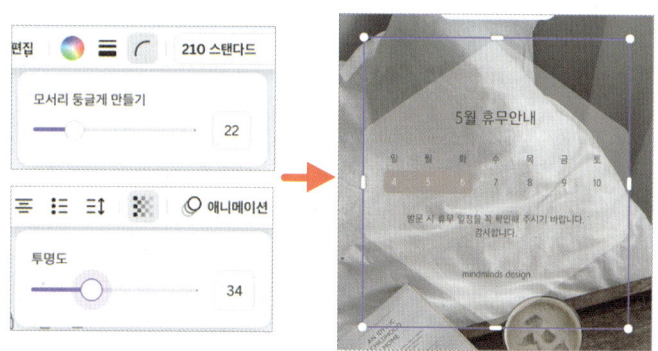

디자인 작업을 쉽게 하는 잠금 설정 활용

앞에 있는 텍스트만 선택하고 싶을 때, 뒤에 있는 요소를 잠금 설정하면 함께 선택되지 않아 편리하게 편집할 수 있습니다. 잠금 설정하고 싶은 요소를 클릭하면 **[자물쇠]** 아이콘이 뜹니다. 이를 클릭하면 **[부분 잠금]**(Pro 기능) 설정이 되고, 한 번 더 클릭하면 **[잠금]** 설정이 됩니다.

[부분 잠금]은 요소의 특정 속성(예: 위치, 크기 등)을 잠그는 것입니다. 이를 통해 다른 속성은 편집할 수 있지만, 잠긴 속성은 변경할 수 없습니다. **[잠금]**은 요소 전체를 잠그는 것입니다. 이 경우, 해당 요소는 이동하거나 편집할 수 없습니다.

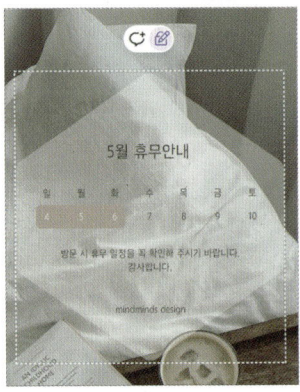
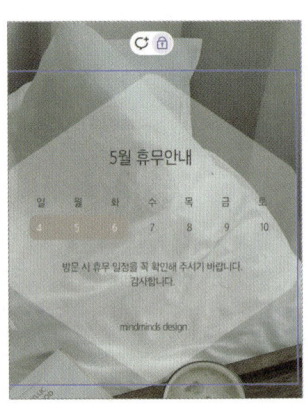

부분 잠금   잠금

원하는 곳만 지워주는 AI 지우개, Magic Eraser

생성된 이미지에서 부자연스러운 부분이 있거나 지우고 싶은 부분이 생길 수 있습니다. 이럴때 Magic Eraser를 활용하면 자연스럽게 제거할 수 있습니다. (Pro 기능)

[편집]→[Magic Studio]→[Magic Eraser]을 순서대로 선택한 후, 지우고 싶은 부분을 드래그하고 [지우기]를 클릭합니다. 주변이미지로 자연스럽게 연결되면서 불필요한 부분이 지워집니다.

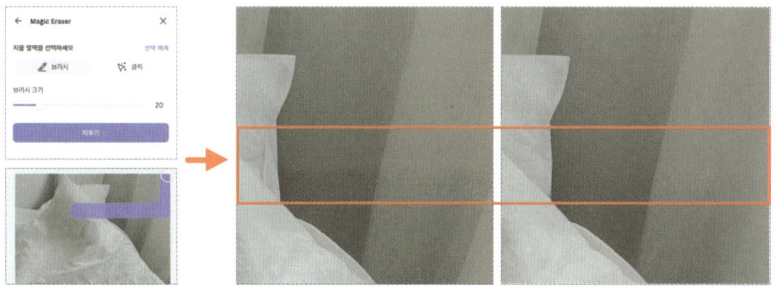

AI 이미지를 성공적으로 생성하기 위한 사진 선택 노하우!

복잡한 배경이나 사람의 손, 얼굴, 투명한 배경 등의 이미지는 AI 이미지 생성에 방해가 될 수 있습니다. 단순한 배경이거나 안정적인 구도의 사진, 주제가 명확한 사진을 선택하는 것이 더 좋은 AI 이미지를 생성해 낼 수 있습니다.

실패 사례: 복잡한 배경의 사진, 이미지가 명확하게 생성되지 않음

성공 사례: 단순한 배경의 사진, 자연스럽게 이미지 생성됨

Canva

Lesson 08
시각적으로 편안한 구도의
배송 안내 디자인

무료
레이아웃 응용 디자인

소비자와 원활한 소통을 위해 명확한 배송 안내 일정 공지가 필요합니다. 시각적으로 편안한 구도로 디자인하면 소비자는 정보를 쉽게 파악할 수 있으며, 브랜드에 대한 긍정적인 인상을 형성할 수 있습니다. 이 디자인은 공지사항, 영업시간 안내 등 다양한 정보 전달에 활용할 수 있습니다.

레이아웃

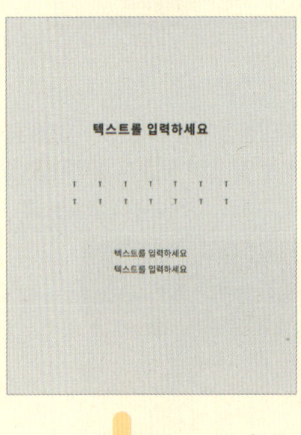

완성작 인스타그램 1080*1350 px

작업 포인트
· 시각적으로 편안한 구도로 배치
· 읽기 편한 글꼴의 텍스트와 정보 강조

디자인 레시피
· 텍스트: 210 소월 (사이즈 31, 21 | 색상 #2b2b2b, #186ab4, #7b18130)
· 텍스트 효과: 배경 (세부 설정: 둥근 정도 50, 확산 50, 투명도 100, 색상 #e8d6b9)

01 균형감 있게 이미지를 배치

첨부한 사진을 마우스 우클릭하여→**[배경 교체]**를 선택하여 배경으로 설정합니다. 사진을 더블클릭하여 원하는 위치로 이동시킨 후에 **[완료]**를 클릭하여 마칩니다.
시각적으로 편안한 구도를 위해 상단 툴바에서 **[뒤집기]**→**[수평 뒤집기]**를 선택하여 사진을 좌우반전합니다. 그러면 빛이 왼쪽에서 들어오는 것처럼 보여서 빛의 방향과 물체의 배치가 조화를 이루고, 전체적인 구성이 자연스러워집니다.

02 필터와 밝기를 조정하여 차분한 느낌의 이미지 설정

차분한 느낌을 위해 이미지에 **[편집]**→**[필터]**→**[에어로]** 필터를 적용합니다. 밝기는 -9로 설정하여 전체적인 명도를 낮춰줍니다.

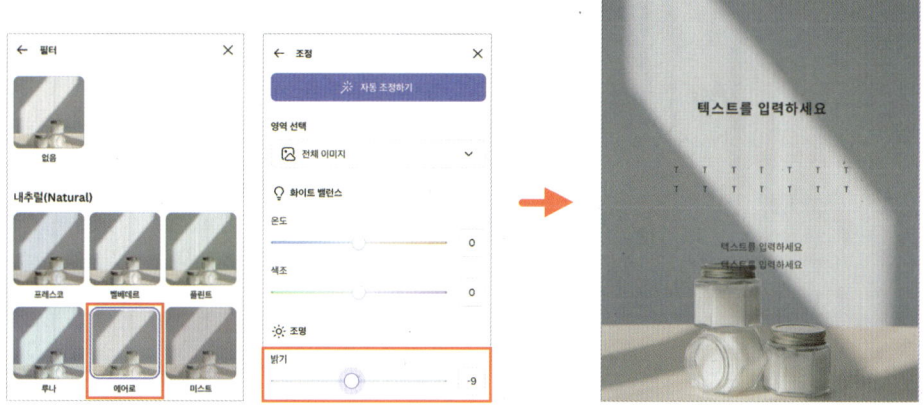

03 세련되고 편안한 느낌의 글꼴을 사용하여 정보 강조

세련되고 편안한 느낌의 글꼴인 **210 소월**로 내용을 작성한 후, [위치]→[가운데]를 선택하여 텍스트를 가운데 정렬합니다. 그리고 [고르게 띄우기]→[깔끔하게 정리]를 순서대로 선택하여 텍스트 간격을 일정하게 맞춰줍니다.
정보 강조가 필요한 부분은 [효과]→[배경]을 선택하여 텍스트 뒤에 배경색을 배치하여, 눈에 띄게 설정합니다.

세련되고 편안한 느낌의 글꼴 추천:
경기 바탕, 210 디딤명조

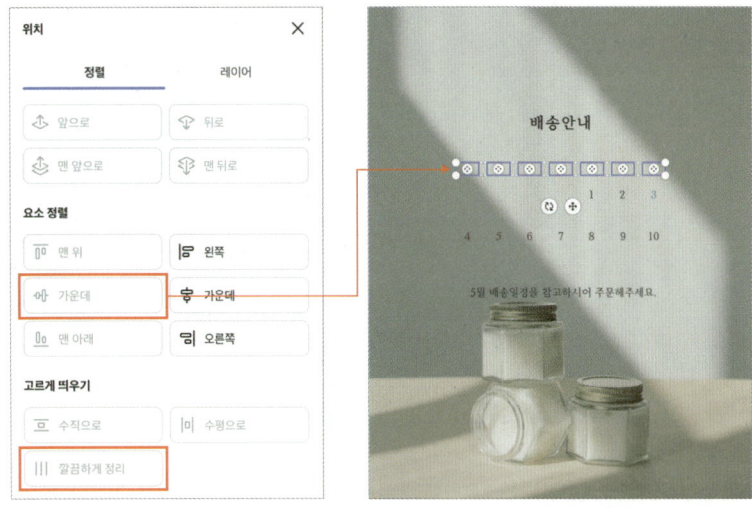

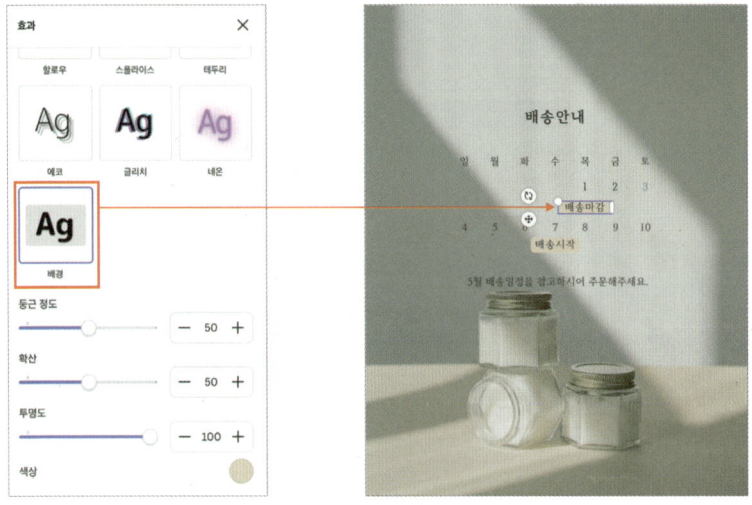

원하는 부분만 깔끔하게 잘라내는 자르기

'자르기' 도구는 이미지 편집에서 매우 유용한 도구로, 이미지를 더블클릭하여 다양한 비율로 자르거나 회전 및 확대를 할 수 있습니다. 스마트 자르기, 자유형식 자르기를 비롯하여 다양한 비율로 자르기 작업을 할 수 있으며 모서리 부분을 드래그하여 조정합니다.

원본 이미지

[회전]　　　　[자유 형식]　　　[1:1] 자르기 후 확대　　　[스마트 자르기]

Canva

배색을 이용하여 홍보 효과를 극대화하는
메뉴 홍보 디자인

무료
템플릿 응용 디자인

제품 소개 디자인은 소비자의 관심을 끌고, 제품의 특징과 장점을 효과적으로 전달하는 것이 필요합니다. 특히 음식을 소개하는 디자인에서는 제품의 매력을 극대화하는 시각적 요소와 색감이 무엇보다 중요합니다. 배색을 살린 디자인은 소비자의 시선을 끌고, 감정적인 반응을 유도하는 데 효과적입니다. 이 디자인은 음식뿐만 아니라 브랜드의 정체성을 강조하는 패키지 디자인, 웹사이트, 이벤트 및 프로모션 디자인에도 널리 활용될 수 있습니다.

예시작　　　　　　　　　　　　　**완성작** 인스타그램 1080*1350 px

예시작은 배경색과 텍스트 색상이 모두 베이지 계열로 제품(빵)과 유사한 색상이라, 제품이 돋보이지 않으며 텍스트 역시 눈에 띄지 않습니다. 이러한 디자인은 제품과 브랜드 이미지에 대한 흥미를 유발하지 못하고, 소비자의 구매로 이어지기 어렵습니다. 디자인을 보완하기 위해 배색을 활용하고 포인트가 될 만한 요소를 통해 소비자의 시선을 끌어야 합니다.

작업 포인트
- 제품을 돋보이게 하는 배색을 살린 디자인
- 흥미를 유발하는 포인트 요소를 추가

디자인 레시피
- 텍스트: Gasoek One(사이즈 205 | 색상 #ff89a9)
- 배경색: #2b2b2b
- 요소 검색어: New label, 레트로 스티커(retro sticker)

PART 2   캔바 하나로 끝내는 비즈니스 이미지 디자인 A to Z   – 인스타그램 –

01 강렬한 대비의 배색을 활용하여 제품을 돋보이게 구성

제품을 돋보이게 하기 위해 배경색과 텍스트의 색상을 대비가 되는 배색으로 변경합니다. (<디자인 레시피> 참고)

하나의 텍스트를 선택한 후, [색상 선택]→[모두 변경]을 클릭하면 모든 텍스트의 색상을 선택한 색상으로 일괄 변경할 수 있습니다.

배경색 변경 / 텍스트 색상 변경

02 브랜드와 제품에 어울리는 개성 있는 글꼴

브랜드와 제품에 어울리는 개성 있는 글꼴을 사용합니다. 여기선 **Gasoek One**을 사용하겠습니다. 글꼴을 변경한 후에 **[위치]→[깔끔하게 정리]**를 선택하여 텍스트가 페이지의 중심에 위치하게 조정합니다.

개성있는 글꼴 추천:
Beth Ellen, Bagel Fat One

글꼴: Gasoek One

03 흥미를 유발하는 포인트 요소 추가

시각적 흥미를 유발하는 포인트 요소를 추가하여 꾸며줍니다. (<디자인 레시피> 참고)

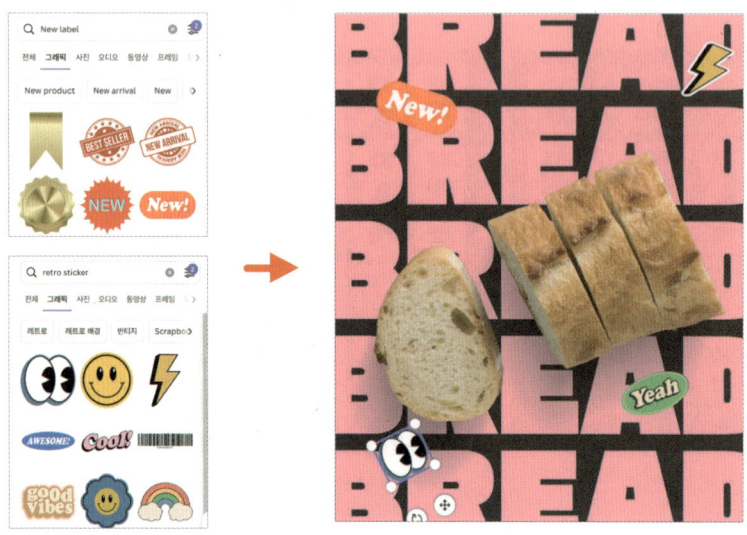

> **Designer TIP** — 제품이 돋보이는 배색과 글꼴 추천

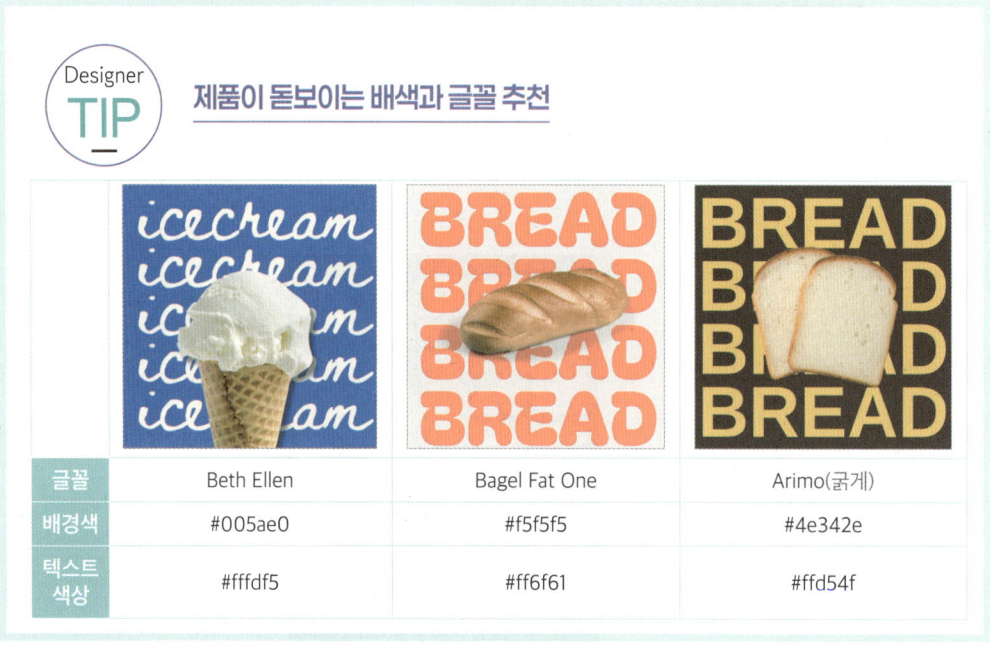

글꼴	Beth Ellen	Bagel Fat One	Arimo(굵게)
배경색	#005ae0	#f5f5f5	#4e342e
텍스트 색상	#fffdf5	#ff6f61	#ffd54f

Lesson 10
깊이감과 입체감이 있는
메뉴 홍보 디자인

Pro
레이아웃 응용 디자인
배경 제거

시각적으로 깊이감과 입체감을 부여하면 소비자의 관심을 끌고 제품에 대한 호기심을 유발할 수 있습니다. 여기에 흥미를 유발하는 글꼴의 텍스트를 적절히 배치하면 메시지를 보다 효과적으로 전달할 수 있습니다. 이 디자인은 SNS 광고나 포스터 및 전단지, 다양한 이벤트 프로모션에 활용할 수 있습니다.

레이아웃 / **완성작** 인스타그램 1080*1350 px

작업 포인트
- 시각적인 깊이감과 입체감
- 흥미를 유발하는 글꼴과 텍스트 배치

디자인 레시피
- 텍스트: Quotes Script(사이즈 216 | 색상 #2b2b2b | 그림자 효과: 드롭 22/66/44)
- 텍스트 투명도 수치: 100/80/60/30/10
- 배경색: #e4e2dd
- 요소 검색어: Espresso coffee, 커피콩

01 흥미를 유발하는 글꼴과 텍스트의 회전 배치

우선 레이아웃에서 사진 프레임을 삭제하고 텍스트는 1개만 남기고 모두 삭제합니다. 텍스트의 글꼴을 흥미를 유발하는 글꼴인 **Quotes Script**로 변경하고, 복사하여 4개 더 만듭니다. 텍스트를 모두 선택한 후에 회전시켜 페이지에 맞게 위치를 조정합니다.

Tips
흥미를 유발하는 글꼴 추천:
Brasika, Bobby Jones Soft

텍스트 1개만 남김→글꼴 변경: Quotes Script

텍스트 복사하여 총 5개 생성

텍스트 회전

02 텍스트 투명도를 조절하여 깊이감을 더하기

위에서 아래로 내려갈수록 투명해지게 텍스트에 투명도를 조절하여 깊이감을 더합니다. (<디자인 레시피> 참고)

03 사진의 배경을 지우고 그림자 효과로 입체감 더하기

[요소]→[사진] 탭에서 'Espresso coffee'를 검색하여 적절한 사진을 추가합니다. 상단 툴바에서 [배경 제거]를 선택하면 불필요한 배경이 지워집니다.

[배경 제거]

입체감을 더하기 위해 [편집]→[효과]→[그림자]→[드롭]을 순서대로 선택하여, 사진에 적절하게 그림자의 정도를 설정합니다.

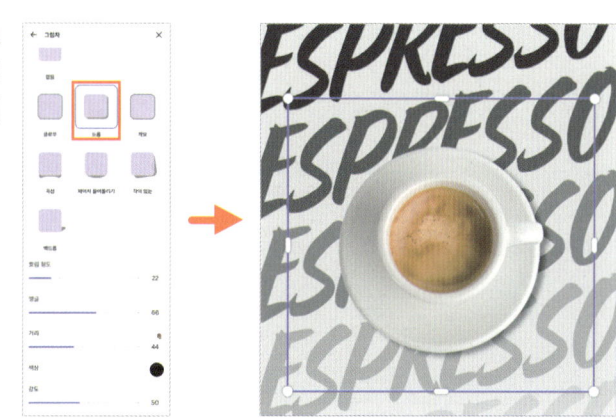

04 메뉴를 돋보이게 하는 요소 추가

메뉴를 돋보이게 하는 요소를 추가합니다. [요소]→[사진] 탭에서 '커피콩 컷아웃'을 검색하여 적절한 이미지를 선택하여 추가합니다.

무료로 배경이 없는 컷아웃 이미지 활용하기

Pro 사용자가 아니라면, 배경 제거 기능 대신 무료로 사용 가능한 다양한 모양의 사진 프레임을 활용하거나 컷아웃 이미지로 디자인해 보세요!

배경 없는 사진 요소를 무료로 사용하는 방법은 크게 두 가지가 있습니다. 먼저, **[요소]→[사진]**을 순서대로 선택한 후에 **[컷아웃 이미지]**를 체크하여 검색하여 원하는 이미지를 선택하여 사용하면 됩니다. 두 번째로는 **[정적]**, **[무료]**, **[컷아웃 이미지]**를 체크한 후에 검색하면 배경이 없는 이미지를 찾을 수 있습니다.

다양한 모양의 사진 프레임

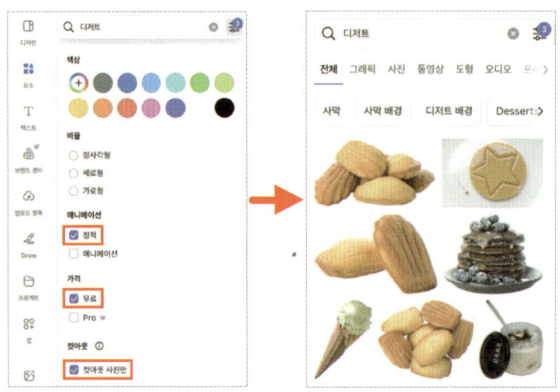

사진 프레임 활용 작품	컷아웃 이미지 활용 작품

텍스트: 글꼴-Brasika ǀ 색상 #ab5328	텍스트: 글꼴-Bobby Jones Soft ǀ 색상 #678fb4

내 맘대로 배경을 바꾸는 AI 배경 생성 기능!

프롬프트를 입력하여 생성형 AI로 새로운 배경을 만들어 사용할 수 있습니다. [편집]→[Magic Studio]→[배경 생성(pro)]을 순서대로 선택하여 프롬프트를 입력합니다. 원하는 배경 이미지를 얻기 위해, 프롬프트를 작성하는 노하우를 몇 가지 알려드립니다.

입력 팁	예시
구체적이고 간결하게 작성합니다.	밝고 화사한 파스텔 색상의 배경
이미지에서 느껴질 감정을 묘사합니다.	아늑하고 따뜻한 느낌의 배경
주제와 연관된 키워드를 사용합니다.	디저트, 달콤한, 즐거운 분위기
형태와 구성을 정확하게 입력합니다.	부드러운 그라데이션이 있는 배경
예시를 구체적으로 입력합니다.	햇살이 비치는 테이블 위의 배경

Canva

Lesson 11
경쾌하고 귀여운 느낌의
이벤트 디자인

Pro
무료
템플릿 응용 디자인

이벤트를 알리는 디자인은 고객에게 긍정적인 인상을 남기는 디자인이 효과적입니다. 경쾌하면서도 직관적인 디자인으로 소비자가 정보를 긍정적으로 인식하게 만드는 것이 중요합니다. 이러한 디자인은 이벤트, 프로모션, 기념일 등 고객의 관심을 끌고 참여를 유도하는 마케팅에 활용할 수 있습니다.

예시작

완성작 인스타그램 1080*1350 px

예시작은 단조로운 색상 사용과 구성으로 사용자의 관심을 끌기 어렵고, 재미와 흥미를 유발하기 어렵습니다. 포인트나 장식이 없는 디자인은 매력을 충분히 전달하지 못해 이벤트 페이지의 효과를 크게 감소시킵니다. 흥미로운 디자인으로 사용자의 시선을 사로잡고 참여율을 유도할 수 있는 디자인이 필요합니다.

작업 포인트
· 시각적으로 흥미를 유발할 포인트와 경쾌한 느낌의 색상
· 친근함을 강조하는 귀여운 요소 적용
※ 무료 버전 사용 시, 무료 폰트와 요소를 활용해 주세요.

디자인 레시피
· 텍스트: 어비 남소영체(사이즈 44, 28 | 색상 #ffffff)
· 배경색: #005AE0
· 요소 검색어: 3d alphabet(set: nAFjnqAv8No), hand drawn, doodle

01 시각적으로 흥미를 유발하는 3D 알파벳 및 입체 효과

"event" 텍스트를 삭제합니다. 3D 알파벳 요소(검색어: 3d alphabet(set:nAFjnqAv8No)로 제목을 구성하겠습니다. 알파벳에 입체적인 느낌을 주기 위해 **[편집]→[그림자]→[글로우]** 효과를 적용합니다.

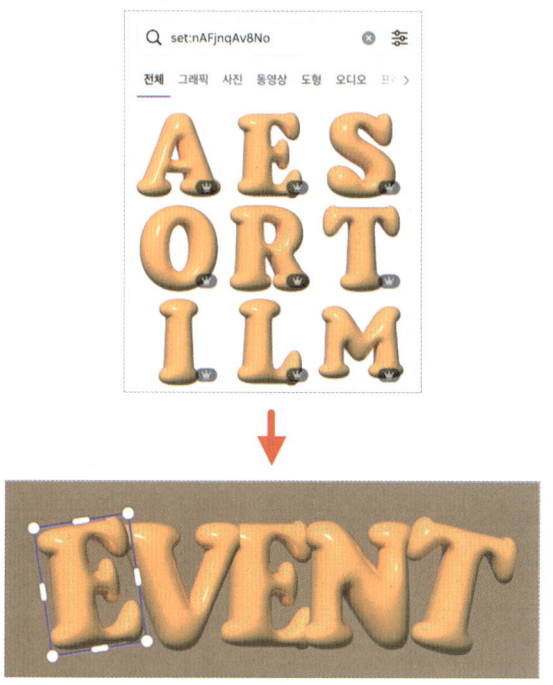 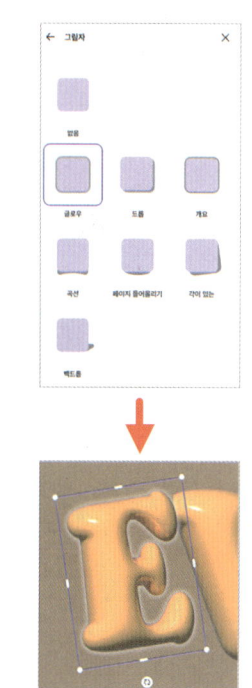

그림자 효과가 적용된 알파벳을 선택한 후에 마우스 우클릭하여 **[스타일 복사]**를 선택합니다. 다음 그림과 같이 롤러 아이콘이 보이면 다른 알파벳을 클릭합니다. 동일한 그림자 효과가 적용됩니다.

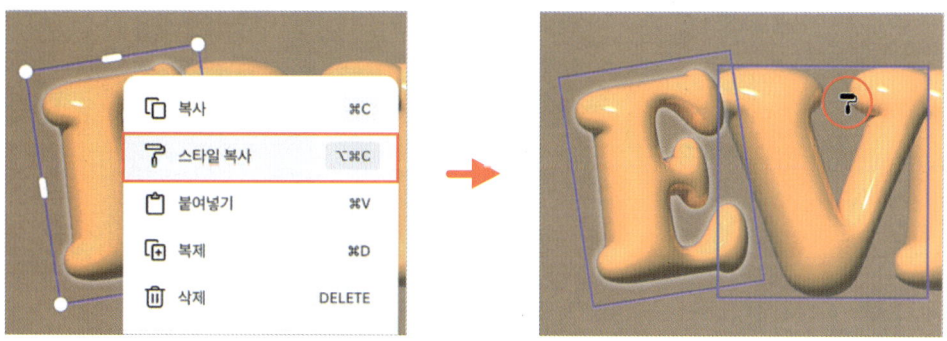

※ 무료 버전 사용자는 무료 3D 알파벳 요소를 선택하여 실습하길 바랍니다.

02 경쾌한 느낌의 배경색과 귀여운 손글씨 텍스트

3D 알파벳 요소와 잘 어울리는 경쾌한 느낌을 강조하기 위해 배경색을 변경하고, 텍스트의 글꼴을 생동감 있고 귀여운 **어비 남소영체**로 바꿔줍니다.

귀여운 손글씨 글꼴 추천:
210 어린아이, 210 돌담길

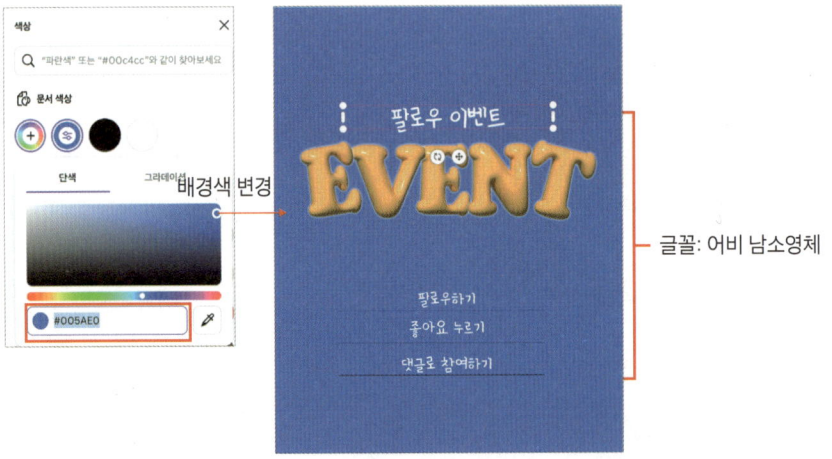

03 경쾌하고 친근한 느낌을 강조하기 위해 귀여운 손그림 요소로 장식

텍스트 아래 선을 삭제 후, 귀여운 손그림 장식을 추가하여 밑줄과 배경을 꾸며줍니다. 손그림 장식 요소 검색어는 set:nAFiYIotuSI, set:nAFK5peGPdU입니다. ('doodle'을 검색하면 손그림, 낙서같은 다양한 핸드 드로잉의 이미지를 만날 수 있습니다.)

이벤트 페이지 디자인을 쉽게 하는 방법

디자인은 색상, 그래픽 요소 등의 조합에 따라 분위기가 달라집니다. 다음 세 가지 스타일을 참고하여 원하는 느낌에 맞게 디자인해 보세요.

	모던하고 세련된 느낌	귀여운 느낌	미니멀한 느낌
폰트, 색상, 요소 키워드	글꼴: Archivo Black, DM sans 텍스트 색상: #ffef00	글꼴: Kirang Haerang, Jua 텍스트 색상: #ffffe0, #49a5fa 배경색: #ffb6c1 요소 키워드: 다양한 캐릭터	글꼴: Dream Avenue, 210디딤고딕 텍스트 색상: #000000 배경색: #f3f2f2 요소 키워드: organic shape line
디자인 팁	이미지는 흑백사진 또는 어두운 배경의 사진을 선택하고, 강한 느낌의 글꼴을 사용하고 강조된 색상으로 현대적인 느낌을 살려주세요.	도형의 크기와 모양을 다양하게 배치하고, 밝고 귀여운 캐릭터와 화사한 색상으로 친근하고 즐거운 분위기를 연출하세요.	그래픽의 배치가 어려울 때는 모서리에 안정감 있게 배치하고, 여백을 충분히 활용하여 깔끔하고 미니멀한 효과를 줍니다.

Canva

Lesson 12
에너지 넘치고 트렌디한
오픈 이벤트 디자인

무료
레이아웃 응용 디자인

이벤트 안내 디자인은 에너지 넘치고 트렌디하게 구성하여 브랜드의 젊고 역동적인 이미지를 강조하는 것이 중요합니다. 이를 통해 소비자의 참여를 유도하는 데 효과적입니다. 특히, 오픈 이벤트에서는 소비자의 호기심을 적극적으로 끌어낼 수 있는 디자인이 중요합니다. 궁금증을 자아내는 아이콘이나 문구는 이벤트에 대한 관심을 키우고, 소비자의 참여와 공유를 촉진합니다.

레이아웃

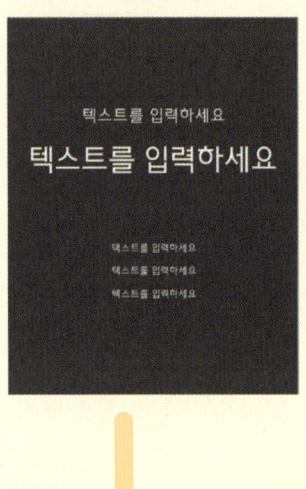

완성작 인스타그램 1080*1350 px

작업 포인트
· 에너지 넘치고 트렌디한 색상과 효과
· 궁금증을 유도하는 요소와 텍스트

디자인 레시피
· 텍스트: Cosmic Octo(사이즈 136 | 색상 #f1d8d1)
  210 수퍼사이즈(사이즈 39 | 색상 #ffffff)
  210 수퍼사이즈 Black 3D(사이즈 39 | 색상 #ffffff)
· 텍스트 효과: [네온](강도 68)
· 요소 검색어: 3D 알파벳(set:nAFIZLfGao), 네온, Basic Neon Arrow

01 에너지 넘치고 시선을 모으는 네온 효과

시선을 모으기 위해 메인 텍스트를 **Cosmic Octo**로 변경하고 에너지 넘치는 효과를 위해 [효과]→[네온]을 적용합니다.

강조하는 글꼴 추천:
AC Compacta, Acuity

글꼴: Cosmic Octo

02 트렌디한 감각을 더하는 3D 텍스트와 소비자의 관심을 끄는 문구

트렌디한 감각을 더하는 3D 알파벳 요소(검색어: set:nAFI-ZLfGao)를 추가하고 사이즈를 적당히 조절한 후 [위치]→[가운데]를 선택하여 정렬합니다.
서브 텍스트는 **210 수퍼사이즈 Black 3D** 글꼴로 작성하고 하단에는 행동 유도를 위한 문구를 **210 수퍼사이즈** 글꼴로 작성합니다.

글꼴: 210 수퍼사이즈 Black 3D

글꼴: 210 수퍼사이즈

03 입체감을 더하고 트렌디한 그래픽 추가

트렌디한 느낌을 위해 네온 요소(검색어: 네온)를 추가하여 꾸며주고, 입체감을 더하는 그래픽을 추가합니다. 행동 유도 문구 옆에는 화살표 그래픽(검색어: Basic Neon Arrow)을 추가하여 소비자의 다음 행동을 시각적으로 보여줍니다.(* 요소 검색 시 속성을 **[무료]**에 체크하면 무료 요소만 볼 수 있습니다.)

네온 효과와 요소를 응용한 리뷰 이벤트 디자인

PART 2　　　캔바 하나로 끝내는 비즈니스 이미지 디자인 A to Z　　　- 인스타그램 -

몰입감을 주는 입체적인
세일 안내 디자인

Pro
템플릿 응용 디자인
배경 제거

휴무 안내 및 공지사항 디자인은 브랜드의 신뢰도와 전문성을 강조하는 데 매우 중요합니다. 레드오션인 인스타그램에서 고객의 눈에 띄기 위해서는 단조로움을 피하고 독창적인 디자인을 통해, 다른 브랜드와 차별화하는 것이 필요합니다. 이번 디자인은 브랜드 이미지를 강화하고 고객의 관심을 끌어올리는 데 큰 도움을 줍니다.

예시작

완성작 인스타그램 1080*1350 px

예시작은 심플하지만 시각적인 흥미를 유발하는 요소가 부족하여 단조롭게 느껴질 수 있고, 소비자의 흥미를 끌지 못할 수 있습니다. 이를 보완하기 위해 소비자의 흥미를 유도하는 세련된 이미지를 추가하여 브랜드의 개성을 돋보이게 하면 독창성을 더욱 높일 수 있습니다. 이때 이미지를 입체적으로 배치하여 몰입감을 더합니다.

작업 포인트
- 시각적 몰입감을 높이는 이미지추가
- 입체감 있는 텍스트

디자인 레시피
- 텍스트: Brittany(사이즈 71 | 색상 #ffffff)
peace sans(사이즈 152 | 색상 #ffffff | 효과: [에코] 오프셋 97, 방향 0 곡선 19)
Arimo(사이즈 19 | 색상 #000000 | 굵게 기울임꼴)

01 사람이 튀어나온 듯한 입체적인 효과로 몰입감 더하기

원형 사진 프레임을 추가하여 사진을 추가합니다. 사진을 원형 안으로 넣고 **[잠금]** 설정합니다.

몰입감을 주는 입체적인 효과를 주기위해 동일한 사진을 한 장 더 추가하여 상단 툴바 메뉴에서 **[배경 제거]** (Pro 기능)를 선택합니다. 먼저 추가한 사진과 지금 추가한 사진의 비율이 맞게 크기를 조정하여 마치 원 안에서 사람이 튀어나온 듯한 효과를 연출합니다.

02 글자에 에코 효과를 적용하여 디자인에 입체감을 더하기

사진의 위치를 텍스트 뒤로 배치하고 'SALE' 텍스트의 색상을 변경(#ffffff)해 줍니다. 텍스트를 선택한 후, [효과]→[스타일]→[에코] 효과를 적용합니다.

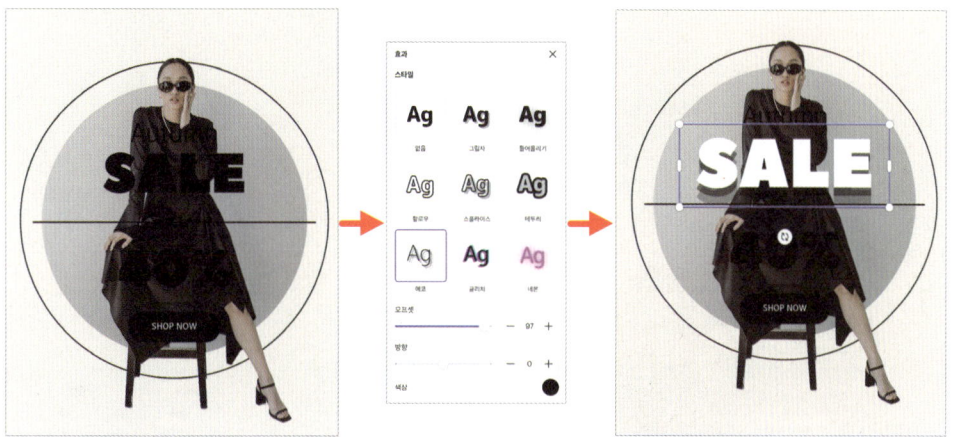

03 매력적인 필기체 스타일의 글꼴을 사용하여 텍스트를 돋보이게

상단 텍스트를 매력적인 필기체 글꼴인 Brittany로 변경하고 다른 텍스트도 돋보일 수 있도록 색상(#ffffff)을 변경합니다.

매력적인 필기체 스타일 글꼴 추천:
Homemade apple, Holiday

글꼴: Brittany
글꼴: Peace Sans
글꼴: Arimo

에코 효과를 활용한 응용작

[에코] 세부 설정에서 그림자의 방향을 조절하거나 추가 그림자를 더해서 입체감을 높일 수 있습니다.

① 그림자 방향 변경

② 이미지에 그림자 추가 입체감을 높임

PART 2　　　캔바 하나로 끝내는 비즈니스 이미지 디자인 A to Z　　　- 인스타그램 -

귀엽고 발랄한 느낌의
할인 쿠폰 홍보 디자인

| 무료
| 레이아웃 응용 디자인

쿠폰 홍보 이미지는 사용자에게 특별한 혜택이나 이벤트를 알리는 목적으로 사용됩니다. 독창적이고 매력적인 쿠폰 이미지는 귀엽고 발랄한 느낌의 디자인을 활용하면 친근하게 시선을 끌 수 있습니다. 이러한 이미지는 회원가입, 멤버십 혜택, 프로모션 등 마케팅에 적극 활용할 수 있습니다.

레이아웃

완성작 인스타그램 1080*1350 px

작업 포인트
· 재미있는 인상을 주는 이미지
· 귀엽고 발랄한 느낌의 글꼴 사용

디자인 레시피
· 텍스트: kawaii RT shine(사이즈 151 | 색상 #ffd54f |
　　　　효과: 테두리 두께 50, 색상 #005ae0, 곡선 61)
　　　　210 8비트(사이즈 41, 25 | 색상 #005ae0)
　　　　Michegar(사이즈 170 | 색상 #005ae0)
· 도형: 색상 #fcf5ed | 테두리 두께 7 | 중간 점선 색상
　　　 #e17a80
· 요소 검색어: 체크무늬

01 시각적인 재미를 더하는 배경 설정

시각적으로 재미있는 인상을 주기 위해 **[요소]**에서 '체크무늬'를 검색하여 적절한 이미지를 선택합니다. **[배경 교체]**를 클릭하여 해당 이미지를 배경으로 설정합니다.

[편집]→**[조정]**→**[색상 편집]**을 차례로 눌러, 색상 -51 로 조정합니다. 블루톤의 배경으로 만들어줍니다.

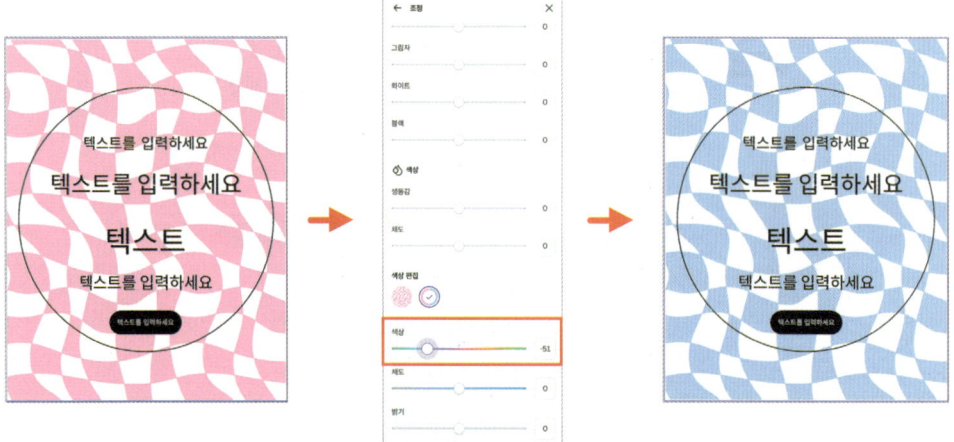

02 귀여운 느낌을 강조하는 도형과 점선 테두리

귀여운 느낌을 강조하기 위해 원형 도형을 선택하여 **[편집]** 클릭 후, 모서리가 둥근 사각형으로 바꿉니다. 적절하게 사이즈를 조정하고 도형에 색상과 점선 테두리를 설정합니다. (세부 설정은 <디자인 레시피>를 참고)

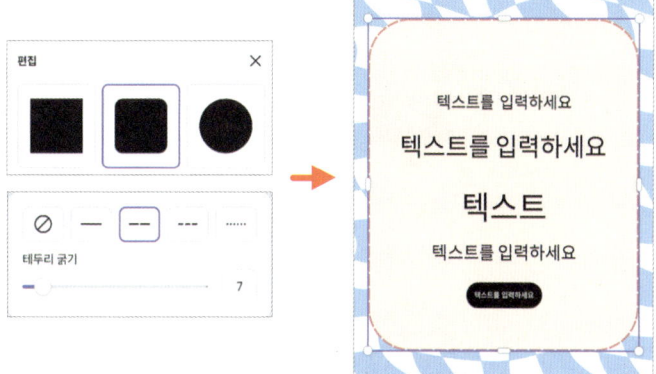

03 귀엽고 발랄한 느낌의 텍스트와 곡선 효과

메인 텍스트에 귀여운 느낌을 더하기 위해, 글꼴을 kawaii RT shine 로 변경하여 "COUPON"이라고 작성합니다. 발랄한 느낌을 더하기 위해 텍스트를 선택한 후, **[효과]**→**[스타일]**→**[테두리]**를 차례로 눌러 테두리를 설정해 줍니다. **[도형]**→**[곡선]**→61로 조정하여 텍스트를 완만한 언덕 형태로 배치합니다.
내용 텍스트는 귀엽고 발랄한 느낌의 글꼴인 Michegar와 210 8피트로 각각 작성합니다.

Tips
귀엽고 발랄한 느낌의 글꼴 추천:
Chewy, Scripter, 210 하이웨이

- 글꼴: kawaii RT shine
- 글꼴: Michegar
- 글꼴: 210 8비트

도형을 활용한 나만의 쿠폰 디자인

도형을 활용하여 나만의 쿠폰을 디자인해 보세요. 독창적인 쿠폰 디자인은 고객의 관심을 끌고, 브랜드 인지도를 높이는 데 도움이 됩니다.

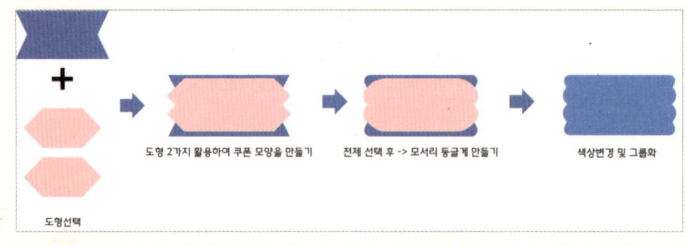

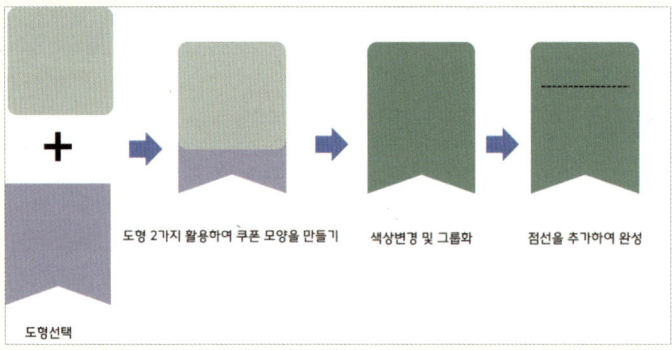

완성작

체크무늬에 유동적인 효과를 넣은 응용작

Liquify를 통해 이미지에 유동적인 느낌을 더할 수 있습니다.

Liquify

[사이드 메뉴]→[앱]→[Liquify]→ [흐름]을 차례로 선택하고 세부 설정을 조절하여 맘에 드는 형태로 만들어준 다음, [저장]을 눌러서 디자인에 사용합니다.

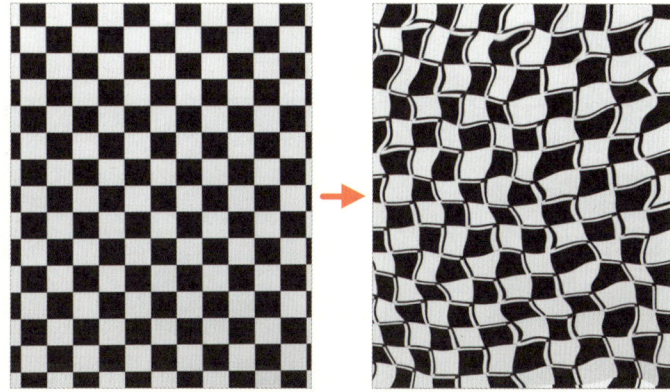

Canva

Lesson 15 인물사진을 활용해 시각적 임팩트를 높인
비포 애프터 디자인

Pro
템플릿 응용 디자인
AI:Magic Eraser

비포 애프터 디자인은 제품이나 서비스의 효과를 시각적으로 명확히 보여줌으로써 소비자 신뢰도를 높게 만듭니다. 또한, 소비자가 구매결정을 내리는 데 긍정적인 역할을 하기 때문에 시각적 임팩트를 강조하여 소비자의 관심을 끌고 주목도를 높이는 것이 중요합니다. 이러한 디자인은 뷰티 및 스킨케어나 헬스, 피트니스, 인테리어 등 다양한 분야에 효과적으로 활용될 수 있습니다.

예시작

완성작 인스타그램 1080*1350 px

예시작은 비포 애프터 사진의 각도가 다르고, 서비스의 효과를 이해하기 위한 설명이 부족하여 소비자에게 효과적인 메시지를 전달하기 어렵습니다. 또한, 시각적인 임팩트가 부족하여 제품이나 서비스의 효과를 명확하게 전달하지 못합니다. 결과적으로 소비자가 변화의 차이를 쉽게 인식하지 못해 구매 결정을 내리는 데 있어 신뢰감을 줄 수 없습니다. 이를 보완하기 위해 인물사진을 변경하고 시각적으로 임팩트 있는 디자인이 필요합니다.

작업 포인트
· 일관된 사진 각도 및 인물사진 보정
· 시각적으로 임팩트 있는 디자인을 강조하여 한눈에 이해할 수 있도록 구성

디자인 레시피
· 텍스트: Huova(사이즈 104 | 색상 #ffffff | 투명도 77(이상, 'BEFORE' 텍스트), 사이즈 109 | 색상 #ff89a9(이상, 'AFTER' 텍스트))
More Sugar(사이즈 45 | 색상 #ffffff)
TDTD 순고딕(사이즈 27 | 색상 #ffffff)
· 사진 편집: Face Retouch, Magic Eraser, 밝기 조정
· 배경색: #f5d8d7
· 요소 검색어: 밑줄(색상 #ff89a9)

01 비교의 용이성을 위해 동일한 사진을 복제한 후 인물사진 편집

비교의 용이성을 위해 비포(Before) 사진을 마우스 우클릭한 후 **[이미지 분리하기]**를 선택하여 사진을 한 장 복제합니다. 사용하지 않는 애프터(After) 사진과 프레임은 삭제합니다.

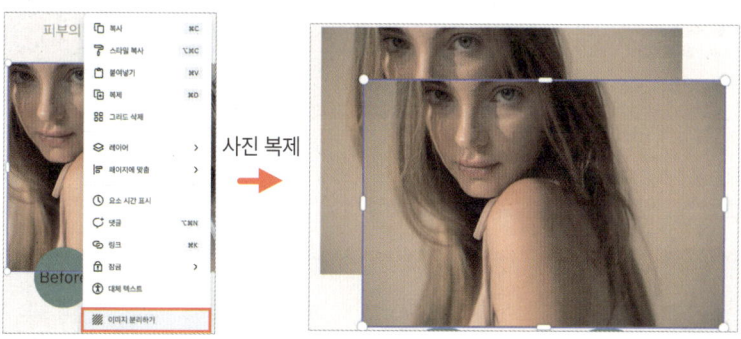

애프터 사진으로 사용할 사진을 선택한 후, **[편집]→[효과]→[Face Retouch]→[피부 잡티 제거]**를 적용하여 이미지를 전체적으로 화사하게 만듭니다.

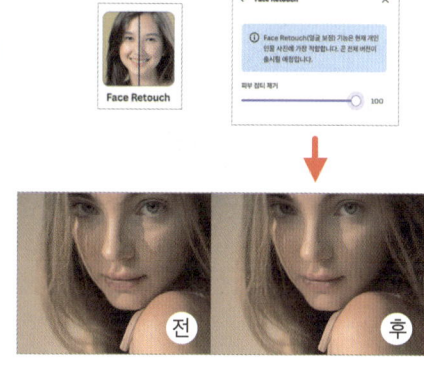

02 불필요한 부분을 지워, 비포-애프터의 차이를 돋보이게 구성

애프터 사진을 선택합니다. [편집]→[Magic Studio]→[Magic Eraser](Pro 기능)→[브러시]를 차례로 선택하고 사진에서 지우고 싶은 부분을 색칠합니다. [지우기] 버튼을 클릭하면 색칠된 부분이 지워집니다. 한 번에 적용이 안 되었다면 여러 번 나눠서 작업해 주세요.

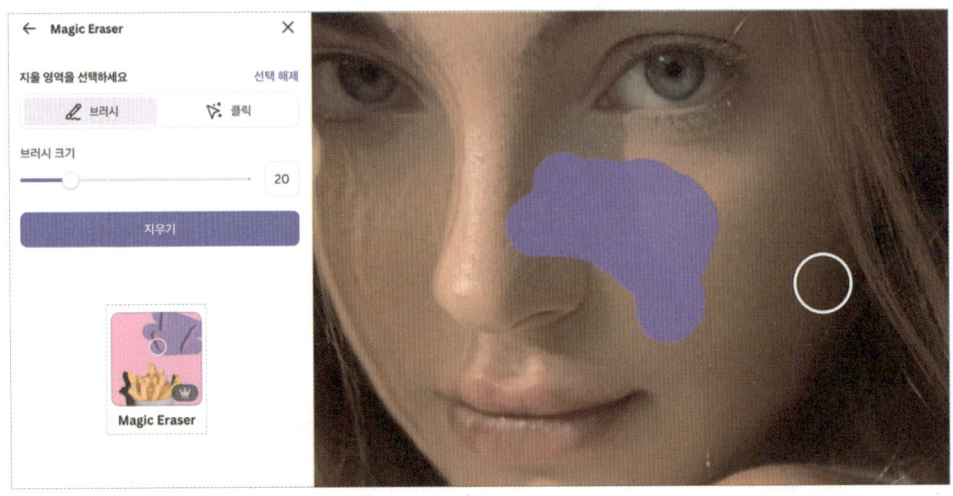

[편집]→[조정]을 선택한 후, 밝기를 적절하게 조절하여 전체적인 이미지의 느낌을 화사하게 해줍니다.

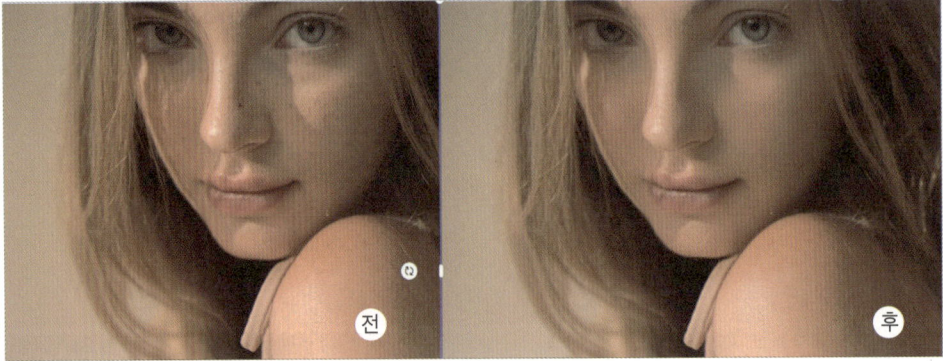

03 비포-애프터 변화를 쉽게 이해할 수 있는 레이아웃과 텍스트

비포-애프터 변화를 쉽게 이해할 수 있게 사진을 배치하겠습니다. **[그리드]** 메뉴에서 사진이 두 장 들어가는 사진프레임을 추가하고 위, 아래로 비포, 애프터 사진을 넣습니다. 사진 프레임의 모서리를 둥글게 만들고 사진을 더블클릭하여 사이즈를 조금 키워서 위, 아래 비율을 맞춰줍니다.

현대적이며 안정감이 드는 글꼴인 **Huova**로 'BEFORE', 'AFTER'를 작성하고 회전하여 배치합니다.

현대적이며 안정감이 드는 글꼴 추천:
Noto Serif KR, Craw Modern

글꼴: Huova

04 시각적 임팩트를 강조하는 텍스트와 포인트 요소

시각적 임팩트를 강조하기 위해 원형 도형과 선(테두리 굵기 2, 색상 #ffffff)을 추가하여 강조할 부분에 표시합니다. 화살표 아래에 포인트 문구를 **More Sugar**, **TDTD 순고딕** 글꼴로 작성하고 밑줄 요소(색상 #ff89a9)를 추가하여 완성합니다.

선이 시작되는 부분에 세모 모양을 설정하면 화살표 모양이 만들어집니다.

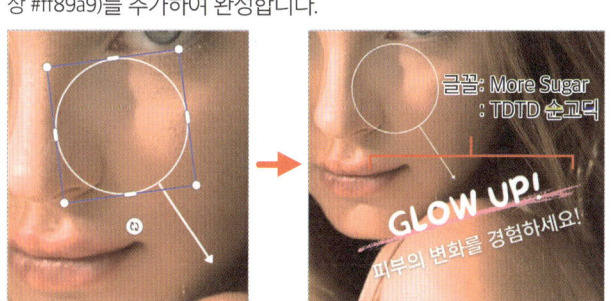

글꼴: More Sugar
: TDTD 순고딕

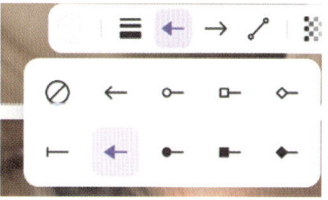

Canva

Lesson 16

부드러운 색조와 조화로운 레이아웃의
스킨케어 디자인

무료
레이아웃 응용 디자인

뷰티 스킨케어 단계를 소개하는 디자인은 소비자가 명확하게 이해하고 쉽게 따라할 수 있도록 조화롭고 직관적인 레이아웃으로 구성하는 것이 중요합니다. 이런 단계별 디자인은 이해도를 높이고 구매 유도하며, 브랜드 인지도 강화 등 긍정적인 영향을 미칩니다. 이러한 디자인은 레시피, 메이크업 튜토리얼, 운동 루틴 등 다양한 마케팅 분야에 활용할 수 있습니다.

레이아웃

완성작 인스타그램 1080*1350 px

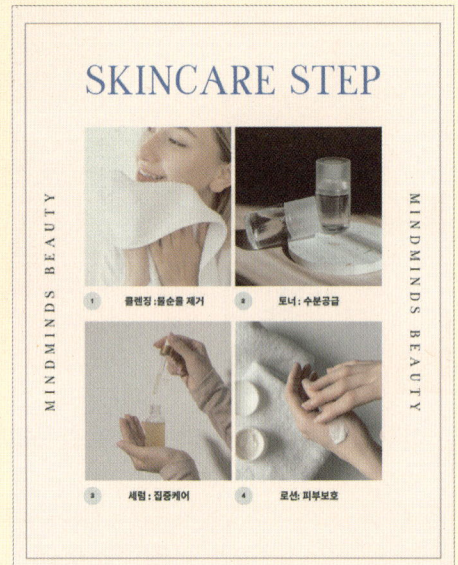

작업 포인트
· 부드러운 느낌의 배경과 사진 톤
· 조화롭고 직관적인 레이아웃

디자인 레시피
· 텍스트: Lucy Rose(사이즈 71 | 색상 #3f69b2(이상, 상단 중앙 텍스트)), (사이즈 24 | 색상 #3e3e40 (이상, 좌측 세로 텍스트))
  Code Pro(굵게 | 사이즈 18 | 색상 #3e3e40)
· 도형: 원형 | 도형 내 텍스트 글꼴 Code Pro | 사이즈 12 | 색상 #e6e4de
  사각형 | 색상 없음 | 테두리 굵기 3 | 색상 #c0a198
· 배경색: #fff6ef

01 단계별 소개를 위해 사진 프레임을 복제한 후 순서를 표시하는 텍스트 작성

사진 프레임의 사이즈를 줄이고 두 개의 사진 프레임을 복제하여 위, 아래로 배치합니다. 순서를 표시하는 원형 도형을 추가하고 각 단계별로 텍스트를 작성합니다.

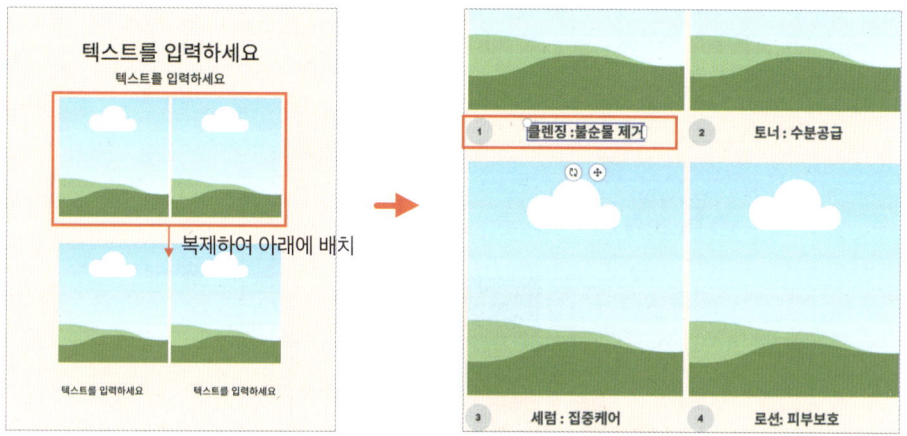

02 부드러운 색조로 여러 사진을 일관성 있게 편집

단계별로 사진을 추가하고 여러 사진을 부드러운 색조로 일관성 있게 편집해 줍니다. [편집]→[효과]→[듀오톤]→[코랄]을 차례로 선택한 후, 각 사진의 강도를 적절하게 조절하여 4장의 사진의 톤을 비슷하게 맞춥니다.

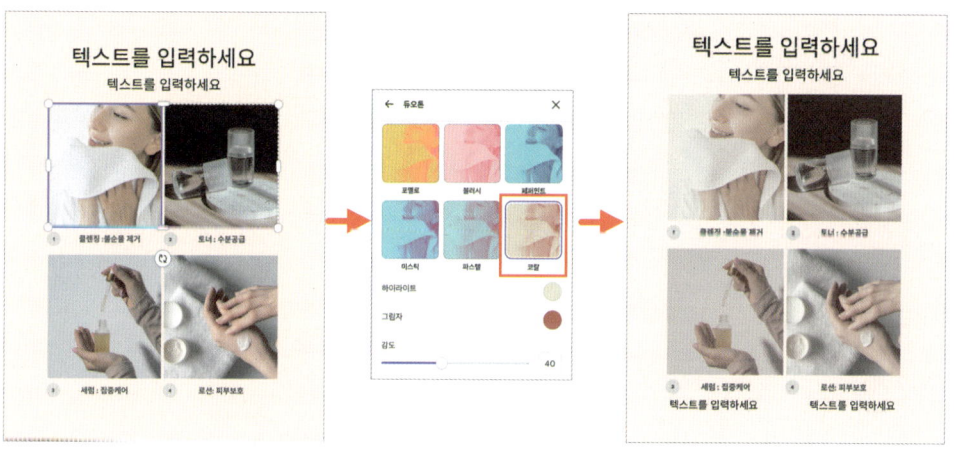

03 부드럽고 세련된 느낌을 강조하는 텍스트와 균형 잡힌 테두리

부드럽고 세련된 느낌을 강조하기 위한 글꼴인 **Lucy Rose**로 텍스트를 작성하고, 서브 텍스트는 회전시켜 왼쪽으로 배치합니다. 텍스트를 하나 더 복제하여 오른쪽에 균형감 있게 배치합니다.
균형 잡힌 레이아웃을 위해 사각형 도형을 추가하여 테두리를 만들고 **[맨 뒤로 보내기]**를 선택합니다.

부드럽고 세련된 느낌의 글꼴 추천:
Playfair Display, Bauer Bodoni

글꼴: Lucy Rose

PART 2　　　캔바 하나로 끝내는 비즈니스 이미지 디자인 A to Z　　　인스타그램

Lesson 17

아이템이 돋보이는
세일 안내 디자인

Pro
템플릿 응용 디자인
배경 제거

패션 아이템을 소개하는 디자인은 소비자의 시선을 사로잡고, 브랜드의 개성을 부각시키는 것이 매우 중요합니다. 소비자에게 다양한 옵션을 제시하고, 브랜드 전체의 스타일과 이미지를 효과적으로 전달하여 브랜드의 개성과 가치를 명확히 인식하게 해야 합니다. 다양한 제품 소개 디자인에도 활용될 수 있습니다.

예시작　　　　　　　　　　　　　완성작 인스타그램 1080*1350 px

예시작은 배경색이 다른 사진들을 사용하여 시각적인 혼잡함을 초래하고, 소비자가 제품을 쉽게 구별하기 어렵게 만듭니다. 또한, 제품의 정보나 특징이 명확하게 전달되지 않아 소비자가 필요한 정보를 얻기 힘듭니다. 이를 보완하기 위해 아이템을 돋보이게 배치하며 통일감을 주고, 브랜드의 이미지를 강조할 수 있는 레이아웃 디자인이 필요합니다.

작업 포인트
- 아이템을 독립적으로 강조
- 브랜드의 이미지에 맞는 조화로운 레이아웃

디자인 레시피
- 텍스트: Majesty(사이즈 87 | 색상 #f8f7ec)
  　　　　Extenda 30 Deca(사이즈 283 | 색상 #f8f7ec)
- 요소 검색어: Doodle

01 아이템을 독립적으로 강조하기 위해 이미지를 하나씩 추출한 후 테두리 설정

아이템을 독립적으로 강조하기 위해 이미지를 선택하고 마우스 우클릭하여 **[이미지 분리하기]**를 클릭합니다. 각 이미지를 **[배경 제거]**(Pro 기능)하여 사이즈를 조절한 후에 배치합니다. 이때, 사용하지 않는 사진 프레임은 삭제합니다.

02 아이템이 돋보이도록 테두리로 강조

각각의 이미지를 선택하여 **[편집]**→**[효과]**→**[그림자]**→**[개요]**를 차례로 클릭하여 테두리를 설정(테두리 크기: 40)합니다.

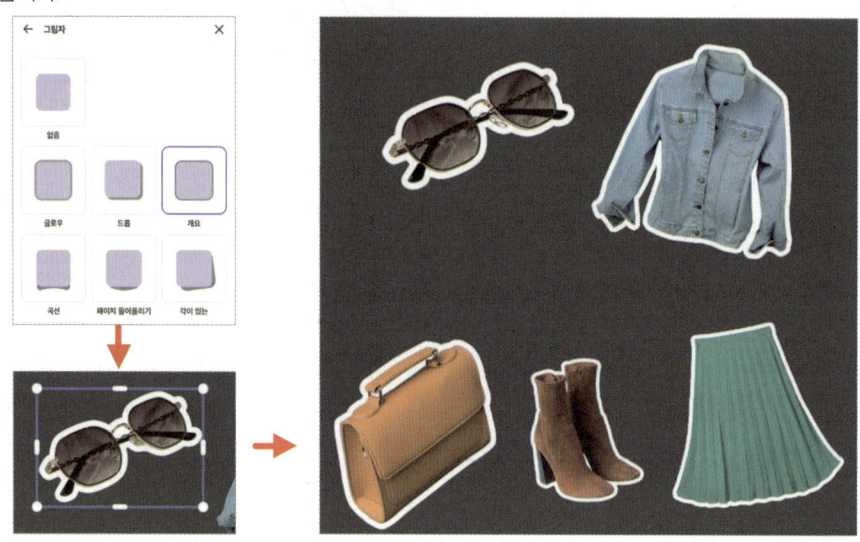

03 [글꼴 조합]으로 쉽게 텍스트를 디자인하고 장식 요소로 포인트 주기

기존에 있던 '오늘의 코디' 텍스트를 삭제합니다. [텍스트]→[글꼴 조합]을 차례로 선택하면, 디자인에 어울리는 글꼴 조합을 쉽게 고를 수 있습니다. 적절한 글꼴 조합을 선택하여 텍스트를 작성합니다. 그리고 장식 요소를 추가하여 포인트를 줍니다.

Tips
추천 글꼴 조합:
Cooper BT + TAN St. Canard, Neue Einstellung + Shrikhand

04 브랜드의 이미지를 반영한 사진 프레임 및 흑백사진 추가

브랜드의 이미지를 반영하여 [요소]→[프레임]→[영화 및 사진] 탭에서 사진 프레임을 하나 추가하고, 페이지 크기에 맞게 키워줍니다. 사진을 추가하고 [편집]→[필터]→[뉴스페이퍼] 필터를 적용하면 흑백사진이 됩니다. 편집 후, 사진프레임에 넣어줍니다. [맨 뒤로 보내기]로 사진을 뒤에 배치합니다.

사진
[맨 뒤로 보내기]

이미지만 자유롭게 이동하는 2가지 꿀팁!

이동하려는 이미지 뒤에 사진 프레임이 있는 경우, 이동할 때 이미지가 사진 프레임으로 들어가는 경우가 있습니다. 이럴 때 이미지만 자유롭게 이동하는 두 가지 방법이 있습니다.

첫 번째로, 앞에 있는 이미지를 **[Ctrl]**(mac에서는 [⌘]) 키를 누른 상태에서 드래그하면 됩니다.

두 번째로는 요소 뒤에 있는 사진 프레임을 **[잠금 설정]**하면 앞에 있는 이미지를 자유롭게 이동할 수 있습니다.

앞에 있는 이미지를 이동하다가
이미지가 사진 프레임 안으로 들어갈 수 있음

이미지를 이동시킬 때, [Ctrl] 키를 누른 상태
에서 드래그하면 이미지만 이동시킬 수 있음

Lesson 18

그리드를 활용해 감각적인
무드보드 만들기

무료
레이아웃 응용 디자인

감각적인 무드보드는 소비자의 시선을 끌고 흥미를 유발하여 브랜드의 매력을 더욱 부각시킬 수 있습니다. 브랜드의 개성을 반영한 디자인은 소비자가 콘텐츠에 더 오래 머무르게 하여, 브랜드에 대한 긍정적인 인식을 형성하는 데 기여합니다. 무드보드는 특정 테마나 감성을 효과적으로 전달하며, 쇼핑몰, 온라인 광고, 그리고 개인 프로젝트 등 다양한 디자인에 활용될 수 있습니다.

레이아웃

완성작 인스타그램 1080*1350 px

작업 포인트
· 균형감 있는 레이아웃
· 일관된 스타일의 이미지와 색감

디자인 레시피
텍스트: Times New Roman Condensed (사이즈 35 | 색상 #000000)
Gotham (사이즈 26 | 색상 #000000)
· 팔레트 색상: #dbdad7, #989791, #888d52, #2e3425

01 균형감 있는 레이아웃과 색상 팔레트 설정

우선 배경색을 변경합니다(#ffffff). 균형감 있는 레이아웃을 위해 사진 프레임을 **[요소]→[그리드]**를 차례로 선택한 후 9분할 레이아웃의 프레임으로 교체하고 적당한 사이즈로 줄여줍니다.
대표 사진을 한 장 업로드한 상태에서 사각형 도형을 하나 추가하고, **[색상]→[사진 색상]**에서 팔레트에 적용할 색을 선택합니다. 사각형을 3개 더 복제한 후, 색을 선택합니다.

Tips
여러 이미지에서 색을 추출해도 되고, 브랜드 고유의 색상이 있다면 적용해주세요.

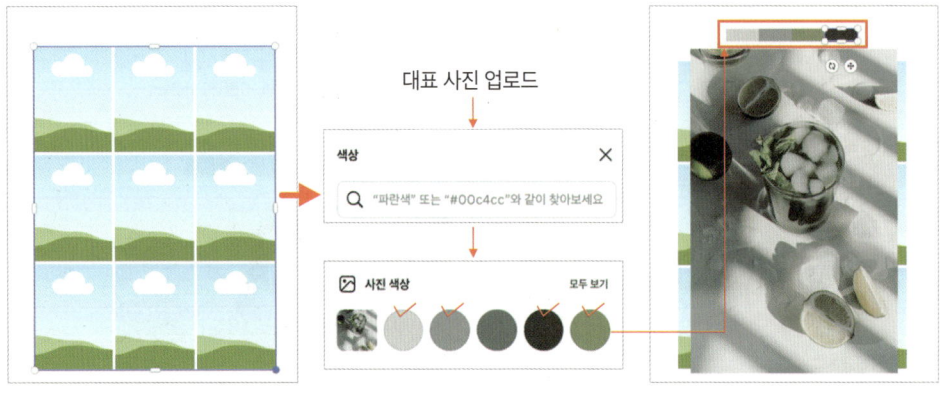

02 일관된 스타일의 이미지를 찾아 그리드 채우기

사진을 프레임에 넣고 사진을 마우스 우클릭하여 **[정보]→[지금과 비슷한 이미지 더 보기]**를 클릭하여 비슷한 분위기의 이미지를 찾습니다.

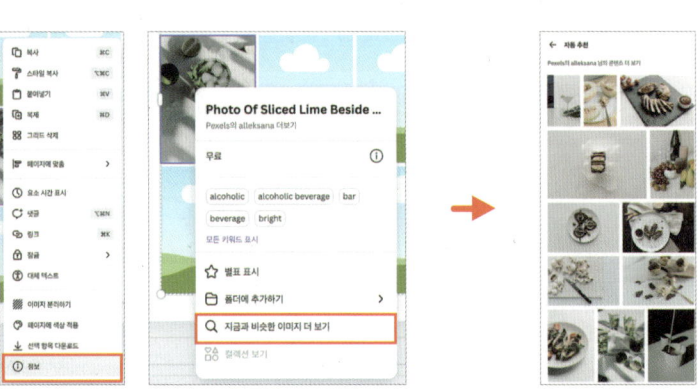

1단계에서 만든 색상 팔레트의 색을 이미지 검색 시, 특정 검색어와 함께 [속성]→[색상]을 적용하여 검색합니다. 비슷한 색상의 이미지를 찾아서 그리드를 채우고 그리드 가운데는 색상 팔레트의 대표 색상으로 설정합니다.

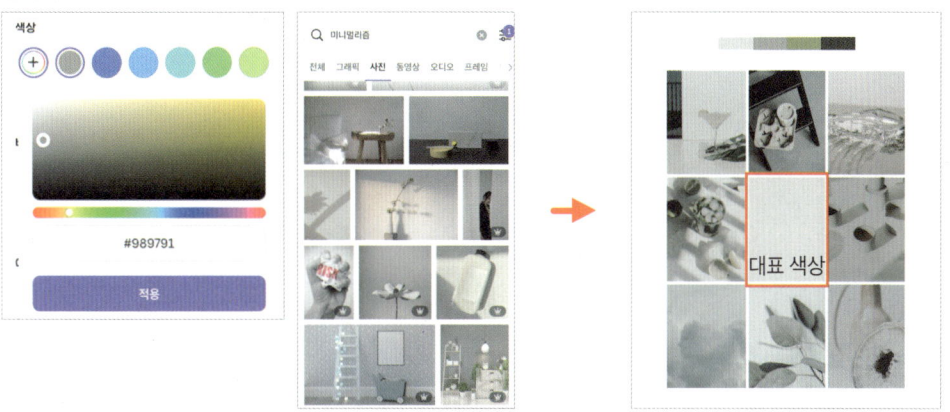

03 브랜드의 이미지와 어울리는 텍스트

브랜드의 이미지와 어울리는 단순하면서도 현대적인 느낌의 글꼴인 Times New Roman Condensed과 Gotham으로 텍스트를 작성합니다. 사각형 도형을 추가하여 [맨 뒤로 보내기] 설정하고 테두리로 활용합니다. (색상 없음, 테두리 굵기 2, 색상 #000000)

Tips
단순하면서도 현대적인 느낌의 글꼴:
Alta, Arimo

1단계에서 만든 색상 팔레트의 색을 이미지 검색 시 특정 검색어와 함께 [속성]→[색상]을 적용하여 검색합니다. 비슷한 색상의 이미지를 찾아서 그리드를 채우고 그리드 가운데는 색상 팔레트의 대표 색상으로 설정합니다.

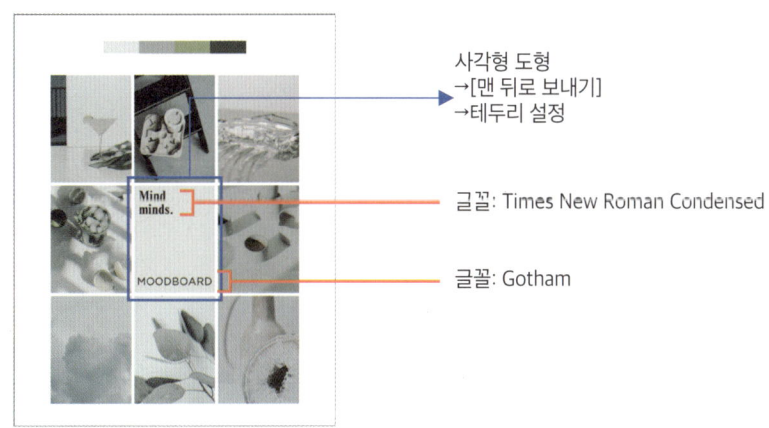

Canva

콜라주 템플릿을 활용한 무드보드 응용작

[디자인]을 클릭하고 '콜라주'를 검색하면 이미 만들어진 여러 템플릿을 활용할 수 있습니다. 다양한 레이아웃의 무드보드를 만들어보세요.

- 요소를 추가
- 베이지톤의 무드보드로 변경

- 사진 프레임 2개 더 복제
- 커피 메뉴 무드보드로 변경

PART 2   캔바 하나로 끝내는 비즈니스 이미지 디자인 A to Z   - 인스타그램 -

시각적인 매력이 돋보이는 목업 활용
Q&A 디자인

무료
템플릿 응용 디자인

Q&A 디자인을 실제 사용환경처럼 시각적으로 전달하면 소비자에게 신뢰를 얻을 수 있습니다. 따라서 시각적으로 정보를 더 쉽게 전달하고, 소비자가 내용을 빠르게 인식할 수 있도록 하는 것이 중요합니다. 이러한 디자인은 고객 후기, 실제 사례 등 마케팅 디자인에 활용될 수 있습니다.

예시작

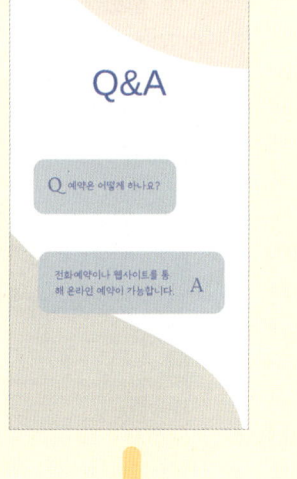

완성작 인스타그램 스토리 1080*1920 px

예시작은 밋밋한 배경과 구성으로 브랜드를 이해하기 어렵습니다. 텍스트로만 이루어져 있어 단조롭게 느껴질 수 있으며, 이로 인해 소비자가 브랜드에 관심을 갖기 어려워질 수 있습니다. 또한, 정보의 전달 효과가 크지 않으므로 소비자가 내용을 기억하기 힘들고, 브랜드의 개성을 효과적으로 전달하지 못하는 문제가 발생합니다. 브랜드의 인지도를 높이는 이미지를 추가하고 시각적인 매력을 높인 디자인이 필요합니다.

작업 포인트
· 브랜드 인지도를 높이는 이미지
· 목업 이미지를 사용해 시각적인 매력을 강조

디자인 레시피
· 텍스트: Diphylleia(사이즈 115 | 색상 #ffffff)
  Gowun Dodum(사이즈 33 | 색상 #ffffff)
· 도형: 사각형 | 색상 #3e3e40 | 투명도 65
· 요소 검색어: Speech Bubble(색상 #ffffff | 투명도 75),
  Curve Line(색상 #fbf9f3)

Canva

01 브랜드를 한눈에 보여주는 사진을 배경으로 변경하고 어둡게 표현

브랜드를 한눈에 알아볼 수 있는 사진으로 배경을 교체합니다. 그 위에 사각형 도형을 추가하여 페이지에 맞게 사이즈를 키워주고, 투명도를 조정하여 배경이 어둡게 보이도록 표현한 다음 **[맨 뒤로 보내기]**를 선택하여 적용합니다.

배경 사진 교체   사각형 도형 추가하여 사이즈 조절

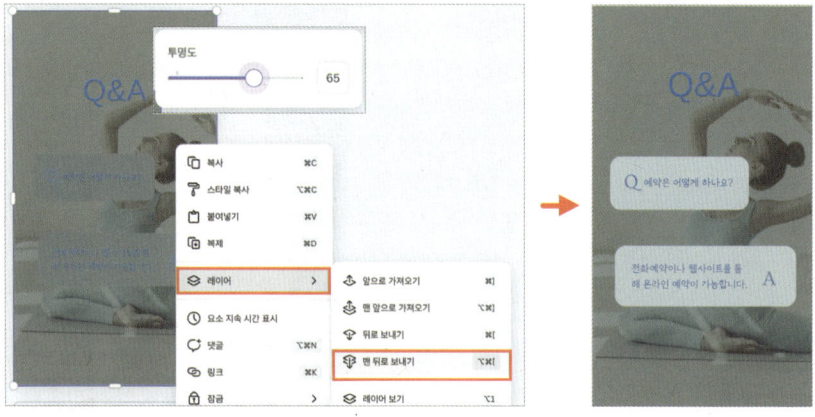

02 시각적인 매력이 돋보이는 목업 이미지 추가

시각적인 매력이 돋보이게 **[요소]→[목업]**을 차례로 선택하고 핸드폰 목업 프레임을 추가하여 동일한 사진을 목업 안에 넣어줍니다. **[위치]→[레이어]**를 선택하여 핸드폰 목업 이미지를 Q&A 뒤쪽으로 이동시킵니다.

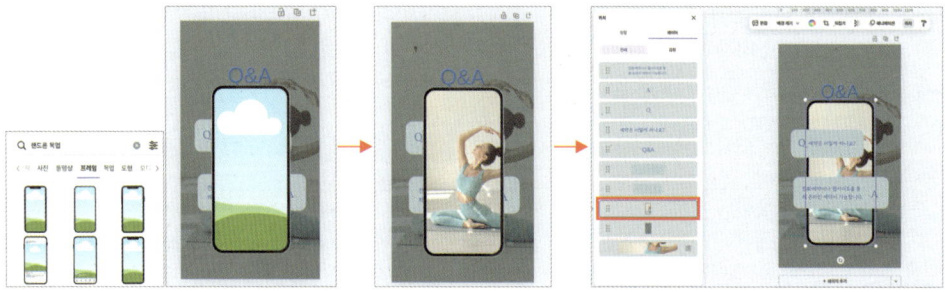

03 직관적인 말풍선 요소와 세련된 느낌을 주는 텍스트

직관적 요소인 말풍선을 추가하고 하나 더 복제한 후, [뒤집기]→[수평 뒤집기]를 선택하여 사이즈를 조정한 뒤 위, 아래에 배치합니다. 디자인에 어울리는 색상으로 변경합니다.

세련된 느낌을 주는 글꼴인 **Diphylleia**로 상단 텍스트를 변경한 후, 라인 장식을 추가하여 꾸며줍니다.

Tips
세련된 느낌의 글꼴 추천:
TAN Mon Cheri, The Seasons

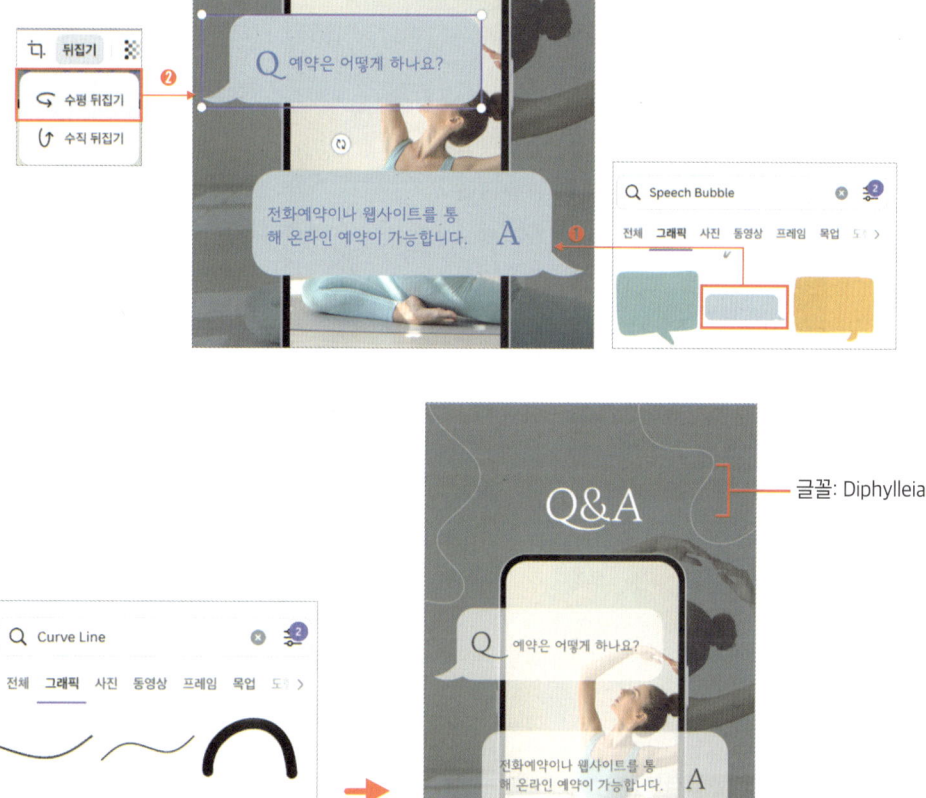

배경색에 따라 분위기가 바뀌는 디자인 연출법

도형을 추가하지 않고, 배경색만으로 분위기를 다르게 연출할 수도 있습니다. 이때는 전달하려는 이미지의 분위기와 브랜드 아이덴티티에 어울리는 배경색을 선택하여 적절하게 디자인하는 것이 중요합니다. 다음 예시작을 참고하여 각 배경색에 따른 분위기를 효과적으로 연출해 보세요.

	세련되고 고급스러운 느낌	따뜻하고 아늑한 느낌	산뜻하고 깨끗한 느낌

배경색	#000000 (검정색 계열)	#b3a291 (갈색 계열)	#ffffff (흰색 계열)
설정 방법	이미지를 배경으로 설정 → 투명도 57%	이미지를 배경으로 설정 → 투명도 42%	이미지를 배경으로 설정 → 투명도 63%
텍스트	글꼴: Recoleta Alt, 210디딤고딕 색상: #000000	글꼴: Gulash, Gowun Dodum 색상: #ffffff, #8b6652	글꼴: Lato, Nanum Gothic Coding 색상: #000000
디자인 팁	텍스트를 밝은 색상으로 설정하여 배경 사진과 대비되게 합니다. 고급스러운 느낌을 강조합니다.	따뜻한 색감을 주는 텍스트와 배경색을 조화롭게 배치하여 아늑하고 친근한 분위기를 연출합니다.	간결한 텍스트와 여백을 활용하여 깔끔한 느낌을 연출합니다.

PART 2　　캔바 하나로 끝내는 비즈니스 이미지 디자인 A to Z　　- 인스타그램 -

Lesson 20

입소문 마케팅을 유도하는
고객 후기 디자인

무료
레이아웃 응용 디자인

고객 후기 디자인은 실제 사용자 경험을 보여줘서 잠재 고객에게 신뢰감을 제공합니다. 이는 브랜드의 긍정적인 이미지를 구축하고 소비자가 구매결정을 하는 데 큰 영향을 미치기 때문에 진정성있는 내용으로 디자인하는 것이 중요합니다. 이 디자인은 제품 사용 사례를 공유하거나 이벤트 및 프로모션에도 효과적으로 활용될 수 있습니다.

레이아웃

완성작 인스타그램 스토리 1080*1920 px

작업 포인트
- 매력적인 배경 설정
- 고객 후기를 눈에 띄게 배치하고 긍정적인 느낌을 불러오는 요소 추가

디자인 레시피
- 텍스트: Sloop Script Pro(사이즈 169 | 색상 #f8f7f2)
  Nanum Square(사이즈 32, 24 | 색상 #48392e)
- 도형: 색상 #f8f7f2 | 테두리 굵기 2 | 테두리 색상 #000000
- 요소 검색어: 그림자 배경

183

01 매력적인 배경 설정을 위해 그림자 이미지 설정

그림자 이미지(요소 검색어: 그림자 배경)를 배경으로 설정합니다.

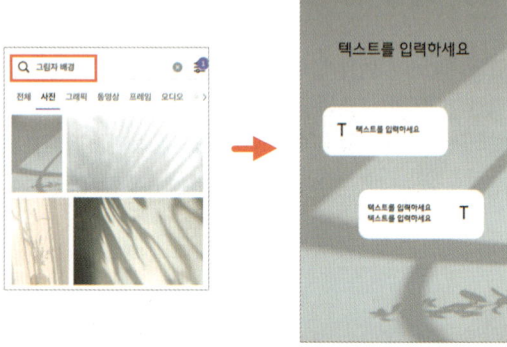

02 다양한 정보 제공을 위해 도형을 두개 더 추가하고, 신뢰감이 드는 글꼴 설정

도형을 두 개 더 추가하고 테두리를 설정합니다. 신뢰감이 드는 글꼴인 **Nanum Square**로 내용을 작성합니다.

Tips
신뢰감을 주는 글꼴 추천:
Seol Sans, 코어 고딕 D

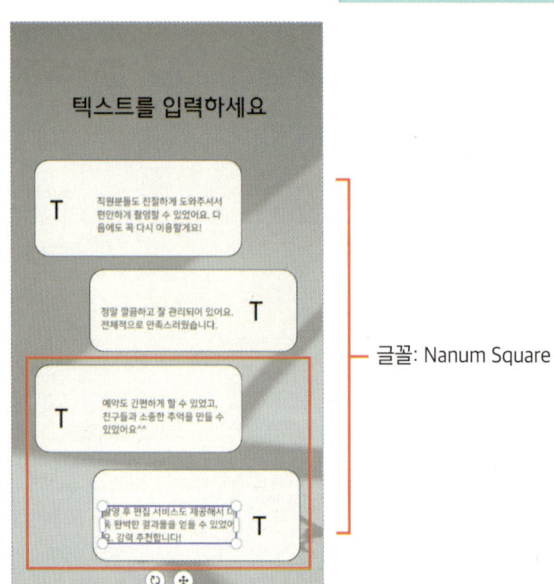

동일한 도형을 두 개 추가

글꼴: Nanum Square

PART 2 　　　캔바 하나로 끝내는 비즈니스 이미지 디자인 A to Z 　　　- 인스타그램 -

03 신뢰도를 더하는 고객 사진과 긍정적인 평가를 한눈에 보여주는 별점 디자인

원형 사진 프레임을 추가하고 신뢰도를 더할 고객 사진을 추가합니다.
별표 도형(색상 #48392e)을 추가하여 긍정적인 평가를 강조하고 전체적인 분위기와 잘 어울리는 글꼴인 **Sloop Script Pro**로 메인 텍스트를 작성하여 완성합니다.

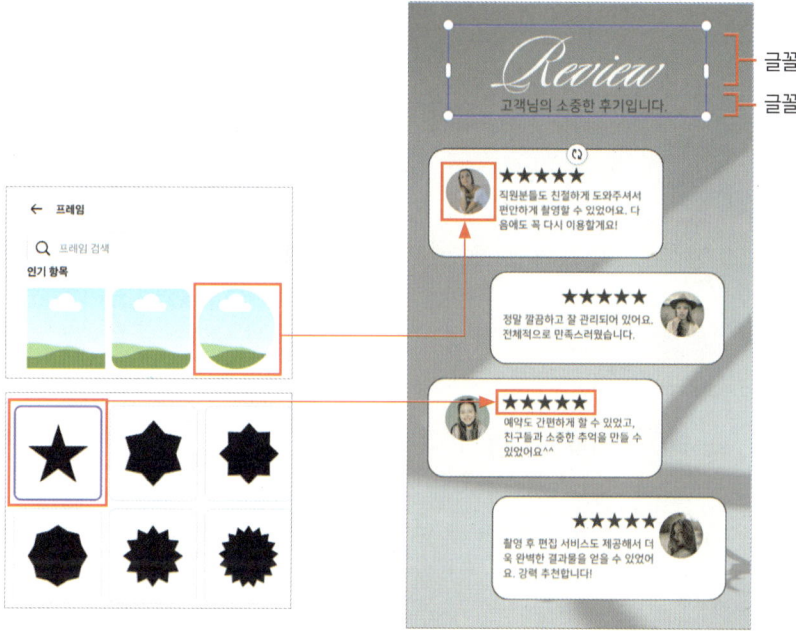

디자인에 활기를 불어넣는 2가지 방법

1. 애니메이션 적용하기

디자인의 모든 요소를 선택하고 **[애니메이션]**을 클릭하여 적용합니다. 애니메이션을 적용하면 활기차고 생동감 있게 디자인할 수 있고 소비자에게 강한 인상을 남겨, 콘텐츠에 대한 호기심을 증대시킬 수 있습니다.

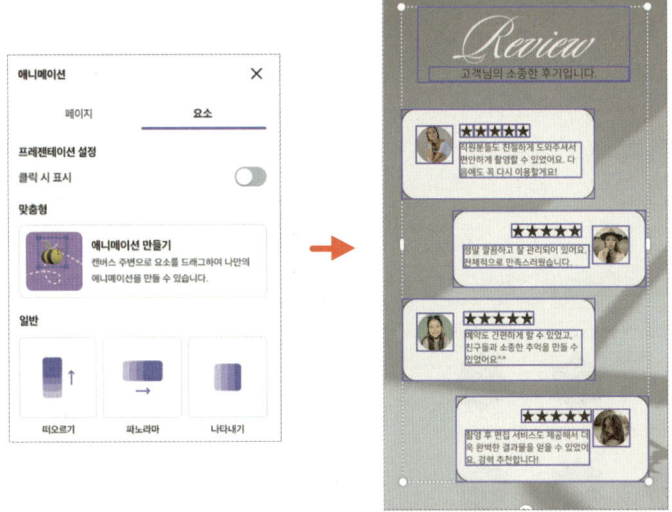

2. 배경에 동영상 삽입

배경에 이미지 대신 동영상을 추가하여 생동감을 높일 수 있습니다. 동영상을 저장할 때는 MP4 형식으로 저장해주세요.

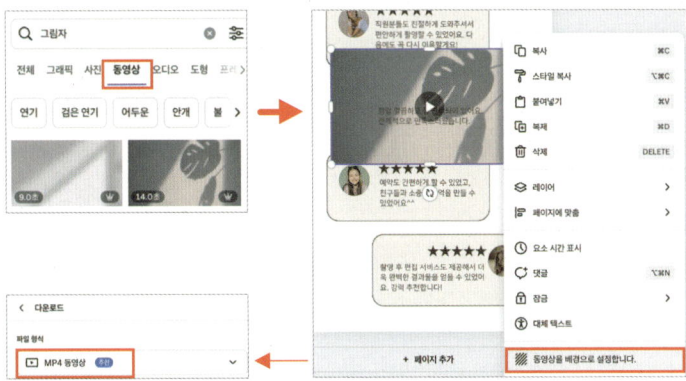

PART 2   캔바 하나로 끝내는 비즈니스 이미지 디자인 A to Z   - 인스타그램 -

친밀감과 스토리를 담아 기대감을 높이는
스토리텔링 영상 디자인
무료 템플릿 응용 디자인

스토리텔링 영상 디자인은 단순히 시각적인 정보 전달을 넘어, 사용자와의 깊은 연결을 형성하고 기대감을 높이는 데 중점을 둡니다. 따뜻한 색감으로 친밀감을 강조한 디자인은 사용자가 자연스럽게 브랜드에 몰입할 수 있도록 유도합니다. 이를 통해 제품이나 서비스의 배경, 브랜드 설명 등을 효과적으로 시각적으로 표현할 수 있습니다.

`예시작`

`완성작` **인스타그램 동영상** 1080*1920 px

예시작은 사진과 메시지가 단조로워 시각적인 관심을 끌기 어렵고, 영상의 의미를 이해하기 어렵습니다. 소비자가 브랜드에 관심을 갖기 어렵고 정보의 전달력이 낮아져 내용을 기억하기 힘든 문제도 발생합니다. 이를 보완하기 위해 감정적으로 다가갈 수 있는 스토리를 통해, 소비자가 브랜드에 긍정적인 인식을 형성할 수 있게 개선해야 합니다.

작업 포인트
- 시각적 요소로 브랜드 인지도를 높이기
- 스토리의 자연스러운 연결

디자인 레시피 1
- 텍스트: 어비 남소영체(사이즈 41 | 색상 #ffffff | 애니메이션: [터트리기]/[들어갈 때])
- 사진 애니메이션: [내려오기]/[들어갈 때]

디자인 레시피 2

• 시작하기 전에 페이지 보기 방식을 [썸네일 페이지 표시]로 설정합니다.

페이지 썸네일 숨기기: 썸네일이 숨겨지고, 디자인 페이지를 수직으로 스크롤할 수 있습니다.

페이지 썸네일 표시: 다른 페이지의 썸네일 이미지를 볼 수 있어서 원하는 페이지로 쉽게 이동할 수 있습니다. 동영상 편집 시 용이합니다.

완성작 보기

01 제작 과정을 흥미롭게 보여주기 위해 3분할 사진 프레임 적용

기존 페이지 내용을 삭제합니다. 제작 과정을 흥미롭게 보여주기 위해 [요소]→[그리드]를 차례로 누르고, 3분할 프레임을 선택합니다. 제품의 제작 과정이나 비하인드 스토리를 담은 사진을 추가합니다.

 →

PART 2   캔바 하나로 끝내는 비즈니스 이미지 디자인 A to Z   - 인스타그램 -

02 스토리의 흐름을 느낄 수 있는 애니메이션 및 친숙한 글꼴 사용

스토리의 전체적인 흐름을 느낄 수 있도록 사진을 선택한 후에 상단 툴바에서 **[애니메이션]→[내려오기]([들어갈 때])**를 적용합니다.
친숙한 느낌의 글꼴인 **어비 남소영체**를 사용하여 스토리텔링 메시지를 작성하고, 생동감을 높이기 위해 **[애니메이션]→[터트리기]→[들어갈 때]**를 적용합니다.

친밀감을 높이는 손글씨 글꼴 추천:
꽃집막내딸, 어비 세현체

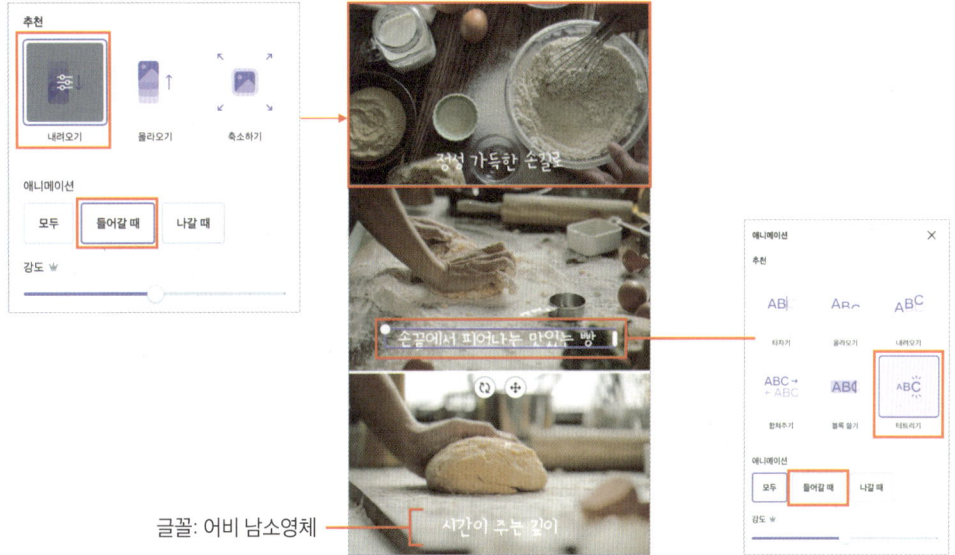

글꼴: 어비 남소영체

03 기대감을 높이는 영상을 추가하고 재생시간 조절

영상을 추가하기 위해 [페이지 추가]를 선택하여 새 페이지를 추가한 후에 동영상을 배경으로 설정합니다. 상단 툴바의 영상 재생시간이 표시된 부분에서 [다듬기]를 클릭하고 영상에서 필요한 부분만 선택하여 영상 길이를 적당히 조절합니다.

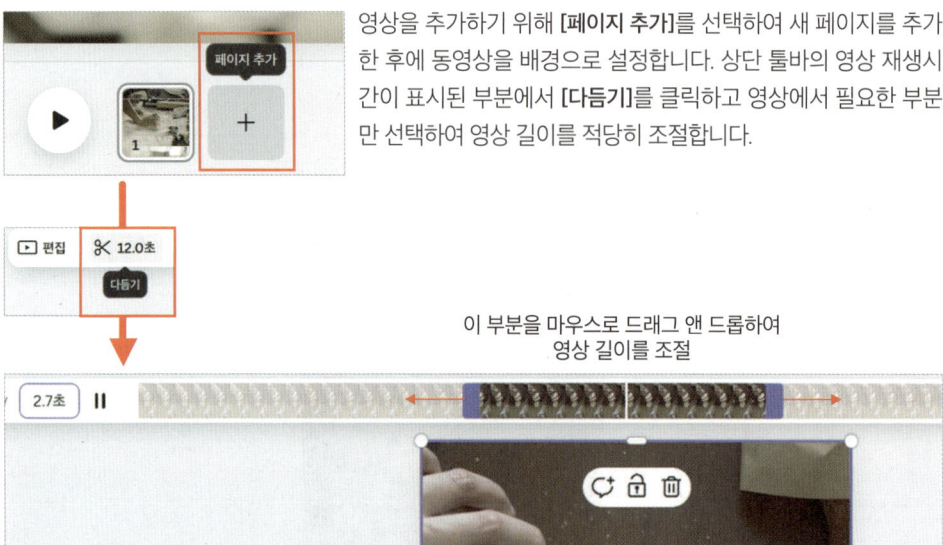

이 부분을 마우스로 드래그 앤 드롭하여
영상 길이를 조절

04 브랜드 인지도를 높이는 긍정적인 메시지 추가

긍정적인 메시지를 앞 페이지와 통일감 있게 **어비 남소영체** 글꼴을 사용하여 작성하여 추가하고 애니메이션([터트리기]→[들어갈 때])를 적용합니다.

Tips

상단 메뉴에서 재생시간을 클릭하면 영상을 미리 볼 수 있습니다.

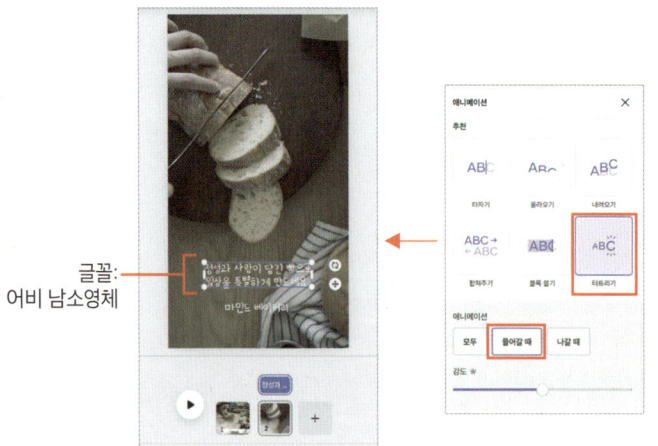

글꼴:
어비 남소영체

PART 2 　　　캔바 하나로 끝내는 비즈니스 이미지 디자인 A to Z 　　　— 인스타그램 —

빠른 전환으로 속도감 있는
홍보 영상 디자인

무료
레이아웃 응용 디자인

빠른 전환으로 속도감 있는 홍보 디자인은 소비자의 구매, 공유 등의 즉각적인 관심을 유도하는 데 중요한 역할을 합니다. 제품 소개 영상을 속도감 있게 디자인하면 소비자가 빠르게 제품을 확인할 수 있습니다. 이 디자인은 캠페인, 신제품 소개, 이벤트, 공동구매 등 다양한 마케팅에 활용할 수 있습니다.

레이아웃　　　　　　　　　**완성작** 인스타그램 동영상 1080*1920 px

작업 포인트
· 속도감 있는 애니메이션과 전환 효과 적용
· 타이밍과 속도를 조절하여 긴박감을 조성

디자인 레시피
· **텍스트:** 210 돌담길(사이즈 80 | 색상 #ffffff | 애니메이션: [올라오기]/[들어갈 때])
· 사진 애니메이션: [털어주기]/[들어갈 때] | 타이밍 1.8초
· 시작하기 전에, 페이지를 썸네일 뷰로 설정합니다.

완성작 보기

01 임팩트 있는 사진 효과를 위해 [털어주기] 애니메이션 적용

가운데 있는 원형 도형을 삭제합니다. 사진을 추가하고 [**이미지를 배경으로 설정**]합니다. 임팩트를 주기 위해, [**애니메이션**]→[**털어주기**]→[**들어갈 때**]를 선택하여 적용합니다.

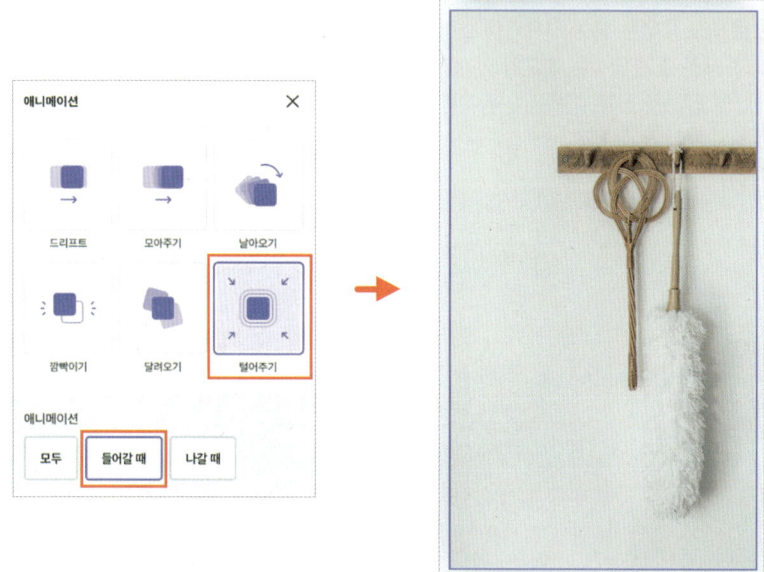

02 속도감 빠른 전환을 위한 시간 조절

이미지의 빠른 전환을 위해 작업페이지 하단의 [**길이**]에서 사진의 시간을 확인하고 시간을 조절(1.8초)합니다. 참고로 이미지의 기본 재생시간은 5초입니다. 적절한 속도로 조절해서 설정해 주세요.

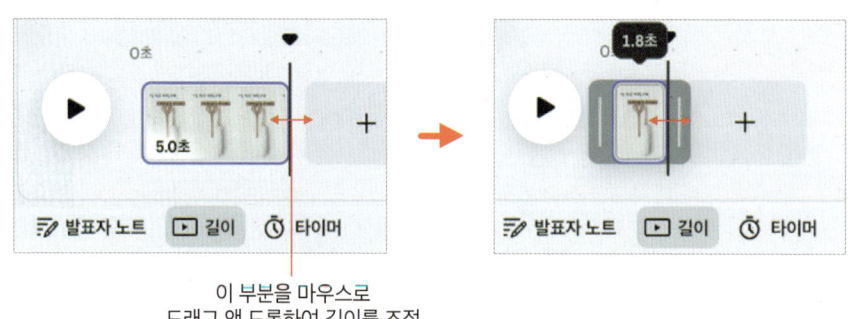

이 부분을 마우스로
드래그 앤 드롭하여 길이를 조절

03 친근한 글꼴을 사용하고 페이지를 복제하여 연속적으로 동적인 느낌 강조

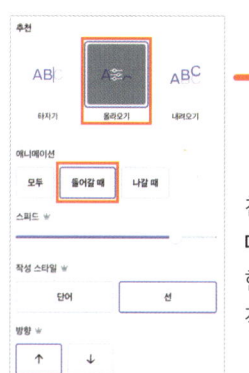
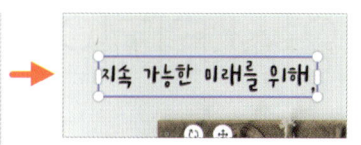

> **Tips**
> 부드럽고 친근한 글꼴 추천:
> 210 오로라, TDTD 가온

친근한 글꼴인 **210 돌담길**로 내용을 작성하고 [애니메이션]→[올라오기]→[들어갈 때]로 애니메이션을 적용합니다.

현재 페이지를 2장 더 복제합니다. 각각 사진과 내용을 수정하여 연속적으로 동적인 느낌을 강조하여 완성합니다.

페이지 메뉴 알아보기

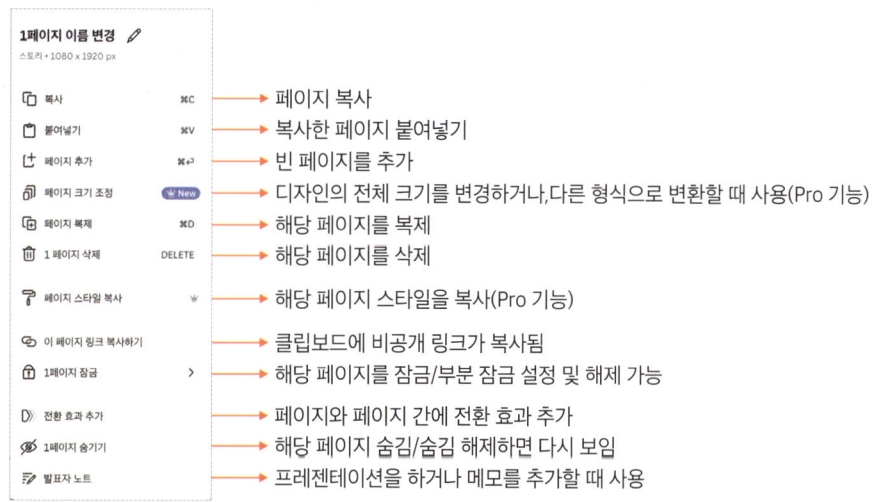

- 페이지 복사
- 복사한 페이지 붙여넣기
- 빈 페이지를 추가
- 디자인의 전체 크기를 변경하거나, 다른 형식으로 변환할 때 사용(Pro 기능)
- 해당 페이지를 복제
- 해당 페이지를 삭제
- 해당 페이지 스타일을 복사(Pro 기능)
- 클립보드에 비공개 링크가 복사됨
- 해당 페이지를 잠금/부분 잠금 설정 및 해제 가능
- 페이지와 페이지 간에 전환 효과 추가
- 해당 페이지 숨김/숨김 해제하면 다시 보임
- 프레젠테이션을 하거나 메모를 추가할 때 사용

Canva

Lesson 23

즉각적인 관심을 유도하고 공유하고 싶은 비주얼의
프로모션 영상 디자인

무료
템플릿 응용 **디자인**

비주얼이 뛰어난 프로모션 디자인은 소비자의 주목을 끌어 자연스럽게 공유를 유도합니다. 전체 피드에 통일감 있는 색상과 스타일을 적용하면 브랜드의 정체성을 명확히 하고 소비자가 쉽게 인식할 수 있습니다. 이러한 디자인은 스토리텔링, 후기 등 커뮤니티 참여를 유도하고 입소문 마케팅에 효과적으로 활용될 수 있습니다.

예시작

완성작 인스타그램 동영상 1080*1920 px

완성작 보기

예시작은 시각적 요소와 이벤트에 대한 내용이 부족하여 단조롭게 느껴질 수 있으며, 이로 인해 소비자의 관심과 참여를 유도하기 어렵습니다. 이를 보완하기 위해 소비자의 시선을 끌고 즉각적인 참여를 유도하는 디자인이 필요합니다.

작업 포인트
· 공유하고 싶은 스타일의 디자인
· 기대감과 호기심을 유도하는 효과

디자인 레시피
· 텍스트: Orbit(사이즈 24 | #000000)
　　　　　Orbit(사이즈 44 | #FFFFFF | 글자효과: 들어올리기 96 | 애니메이션: [타자기])
· 사진 애니메이션: [스케치]

01 공유하고 싶은 소셜미디어 스타일 디자인

배경 사진을 마우스 우클릭하여 [배경에서 이미지를 분리]를 선택하고 배경에는 다른 흑백사진을 추가합니다.

모서리가 둥근 사각형 도형(색상 #ffffff)을 추가하고 사이즈를 조절하여 배경에서 분리해 둔 커피 사진을 앞으로 가져와, 더블클릭하고 [자르기]를 선택하여 적당한 사이즈([자유 형식]로 크롭합니다. 크롭한 사진을 도형 중간에 배치합니다.
원형 사진 프레임을 추가하여 프로필 사진을 넣어줍니다.

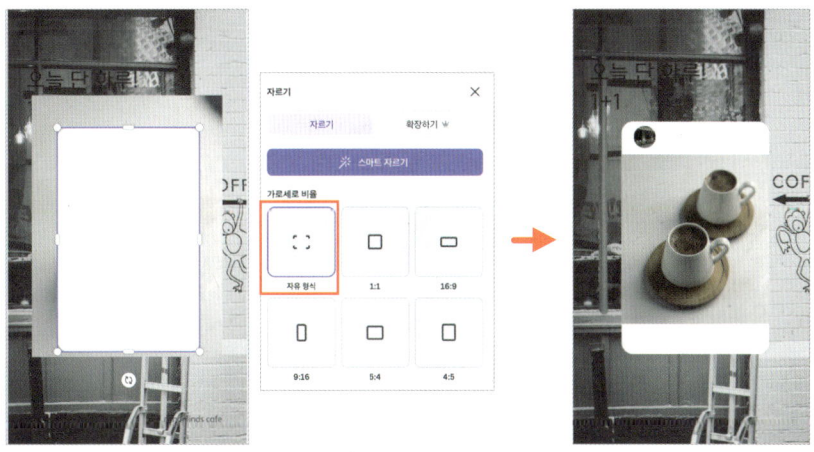

02 기대감을 높이기 위해 사진이 서서히 보이게 애니메이션 적용

사진에 [애니메이션]→[기능]→[스케치]([들어갈 때]/[화면 채우기])를 적용하여 사진이 서서히 보이게 합니다.

Tips

사진을 프레임에 넣거나 배경 화면으로 설정하면 [애니메이션]→[기능] 효과를 적용할 수 없습니다.

03 시각적으로 주목도를 높이기 위해 텍스트에 [타자기] 애니메이션 적용

기존 텍스트를 레이어 맨 앞으로 위치시킵니다. 그리고 현대적이고 깔끔한 스타일의 글꼴인 Orbit으로 내용을 작성하고 가독성을 높이기 위해 [효과]→[들어올리기]를 선택한 후에 [애니메이션]→[타자기]([들어갈 때])를 적용합니다.
사진 위, 아래 텍스트도 글꼴 Orbit로 변경하고 [타자기]([들어갈 때]) 애니메이션을 동일하게 설정합니다.

Tips

현대적이고 깔끔한 글꼴 추천
(한글과 영문 모두 사용 가능):
Calmius, Hahmlet

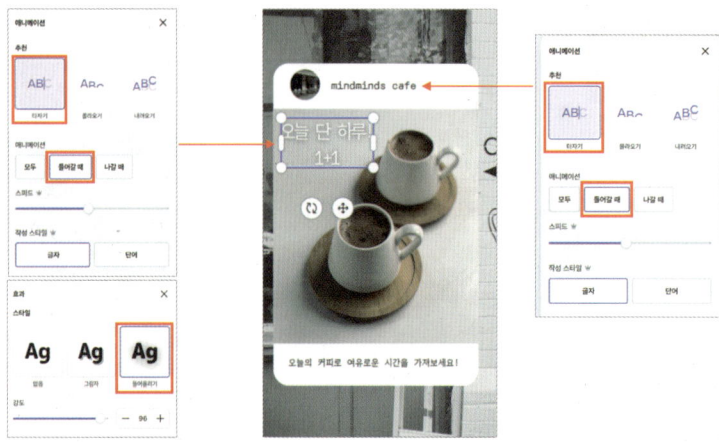

PART 2 · 캔바 하나로 끝내는 비즈니스 이미지 디자인 A to Z — 인스타그램 —

Lesson 24
교차 배치와 흐름으로 유동적인
패션 홍보 콜라주 영상 디자인

무료
레이아웃 응용 디자인

유동적인 디자인은 브랜드의 개성 있는 스타일을 효과적으로 표현하는 데 기여합니다. 교차배치를 통한 콜라주 레이아웃과 흐르는 요소들은 자연스럽게 시선을 사로잡아 소비자의 참여를 증가시키며, 정보를 시각적으로 쉽게 전달할 수 있습니다. 이러한 디자인은 제품이나 서비스의 특징을 스토리 형식으로 구성하거나, 신제품 소개 및 브랜드 홍보 디자인에도 활용하여 소비자와의 연결을 강화하고 브랜드의 메시지를 효과적으로 전달할 수 있습니다.

레이아웃

완성작 인스타그램 동영상 1080*1920 px

완성작 보기

작업 포인트
· 교차 배치와 흐름 효과
· 매거진 스타일의 글꼴

디자인 레시피
· 텍스트: HUOVA(사이즈 107 | #ffffff | 효과: 들어올리기 50)
  Tlab 돋움 레귤러(사이즈 28 | #000000 | 효과: 들어올리기 50)
· 애니메이션: 맞춤형(경로를 따라 일정하게)

01 교차 배치와 액자 느낌의 연출로 이미지에 생동감 불어넣기

이미지의 생동감을 높이기 위해 사진 프레임을 각각 선택하여 교차 배치한 후, 사진 프레임을 모두 선택하여 테두리를 설정하여 액자 느낌을 만듭니다.(테두리 굵기 24 | 색상 #e4e2dd)

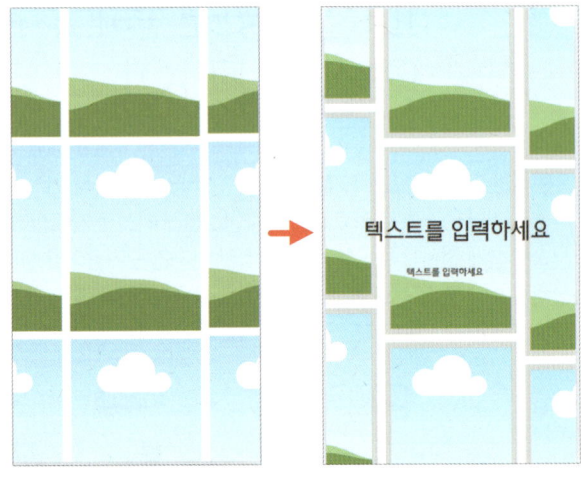

02 브랜드의 개성이 돋보이는 세련된 느낌의 이미지와 매거진 스타일의 글꼴

이미지를 브랜드의 개성이 돋보이는 세련된 느낌의 이미지로 교체합니다. 제목 텍스트를 매거진 스타일 글꼴인 **Huova**, **Tlab 돋움 레귤러**로 바꿔줍니다.

글꼴: Huova

글꼴: Tlab 돋움 레귤러

03 자연스러운 흐름을 만들기 위해 맞춤형 애니메이션 적용

자연스러운 흐름을 만들기 위해 1줄씩 3장의 사진을 선택하여 [그룹화]→[애니메이션]→[애니메이션 만들기]를 차례로 선택합니다. [Shift] 키를 누른 상태에서 사진을 마우스로 드래그하여 이동 경로를 만들어줍니다. 이때, [움직임 스타일]→[경로를 따라 일정하게 유지]를 선택합니다. 스피드는 적당히 조절해 주세요.

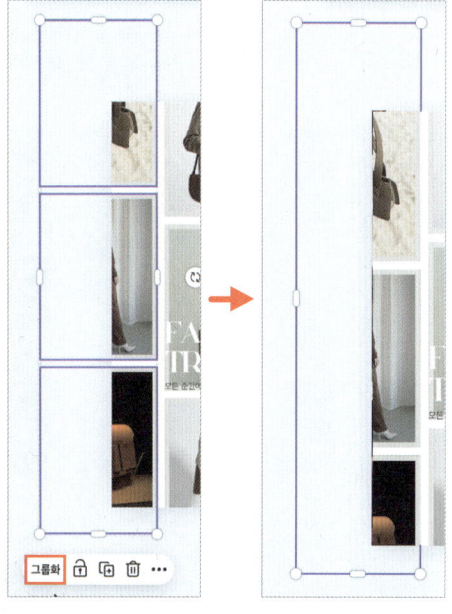

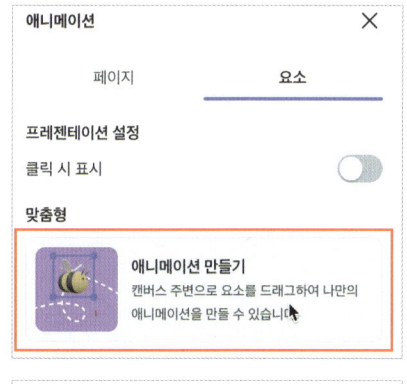

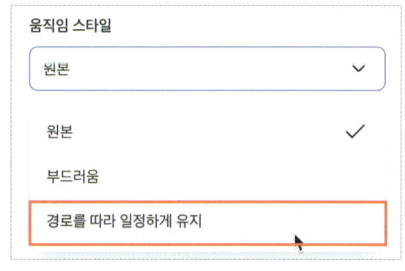

[Shift] 키를 누르면서 화살표 방향으로 마우스 드래그

이미지 주제별 시각적인 효과 높이는 방법

이미지의 주제에 맞춰 사진 프레임과 각도를 조절하면 시각적 흥미를 더할 수 있습니다. 콘텐츠의 매력을 극대화하고, 눈길을 사로잡는 독창적인 디자인을 만들어보세요.

주제	인테리어	패션 화보	디저트 메뉴
분위기	미니멀하고 부드러운 분위기	흑백의 시크한 분위기	파스텔톤의 아기자기한 분위기
배경색	#e9e0c7	#2b2b2b	#b4c3a2
텍스트	Sugo Display | #ffffff	Hatton | #ffffff	Le Petit Cochon | #e65418
사진 프레임	모서리 둥글게 만들기	각도 조절	사이즈 작게 조절, 모서리 둥글게 만들기

PART 2 　캔바 하나로 끝내는 비즈니스 이미지 디자인 A to Z 　- 인스타그램 -

Lesson 25

글자가 단계별로 등장하는
짧은 모바일 동영상

무료
템플릿 응용 디자인

글자가 단계별로 등장하는 동영상은 사용자의 시선을 사로잡고, 정보 전달에 효과적입니다. 짧은 동영상에 간결한 메시지를 더함으로써 브랜드의 핵심 메시지를 효과적으로 전달할 수 있어, 브랜드의 인지도를 높이는 데 기여합니다. 이러한 디자인은 제품 사용 단계나 간단한 팁, 서비스 혜택 등을 소개하는 데 활용할 수 있습니다.

예시작

완성작　인스타그램 동영상 1080*1920 px

완성작 보기

작업 포인트
· 최적의 영상 시간과 타이밍
· 시각적 몰입도를 높이는 영상 및 텍스트 효과

디자인 레시피
· 텍스트: Nanum Gothic (사이즈 59 | 색상 #ffffff |
　효과: 네온, 강도 23 | 애니메이션: 나타내기)
　Nanum Gothic (사이즈 39 | 색상 #ffffff |
　애니메이션: 나타내기)
· 영상 애니메이션: 축소하기

01 동영상을 배경으로 설정하고 재생 시간 조정

사용할 동영상을 프레임 안으로 넣거나 기존 프레임을 삭제하고 동영상을 배경으로 설정합니다. 동영상의 재생 시간을 효과적으로 조절하기 위해 상단 툴바에서 [다듬기]를 클릭합니다. 영상의 앞부분이나 뒷부분을 드래그하여 필요한 영역을 선택합니다. (12초→10초)

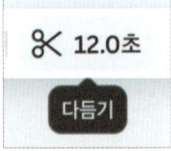

02 시각적 몰입도를 향상시키는 영상 효과: [축소하기]

시각적 몰입도를 향상시키기 위해 영상을 선택하고 [애니메이션]→[추천]→[축소하기]([들어갈 때], [바깥쪽])을 차례로 클릭하여 적용합니다.

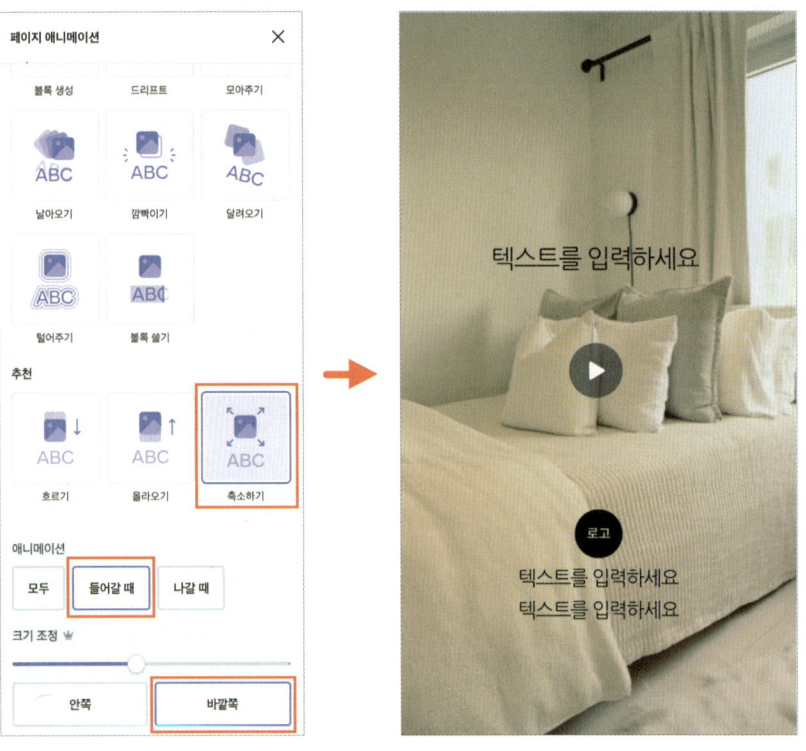

03 단계별 등장을 위해 순서를 정하여 텍스트와 로고 삽입

단계별 등장을 위해 차례대로 슬로건 문구와 로고, 텍스트의 위치를 조정합니다. **[위치]→[레이어]**를 클릭하여 순서대로 배치합니다. 가장 아래에 위치한 것이 가장 먼저 등장하고, 가장 위에 위치한 것이 가장 늦게 등장합니다.

슬로건 문구가 되는 부분과 하단 문구는 메시지가 눈에 잘 띄는 글꼴인 **Nanum Gothic**으로 각각 작성하고, 로고 이미지를 함께 넣어 브랜드의 인지도를 높입니다.

슬로건 문구에 쓰기 좋은 글꼴 추천:
Noto Sans, Seoul Hangang

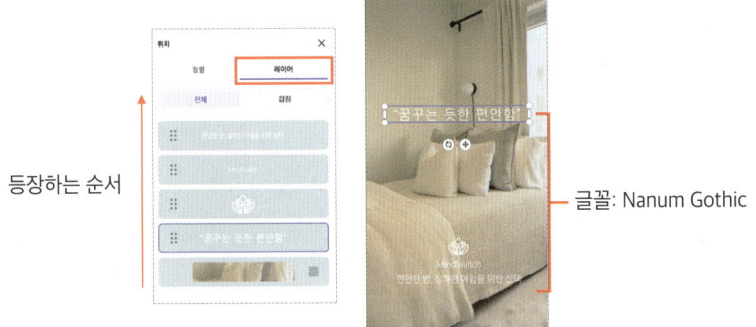

04 메시지를 효과적으로 전달하기 위해 글자가 한 줄씩 단계적으로 등장

텍스트와 로고를 모두 선택한 후에 마우스 우클릭하고 **[요소 시간 표시]**를 클릭합니다. 하단에 보이는 스크롤 뷰에서 텍스트와 로고의 앞부분을 각각 드래그하여 등장하는 시점을 적절하게 조정해줍니다.

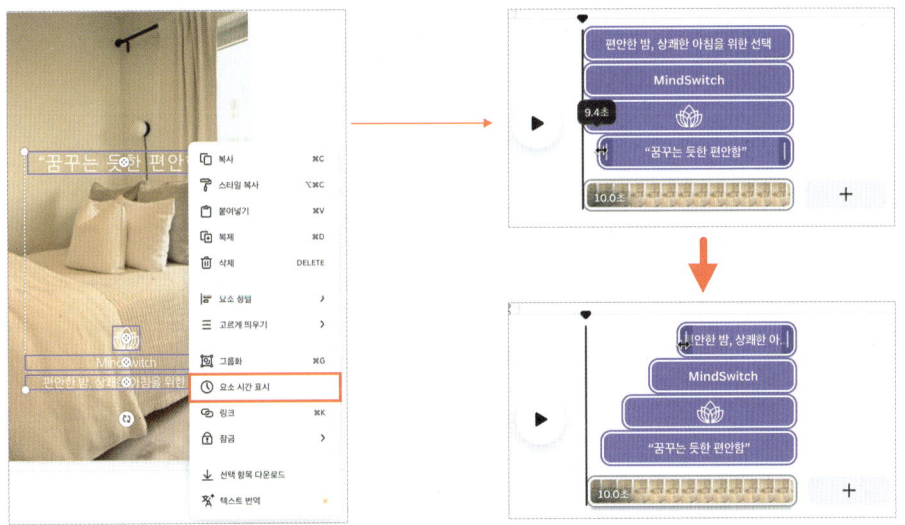

05 글자에 네온 효과를 적용하고 테두리를 설정하여 시각적 몰입도를 높게

시각적 몰입도를 높이기 위해 슬로건 문구를 선택하고 [효과]→[네온]을 적용합니다. 그리고 사각형 도형을 추가하여 적당한 크기로 조절하여 배치하고 색상은 없애줍니다. [테두리] 굵기 4를 적용하여 영상에 테두리를 추가합니다.

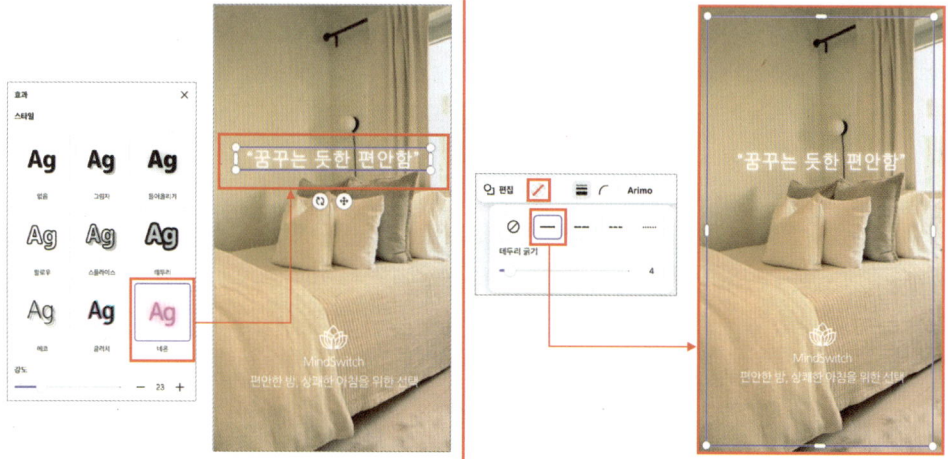

06 영상에 어울리는 음악 추가

영상에 이미 오디오가 포함되어 있다면 상단 툴바에서 [볼륨] 아이콘을 클릭하여 볼륨을 0으로 설정하여 시작합니다.

[요소]→[오디오]에서 어울리는 음악을 선택합니다.

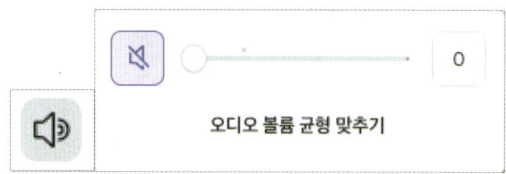
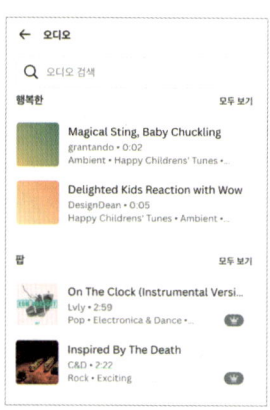

PART 2   캔바 하나로 끝내는 비즈니스 이미지 디자인 A to Z   - 인스타그램 -

Lesson 26
긴 영상의 하이라이트만 짧게 추출하는
영상 편집법 5가지

Pro
무료
템플릿 응용 디자인
하이라이트/자동 다듬기

긴 영상의 하이라이트 부분만 추출하여 여러 개의 영상을 모아 제작한 동영상은 시청자의 관심을 끌고 제품에 대한 흥미를 유발합니다. 각 페이지가 서로 연결된 이야기처럼 구성되면 소비자가 자연스럽게 제품에 대한 호감을 가질 수 있습니다. 일상적인 순간을 포착한 영상이나 메시지는 소비자의 감성을 자극하여 구매 전환율을 높이는 데 효과적입니다. 이러한 영상은 제품의 사용법이나 노하우, 후기 모음 등 다양한 마케팅에 효과적으로 활용할 수 있습니다.

완성작 인스타그램 동영상 1080*1920 px

작업 포인트
· 영상의 포인트 부분을 빠르게 편집
· 효과적인 메시지 전달 및 효과

완성작 보기

01 긴 영상의 하이라이트 추출하여 빠르게 다듬기

(1페이지) 긴 영상을 추가하고 **[편집]**→**[Magic Studio]**→**[하이라이트]**(Pro 기능)을 차례로 선택합니다. 추출된 영상에서 사용할 부분을 선택합니다. (영상의 총 길이에 따라서 하이라이트로 추출되는 부분은 1개일 수도 있고 여러 개가 보일 수 있습니다.)

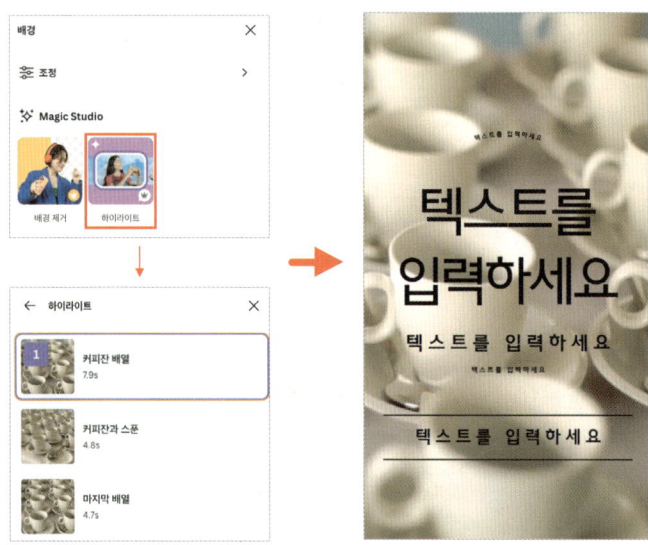

02 영상을 보면서 재생 시간 조정

(2페이지) 상단 툴바에서 **[다듬기]**를 클릭합니다. 영상의 중요한 부분을 직접 확인하면서 사용할 부분을 마우스로 조절하여 영상의 길이를 조정합니다.

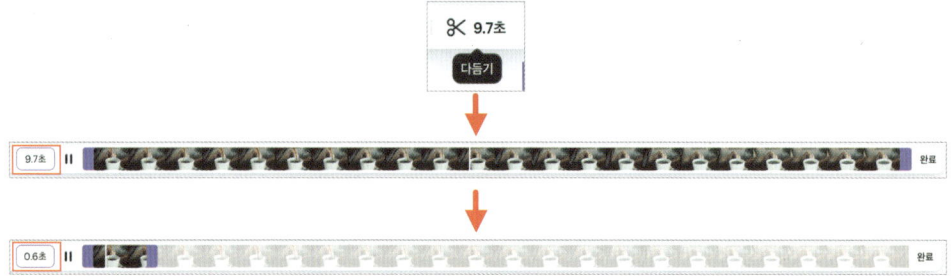

03 자동 다듬기로 빠르게 영상의 앞, 뒤 정리

(3페이지) 상단 툴바에서 [다듬기]를 클릭하고 [자동 다듬기](Pro 기능)을 선택하면 빠르게 영상의 앞, 뒤를 정리할 수 있습니다. [자동 다듬기]한 후에도 마우스로 영상의 길이를 조정할 수 있습니다. 사용하고 싶은 부분의 영상만 편집해 주세요.

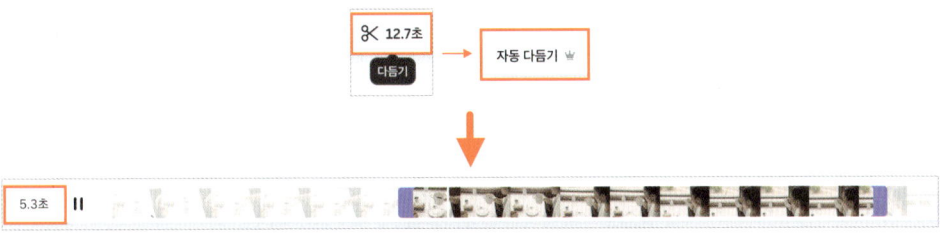

04 스크롤 뷰에서 영상의 길이를 조정

(3페이지) 하단 스크롤 뷰에서 사용할 영상의 길이를 마우스로 조절하여 조정할 수 있습니다.

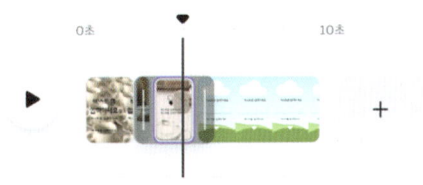

05 페이지 분할로 사용할 영상을 자르기

(4페이지) 영상을 선택한 후에 마우스 우클릭하고 [페이지 분할]을 선택합니다. 혹은 동영상에서 나누고 싶은 지점을 클릭하고 상단에서 [페이지 분할] 아이콘을 클릭하여 영상을 나눕니다.

Tips

무료 사용자는 2, 4, 5단계의 방법을 활용하여 영상을 다듬어 주세요.

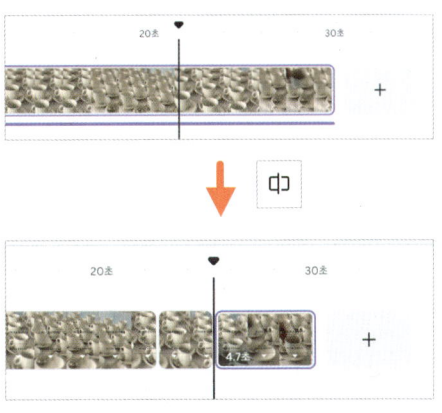

CHAPTER 4 블로그

1 블로그 디자인 실습 이론 및 초기 세팅

블로그는 단순한 정보 전달의 공간이 아닌
브랜드 커뮤니케이션의 중요한 수단

최근 블로그는 단순한 정보 전달의 수단을 넘어, 브랜드의 정체성과 가치를 표현하는 중요한 플랫폼으로 자리잡았습니다. 블로그를 통해 방문자에게 신뢰감을 주고, 브랜드 전문성을 강조하여 고객의 관심을 끌 수 있으며, 효과적인 마케팅 도구로 활용될 수도 있습니다.

특히, 블로그는 개인뿐만 아니라 기업의 이야기를 전달하고 고객과의 관계를 강화하는 동시에, 브랜드 인지도를 높이는 데 중요한 역할을 합니다. 잘 만들어진 블로그는 고객의 관심을 끌고 참여를 유도하여 브랜드 충성도를 높이는 데 기여할 수 있습니다.

잘 만들어진 블로그란, 담고 있는 콘텐츠와 함께 시각적인 비주얼도 중요합니다. 블로그의 첫인상에서 고객의 호기심을 자극하고 블로그에 머무는 시간을 늘리며, 브랜드에 대한 긍정적인 인상을 심어주는 것이 핵심입니다.

블로그를 처음 시작하거나, 이미 운영 중일지라도 블로그의 정체성을 찾아가고 일관된 브랜드 이미지를 유지하는 것은 매우 중요합니다. 이를 위해 이번 챕터에서 소개하는 다양한 블로그 디자인 방법과 설정 방법을 통해서 나만의 브랜드에 맞는 블로그를 만들어 나가길 바랍니다. 먼저, 블로그 초기 세팅을 해야 합니다.

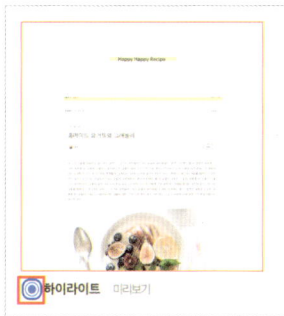 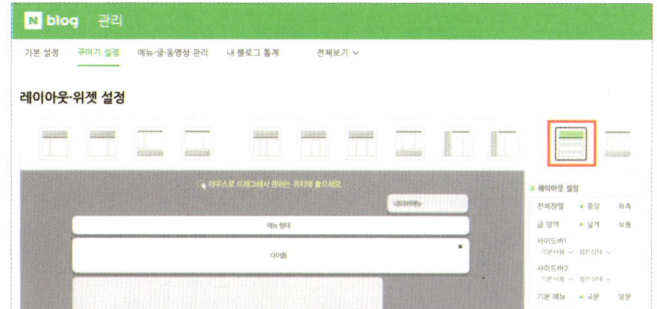

[스킨 선택]→[하이라이트] 선택　　　[레이아웃·위젯 설정]→오른쪽에서 두 번째 레이아웃 선택

블로그 초기 화면이 다음과 같이 나왔다면 초기 세팅을 무사히 완료한 것입니다.

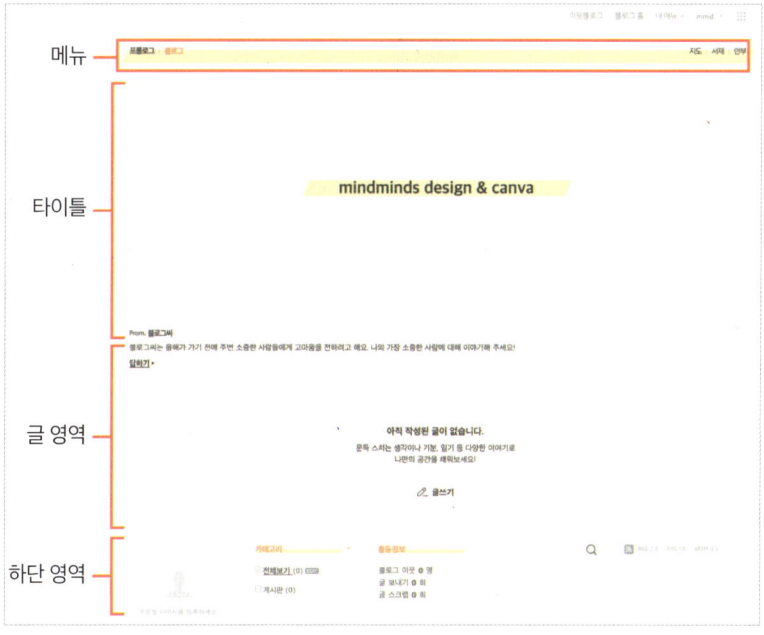

이렇게 초기 세팅을 완료했다면 블로그 프로필부터 홈페이지형 블로그 디자인까지 차근차근 실습해 보겠습니다.

Canva

액자 느낌의 감성적인
프로필 디자인

| 무료

블로그 프로필 디자인은 방문자에게 따뜻한 첫인상을 주고, 브랜드의 이야기를 시각적으로 전달함으로써 독자와의 정서적 연결을 강화하는 데 중요한 역할을 합니다. 이를 위해 액자 같은 테두리에 감성적인 사진을 사용하여 아늑하고 세련된 분위기를 조성하면 블로그의 주제와 메시지를 자연스럽게 전달할 수 있습니다. 이러한 디자인은 일상, 취미, 요리, 공예, 카페 등 감성적인 주제를 담고 있는 블로그에 특히 효과적입니다.

레이아웃

완성작 1000*1000 px

작업 포인트
- 감성적인 이미지와 분위기
- 입체적인 액자 느낌과 텍스트의 조화

디자인 레시피
- 텍스트: BROWN SUGAR(사이즈 53 | 색상 #ffffff | 효과: 들어올리기 | 강도 5)
  Helvetica World(사이즈 10 | 색상 #ffffff)
- 사진 필터: [브론즈]

01 감성적인 사진과 따뜻한 느낌의 브론즈 필터

감성적인 사진을 배경으로 설정한 후에 [편집]→[필터]→[브론즈]를 적용합니다.

따뜻한 느낌의 필터 추천:
발리, 카프리, 라떼

02 투명하고 입체적인 느낌의 액자 연출

투명하고 입체적인 느낌의 액자를 연출하기 위해 사각형의 투명한 그림자 요소를 추가하고, 사이즈를 적당하게 조절한 후에 마우스 우클릭하여 레이어의 위치를 [맨 뒤로 보내기] 합니다.

03 부드럽고 유연한 느낌의 글꼴로 조화롭게 배치

사진에 어울리는 글꼴인 **BROWN SUGAR**로 텍스트를 작성하고, 텍스트가 돋보이게 **[효과]→[들어올리기]**를 적용합니다. 상단 텍스트는 메인 텍스트와 조화롭게 간결한 느낌의 글꼴인 **Helvetica World**로 작성하여 완성합니다.

부드럽고 유연한 느낌의 글꼴 추천:
Lobster, Satisfy

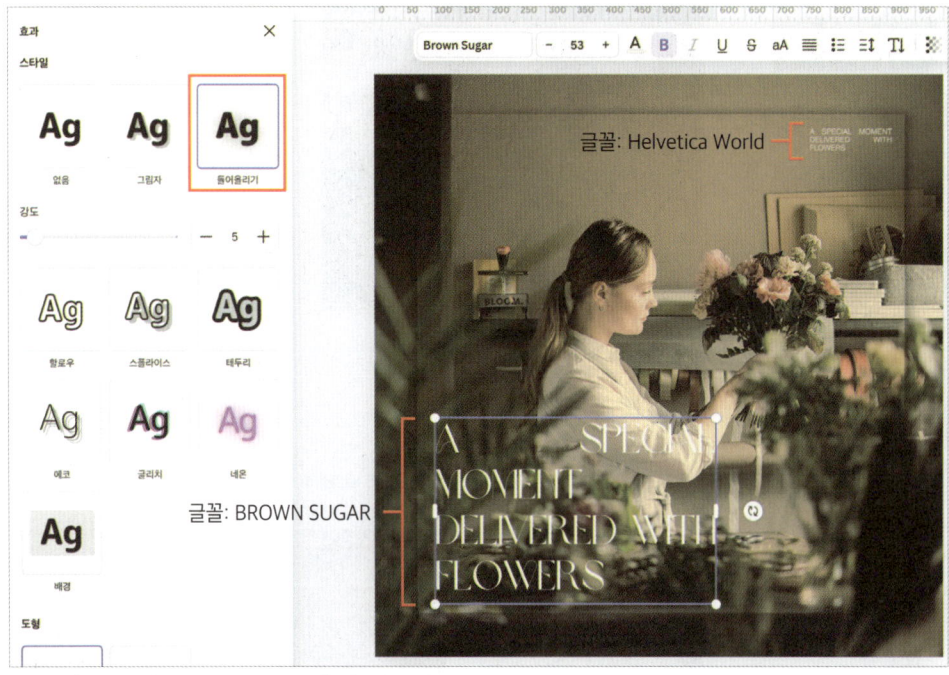

블로그 프로필의 3가지 유형 및 디자인 팁

	사진+텍스트로 꾸미기	사진으로 꾸미기	텍스트로 꾸미기
예시 이미지			
이미지	차분한 색상의 이미지	• 주제가 한눈에 보이는 고화질의 이미지 혹은 클로즈업 이미지 • 사진 프레임을 활용(요소 키워드: 원형 프레임)	배경색: #fffaed
텍스트	• 사진이 돋보이는 깔끔한 폰트 • Brown Suger, Quicksand	없음	• 블로그 이름이나 주제가 드러날 수 있도록 개성 있는 폰트 사용 • Beth Ellen, Montserrat(색상: #2855de)

Canva

전문적인 느낌의 블로그 프로필

Pro | 배경 제거

전문적인 느낌의 블로그 프로필 디자인은 방문자에게 신뢰감과 전문성을 전달하는 데 중요한 역할을 합니다. 이러한 디자인은 독자가 블로그의 콘텐츠에 대해 긍정적인 인식을 갖게 하고, 브랜드의 신뢰성을 강화하는 데 기여합니다. 이러한 디자인은 변호사, 회계사, 강사, 기업 등 전문적인 이미지와 신뢰성을 강조한 블로그에 적용하면 효과적입니다.

레이아웃

완성작 1000*1000 px

작업 포인트
· 시각적 포인트가 되는 배경
· 신뢰감 있는 텍스트와 이미지

디자인 레시피
· 텍스트: Bodoni FLF (사이즈 103 | 색상 #fbf9f3 | 대문자 | 효과: 들어올리기 | 강도 86)
  TDTD 엠플고딕 | 사이즈 19 | 색상 #000000
· 배경색: 그라데이션 | #333333, #dfdfdf, #f1d8d1

01 배경에 깊이감을 더하는 그라데이션 효과와 시각적 포인트가 되는 사선 추가

사진 프레임을 삭제합니다. 그라데이션 배경을 만들기 위해 배경색을 #333333으로 설정하고, 왼쪽 [색상표]에서 [그라데이션]을 선택하고 오른쪽의 색상을 #dfdfdf로 조정하여 두 번째 그라데이션을 선택 적용합니다.

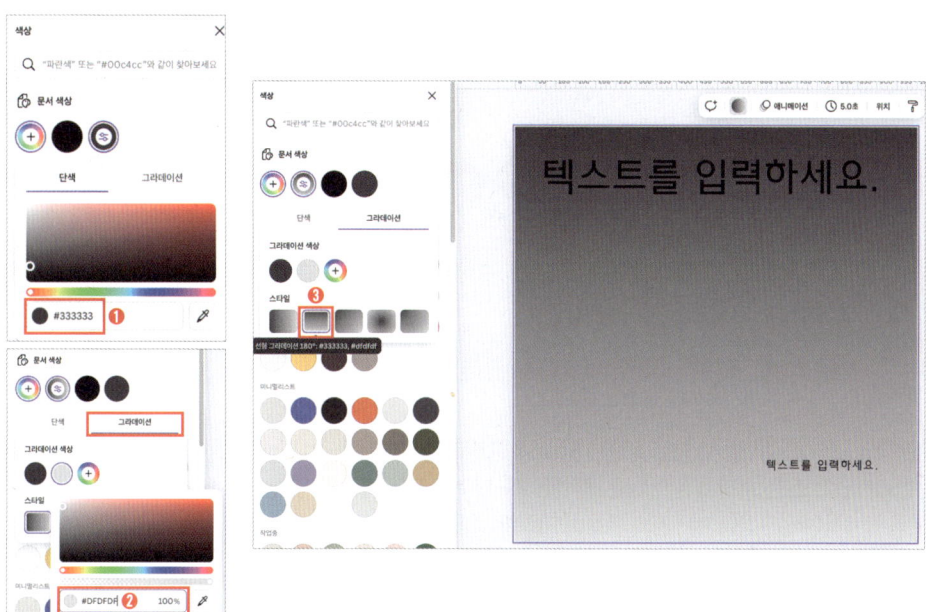

여기에 시각적 포인트가 되는 사선을 만들기 위해 다이아몬드 도형을 하나 추가하고 색상과 사이즈를 변경하여 대각선으로 사선 모양을 만들어 줍니다.

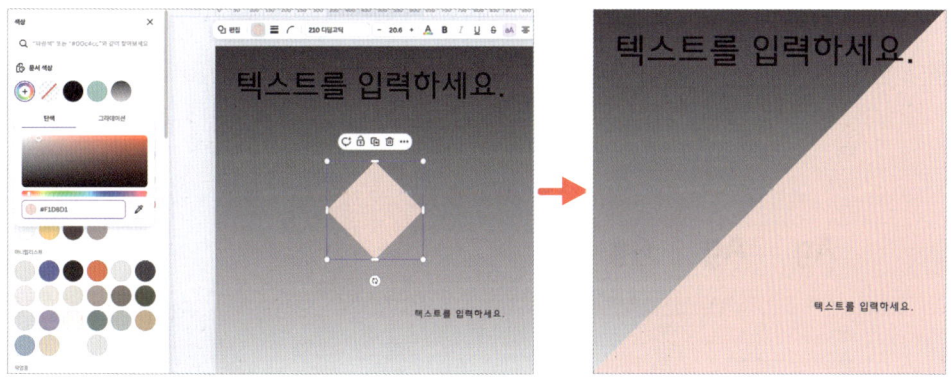

02 신뢰감을 주는 사진을 추가하고 입체적인 그림자 추가

사진의 배경을 제거한 후에 추가합니다. 입체적인 느낌을 주기위해 [편집]→[그림자]→[글로우]를 적용하고 [페이드] 필터를 적용하여 사진의 분위기를 조정합니다.

03 전문적인 느낌의 글꼴로 세로형 텍스트와 키워드 작성

전문적인 느낌을 강조할 수 있는 글꼴인 **Bodoni FLF**로 텍스트를 작성합니다. 텍스트는 회전시켜 왼쪽에 배치합니다. [효과]→[들어올리기]를 적용하여 설정하여 텍스트가 돋보이도록 합니다. 부가적인 설명을 보여주는 키워드와 이름을 작성(**글꼴: TDTD 엠플고딕**)하여 완성합니다.

Tips
전문적인 느낌의 글꼴 추천:
Garamond, Helvetica

무료로 사진의 배경 제거하고 배경색 바꾸는 방법

[Change Background] 앱을 활용하면 무료로 사진의 배경을 제거하고 원하는 색상으로 배경색을 지정할 수 있습니다.

완성작

원본

투명 배경

배경색 바꾸기

그라데이션 배경 쉽게 만들기

[Gradients] 앱을 활용하면 다양한 그라데이션 배경을 쉽게 만들 수 있습니다.

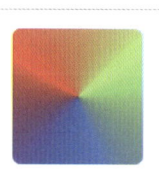

[Gradients]→[Collections]에서 다양한 그라데이션 모양을 선택 후, 조정하여 원하는 그라데이션으로 디자인 할 수 있어요. 핸들을 움직여서 원하는 각도로 설정해 주세요.

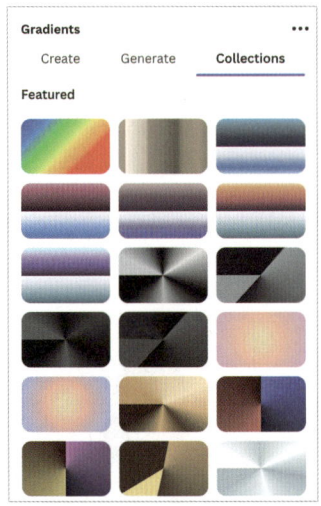
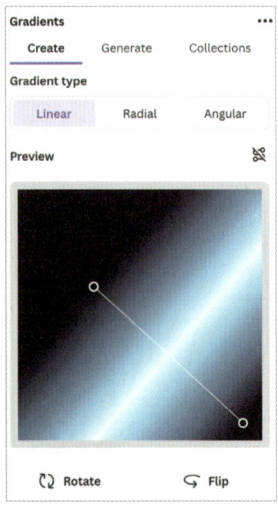

PART 2   캔바 하나로 끝내는 비즈니스 이미지 디자인 A to Z   - 블로그 -

사진 프레임을 활용한
블로그 타이틀 디자인 | 무료

블로그 타이틀은 주제를 명확하게 전달하여 블로그의 내용을 이해할 수 있도록 하는데 중요한 역할을 합니다. 블로그 타이틀을 디자인할 때 블로그명과 소개문구, 카테고리명 등을 표시하여 블로그의 정체성을 표현하고, 사진프레임을 활용하여 시각적인 임팩트를 주면 한 눈에 블로그를 파악하기에 효과적입니다. 이러한 디자인은 패션, 여행, 예술 및 공예 관련 주제에서도 활용하기에 유용합니다.

레이아웃

완성작
966*400 px

작업 포인트
- 주제와 어울리는 타이포그래피
- 시각적 임팩트를 주는 사진 프레임

디자인 레시피
- **텍스트**: Gotham (사이즈 21, 43, 9 | 색상 #000000)
  TAN Mon Cheri (사이즈 82, 56 | 색상 #000000)
- 요소 검색어: breakfast

01 다양한 모양의 사진 프레임으로 시각적 효과를 더하기

기존에 있던 사진 프레임은 삭제합니다. [요소]→[프레임]을 선택하여 다양한 모양의 사진 프레임을 추가하여 꾸며줍니다. 그 후, 주제에 맞는 사진을 프레임 안에 배치합니다.

02 주제와 어울리는 글꼴을 조합하여 다채롭고 균형감 있게 배치

주제와 어울리는 우아하고 감성적인 글꼴인 **Gotham, TAN Mon Cheri**를 조합하여 블로그 주제 텍스트를 작성하고, 크기에 변화를 주어 다채롭고 균형감 있게 배치합니다.
블로그 소개 문구를 작성한 후, 도형을 추가하여 텍스트가 잘 보이도록 합니다.

Tips
전문적인 느낌의 우아하고 감성적인 글꼴
추천:
Playfair Display, Merriweather

03 블로그 주제와 어울리는 질감의 배경 설정

블로그 주제와 어울리는 배경을 만들기 위해 질감 이미지를 추가하여 이미지를 배경으로 설정합니다.

Designer TIP

사진으로 블로그 타이틀을 디자인할 때, 주제에 어울리는 배치와 폰트 추천

블로그 주제	예시 이미지	배치	사용 글꼴	기타 디자인 요소
패션, 뷰티		사진+텍스트 우측 배치	Aileron	클로즈업 이미지 활용
공방, 카페 (친근한 느낌)		사진+ 텍스트 중앙 배치	le Jour Script	브러시 요소 활용
학원, 기업 (신뢰감)		사진+텍스트 좌측 배치	March, Iropke Batang	로고나 도형 활용

Canva

Lesson 04
아이콘을 활용한
직관적인 위젯 만들기 | 무료

위젯은 블로그에서 다양한 정보를 시각적으로 제공하고, 특정 기능을 수행하는 중요한 요소입니다. 또한, 방문자가 원하는 정보를 빠르게 찾을 수 있도록 도와줍니다. 위젯을 디자인할 때는 콘텐츠를 효과적으로 홍보하여 방문자의 참여를 유도하는 것이 중요합니다. 아이콘과 텍스트를 조화롭게 사용해 시각적인 흥미를 더하고, 클릭을 유도함으로써 정보 전달의 상호작용을 자연스럽게 이끌어낼 수 있습니다.

이러한 디자인은 사용자가 기능을 직관적으로 이해하도록 도우며, 텍스트는 필요한 정보를 명확하게 전달하는 데 기여합니다. 이처럼 잘 디자인된 위젯은 사용자가 블로그를 더 쉽게 탐색하고 즐길 수 있도록 하여, 전반적인 사용자 경험을 향상시키는 데 효과적으로 활용될 수 있습니다.

레이아웃 / **완성작** 170*170 px

작업 포인트
- 직관적인 아이콘 디자인
- 시각적으로 돋보이는 입체 효과 적용

디자인 레시피
- 텍스트: TDTD달밤의추억 | 사이즈 24 | 색상 #b4c273
- 도형 색상: #ffedf8, #faf4ea | 테두리 굵기 2
- 효과: 페이지 들어올리기

01 텍스트를 변경하여 하단에 배치

텍스트 상자에 원하는 문구를 입력하고 글꼴을 **TDTD달밤의추억**으로 변경하고 색상도 변경합니다. 그리고 텍스트를 하단에 배치합니다.

02 도형을 추가하고 시각적으로 선명하게 테두리를 설정

디자인에 사용할 원형 도형을 추가합니다. 시각적으로 선명하게 보이도록 테두리를 굵기 2로 설정합니다. 원형 도형을 하나 더 추가하는데 첫 번째 도형보다 사이즈를 작게 조절하고, 두 원형이 겹치도록 배치합니다.

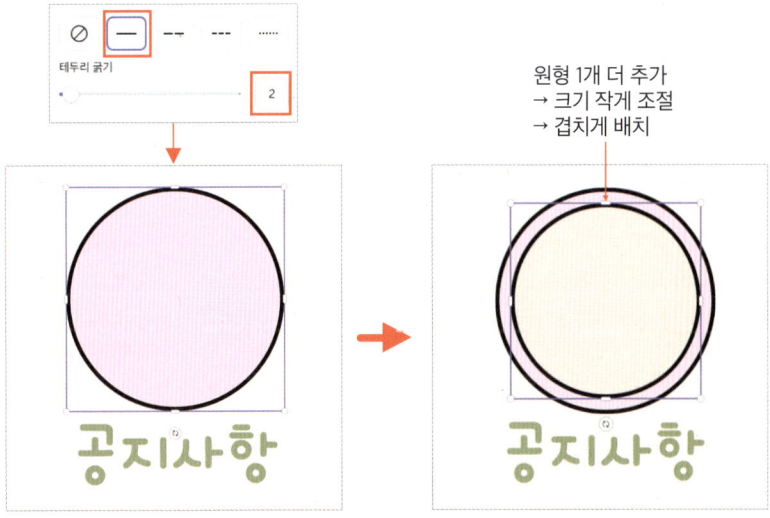

03 직관적인 아이콘을 추가하고 입체 효과를 더하기

직관적인 아이콘을 추가합니다. 아이콘을 선택한 후에 **[편집]**→**[그림자]**→**[페이지 들어올리기]**(세부 설정: 거리 0, 곡선 34)를 차례로 클릭하여 아이콘에 입체감을 더합니다.

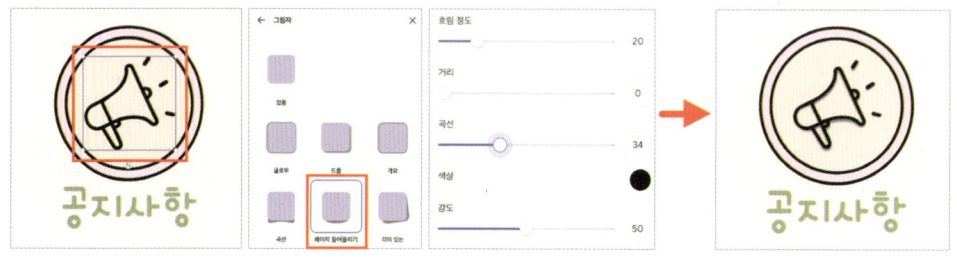

Designer TIP — 아이콘의 형태에 따라 달라지는 분위기와 스타일

형태	아웃라인	솔리드	3D 형태
예시 이미지			
특징	선으로 표현, 미니멀한 느낌	단색으로 채움, 강한 인상	입체감, 시각적인 매력
주로 사용 되는 곳	웹이나 앱에서 메뉴를 표현하는 아이콘	· 버튼 · 중요한 정보를 강조할 때	· 앱 아이콘 · 시각적으로 강조할 때

PART 2   캔바 하나로 끝내는 비즈니스 이미지 디자인 A to Z   - 블로그 -

하단 배너
흥미를 유발하는 입체적 기하학 그래픽과 그라데이션 배경의

| 무료

블로그 하단 배너는 블로그의 최하단에 위치하여 추가적인 정보를 넣을 수 있는 배너의 형태입니다. 입체적인 기하학 그래픽과 그라데이션을 활용한 디자인은 시각적으로 흥미로운 효과를 주며 시선을 집중시키고 관심을 높이는 데 기여합니다. 이러한 디자인은 광고, 프로모션, 인사말 등으로 활용하여 브랜드의 이미지를 강화하고 홍보 수단으로도 활용할 수 있습니다.

레이아웃

타이틀을 입력하세요
타이틀을 입력하세요

완성작 982*100 px

작업 포인트
· 자연스러운 그라데이션 배경 연출
· 흥미로운 느낌을 주는 입체적인 기하학 그래픽 배치

디자인 레시피
· 텍스트: Peace Sans | 사이즈 32 | 색상 #186ab4 |
  효과: 스플라이스, 색상 #b5a5eb
  네모고딕 | 사이즈 10 | 색상 #2b4b8b
· 요소: Gradient 3D geometry
· 그라데이션 배경색: #fde9ff, #9dddf1, #b5a5eb

225

01 자연스럽고 부드러운 느낌의 그라데이션 배경

배경색을 변경(#fde9ff)한 후에 자연스럽고 부드러운 그라데이션 효과를 위해 [그라데이션] 탭에서 [새 그라데이션 추가]를 선택하고, 그라데이션에 사용할 색상(#9dddf1, #b5a5eb)과 스타일을 설정합니다.

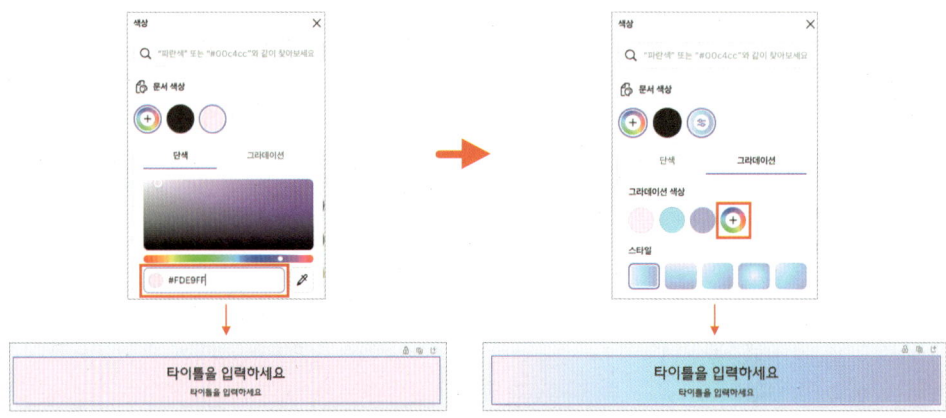

02 활기와 역동성이 느껴지는 타이포그래피

가장 위에 있는 텍스트의 문구를 "Follow me"로 입력하여 글꼴을 **Peace Sans**로 변경합니다. 텍스트를 선택하고 [효과]→[스타일]→[스플라이스]를 차례로 클릭하여 설정하여 텍스트에 활기와 역동성을 더합니다. (세부 설정: 두께 60, 오프셋 60, 방향 -158, 색상 #b5a5eb)
아래에 위치한 텍스트도 원하는 문구를 입력하고 글꼴을 **네모고딕**으로 변경합니다.

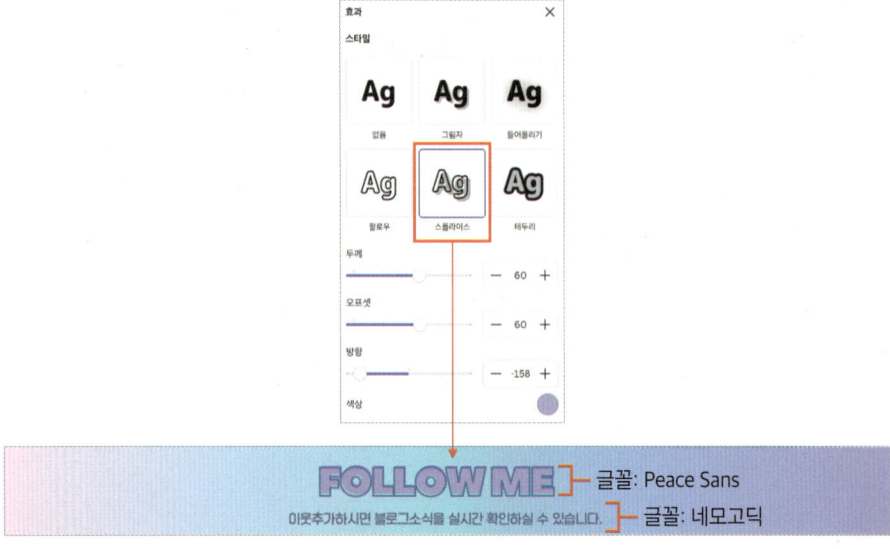

03 흥미를 유발하는 입체적인 기하학 그래픽 배치

입체적인 3D 기하학 그래픽을 배치하여 흥미로운 느낌을 더하여 완성합니다.

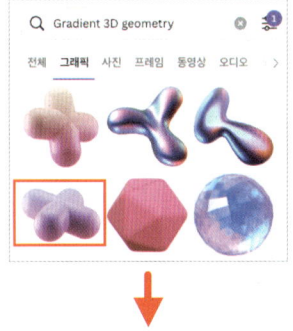

Lesson 06
낙서를 활용한 친근하고 재미있는
모바일 스킨 디자인

| 무료

모바일 스킨은 블로그 모바일 버전에서 볼 수 있는 첫 화면에 들어가는 이미지로 블로그의 첫인상을 결정합니다. 낙서를 활용한 친근하고 재미있는 디자인은 방문자의 호기심을 자극합니다. 이러한 디자인은 비즈니스에서 매장 소개, 신제품 출시, 프로모션 및 이벤트의 홍보 수단으로 활용할 수 있습니다.

`레이아웃` `완성작` 750*1200 px

작업 포인트
- 주제와 연관된 이미지 선택
- 텍스트와 낙서 요소의 조화

디자인 레시피
- 텍스트: 개미똥꾸멍 (사이즈 57, 41, 27 | 색상 #ffffff)
- 요소 검색어: Doodle

01 블로그 주제를 보여주는 이미지를 배경으로 설정

꽃집의 모바일 블로그 스킨 디자인을 위해 요소에서 꽃을 들고 있는 이미지를 선택하여 사진 프레임에 넣거나 배경으로 설정합니다. 블로그 주제에 어울리는 이미지를 선택하세요.

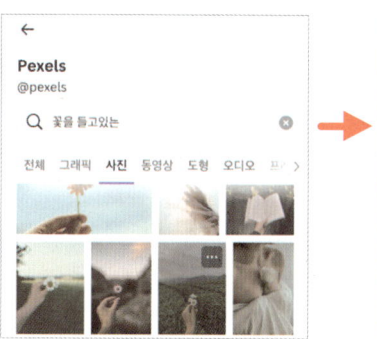

02 친근한 느낌의 폰트 사용과 색상 변경으로 텍스트를 돋보이게 설정

친근한 느낌을 강조하는 손글씨 폰트인 **개미똥꾸멍**으로 변경하여 주제를 나타낼 수 있는 문구를 작성합니다. 사진의 밝기에 따라서 텍스트가 잘 보이는 색상으로 설정해 주세요.

친근한 느낌의 글꼴 추천:
TDTD 동글냥이, Gochi Hand

03 재미있는 낙서 그래픽으로 꾸며주기

텍스트와 이미지가 더욱 돋보이도록 낙서, 손 그림 등의 그래픽을 활용하여 꾸며줍니다.

응용작 TIP

이미지에 일러스트를 그려 넣거나 추가하여 친근하고 유머러스한 분위기의 이미지를 제작하여 홍보에 활용해 보세요!

PART 2   캔바 하나로 끝내는 비즈니스 이미지 디자인 A to Z   — 블로그 —

텍스트만 있는 깔끔한
블로그 썸네일

| 무료

블로그 썸네일은 포스트의 주제를 시각적으로 요약하여 알려주는 중요한 역할을 합니다. 썸네일을 보고 클릭할지 여부를 결정하는 데 영향을 미치기 때문에 방문자의 관심을 끌고 클릭을 유도하기 위한 명확한 주제 전달이 필요합니다. 주제별로 디자인이나 색상을 다르게 하여 블로그 내에 카테고리를 구분하여 구성할 수도 있습니다. 이 디자인은 비즈니스에서 공지사항, 클래스 안내, 이벤트, 정보 전달을 목적으로 활용할 수 있습니다.

레이아웃　　　　　　　　　**완성작** 1000*1000 px

작업 포인트
- 명확하고 간결한 주제 전달
- 브랜드에 어울리는 색상 조합

디자인 레시피
- 텍스트: TDTD타이틀굴림(사이즈 111 | 색상 #5c4e4e)
  Allura(사이즈 52 | 색상 #5c4e4e)
- 배경색: #bdc7bd
- 도형: 색상 #fbf9f3 | 테두리 색상 #5c4e4e

01 부드럽고 차분한 느낌을 주는 배경색과 테두리를 더하여 시각적 강조

부드럽고 차분한 느낌의 배경색을 설정하고 도형의 테두리를 설정하여 배경과 명확히 구분되도록 합니다. 색상은 브랜드에 어울리는 색상으로 조합하여 설정해 주세요.

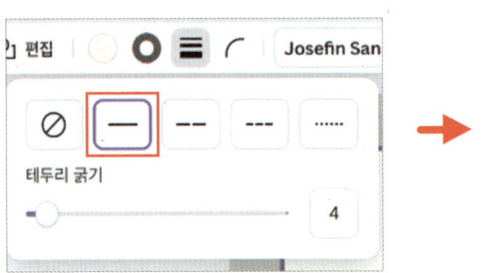

02 가독성 높은 글꼴로 콘텐츠 주제를 작성

가독성이 높은 글꼴인 **TDTD타이틀굴림**으로 콘텐츠의 주제를 작성합니다

Tips
블로그 썸네일 추천 글꼴:
TDTD 펑고딕, 블랙슈트, 강한놈소프트보일드

03 주제를 보완하는 소제목과 세련되고 정돈된 느낌의 장식 추가

주제를 보완하는 소제목은 글꼴 **Allura**로 작성하고, 전체적인 분위기를 고려하여 세련되고 정돈된 느낌의 브러시 장식 요소를 글자 뒤에 추가합니다.

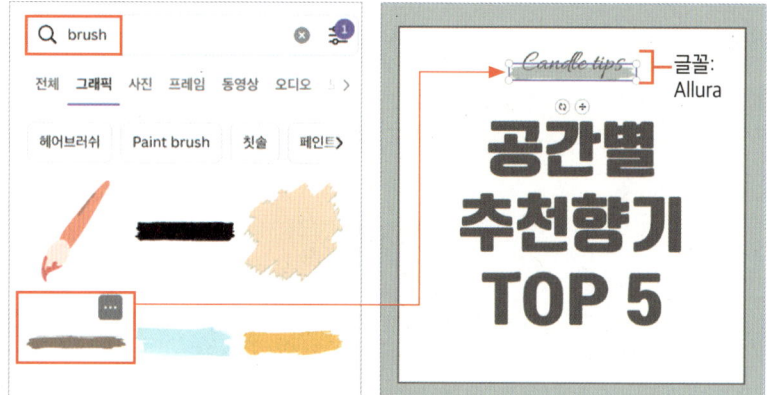

블로그 주제에 따른 썸네일 색상과 폰트 추천

주제	정보 제공 및 이용 안내	상품 소개 및 추천	건강, 라이프스타일
예시 이미지	스튜디오 이용안내	봄신상 미리보기	건강한 라이프 스타일
소개	차분하고 신뢰감을 주는 디자인	밝고 호기심을 유발하는 디자인	편안한 느낌을 주고 깔끔한 레이아웃 디자인
텍스트	TDTD타이트굴림 | 색상 #003366	TDTD 공원숲 | 색상 #adc7fa	TDTD 가온 | 색상 #5d877a
배경색	#003366, #f4e9e1	#ffe4ef	#f4e9e1
요소	클립	마스킹 테이프	잎

Canva

 사진과 텍스트가 있는
블로그 썸네일

| 무료

사진과 텍스트가 조화롭게 배치된 블로그 썸네일은 주제를 직관적으로 전달합니다. 텍스트가 구체적인 내용을 보완하는 역할을 하며 사진은 복잡한 주제를 한눈에 쉽게 이해할 수 있도록 도와줍니다. 이 디자인은 제품 소개 및 클래스나 체험단 모집, 리뷰 등 비즈니스 마케팅에 효과적으로 활용할 수 있습니다.

`레이아웃`

`완성작` 1000*1000 px

작업 포인트
- 주제와 관련된 고품질의 이미지 선택
- 전체적인 분위기와 균형감 있는 배치

디자인 레시피
- 텍스트: TDTD 와이드(사이즈 59 | 색상 #5c4e4e)
  Josefin Sans(사이즈 33 | 색상 #fbf9f3)
- 배경색: #ae9e94
- 도형: 색상 #fbf9f3 | 테두리 색상 #5c4e4e

01 주제를 한눈에 보여주는 매력적인 고품질의 사진 선택

주제를 한눈에 표현하는 매력적인 고품질의 사진을 선택하여 사진 프레임에 적용합니다.

사진과 텍스트로 표현하기 좋은 주제:
제품 소개, 여행, 리뷰

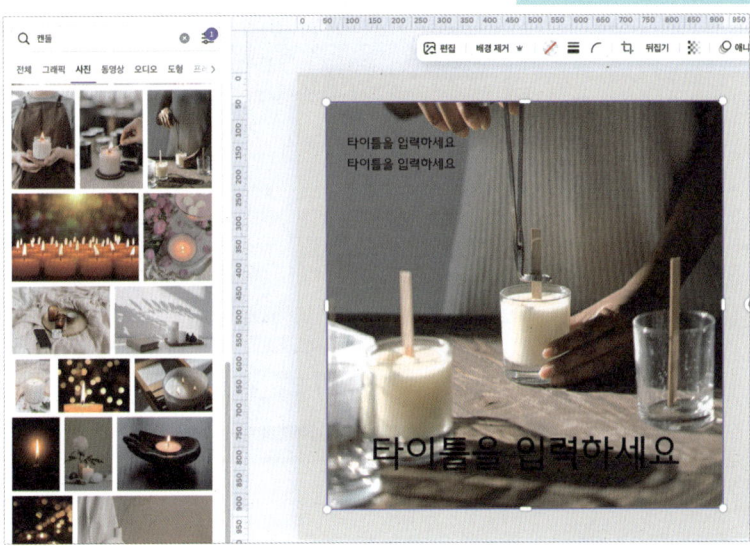

02 텍스트가 돋보이도록 도형을 추가하여 텍스트 뒤에 배치

사각형 도형을 추가하여 텍스트 뒤에 배치합니다. 텍스트는 가독성이 높은 글꼴인 **TDTD 와이드**로 설정합니다.

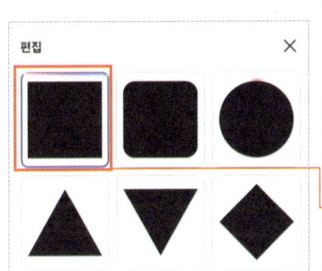

Canva

03 전체적인 분위기와 균형을 생각하여 추가 설명을 작성하고 배경색 조정

전체적인 분위기와 균형을 생각하여 Josefin Sans 글꼴로 추가 설명 텍스트를 작성하고, 무게감을 더하는 색상으로 배경을 설정합니다.

깔끔한 영문 글꼴 추천:
Raleway, Quicksand, Noto Sans

글꼴: Josefin Sans

응용작 TIP 사진의 배치를 다르게 하여 다양한 디자인의 썸네일을 만들어보세요.

PART 2　　　캔바 하나로 끝내는 비즈니스 이미지 디자인 A to Z　　　- 블로그 -

일러스트를 활용한 귀여운
카드뉴스 디자인

| 무료

카드뉴스는 정보나 이야기를 카드 형식으로 시각적으로 전달하는 콘텐츠입니다. 일반적으로 각 카드는 간단한 텍스트와 이미지를 포함하여, 내용을 쉽게 이해할 수 있도록 구성합니다. 일러스트, 사진, 그래픽 등을 활용하여 디자인할 수 있으며, 특히 일러스트를 활용한 디자인은 친근하고 브랜드의 개성을 강조할 수 있습니다. 이 디자인은 제품 소개, 이벤트 홍보, 교육, 정보 전달 등에 효과적으로 활용할 수 있습니다.

`레이아웃`　　　　　　　　　　　`완성작` 1000*1000 px

Canva

작업 포인트
- 친근하고 귀여운 시각적 효과
- 명확하고 간결한 텍스트

디자인 레시피
- 텍스트: 210 네버랜드(사이즈 74 | 색상 #fffdf5)
  TDTD 고딕(사이즈 25, 17 | 색상 #fffdf5)
- 배경색: #e8e8e4
- 요소 검색어: grid paper pattern, Notepad Flat Icon, set:nAE0de0hNBE
- 요소 색상: #76b07f

01 친근한 느낌을 강조하기 위해 모눈종이와 메모지 요소 추가

친근한 느낌을 강조하기 위해 기존에 있던 도형을 삭제하고 모눈종이와 메모지 요소를 추가합니다. 모눈종이와 메모지의 위치를 텍스트 뒤로 배치합니다.

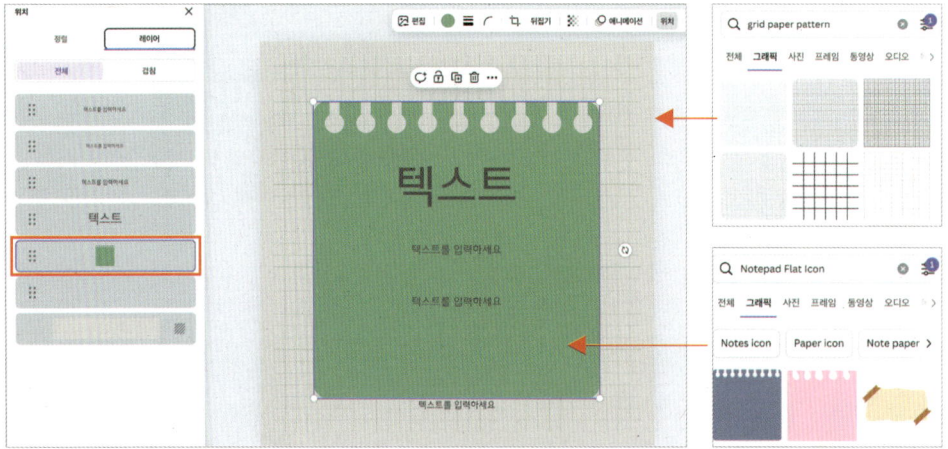

02 친근하고 따뜻한 느낌을 강조하기 위해 부드럽고 둥근 글꼴을 사용

부드럽고 둥근 글꼴인 210 **네버랜드**와 **TDTD 고딕**으로 내용을 작성합니다.

부드러운 곡선 느낌의 글꼴 추천:
TDTD 강굴림, TDTD 네온

03 주제와 어울리는 귀여운 느낌의 일러스트 추가

주제와 어울리는 귀여운 느낌의 일러스트를 추가하여 완성합니다. 요소를 클릭하고 마우스 우클릭하거나 […](더보기)→[정보]→[컬렉션 보기]를 차례로 선택합니다. 이를 통해, 통일감 있는 분위기의 디자인을 완성할 수 있어요.

04 첫 페이지를 복제하여 일관되게 페이지가 전환되도록 설정

카드뉴스는 각 페이지가 동일한 디자인 요소를 유지하는, 일관된 페이지 전환이 중요합니다. 첫 페이지를 복제하여 나머지 페이지도 완성해 보세요. 두 번째 페이지부터 숫자로 순서를 표기하면 정보의 흐름이 매끄럽게 전개됩니다. 마지막 페이지에 이웃 추가나 구독을 유도하는 정보를 함께 넣으면 홍보에 도움이 됩니다. (* 나머지 페이지도 같은 방법으로 완성해 보세요.)

다양한 스타일의 그래픽으로 배경 만들기

[앱]→[CanGrid]를 클릭한 후에, 해당 앱을 활용하여 다양한 스타일의 그래픽을 만들고 배경을 꾸밀 수 있습니다.

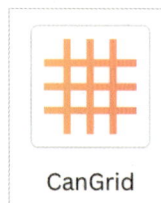

PART 2 　　　캔바 하나로 끝내는 비즈니스 이미지 디자인 A to Z 　　　- 블로그 -

Lesson 10
나만의 맞춤 스티커,
만화 느낌으로 디자인하기 | 무료

블로그에 스티커를 활용하면 방문자의 관심을 끌고, 브랜드 아이덴티티를 강화하는 데 효과적입니다. 프로모션 메시지를 담은 스티커를 배치하거나, 제품의 기능을 강조하는 그래픽 요소로 활용하여 독자가 브랜드의 가치를 쉽게 이해하도록 도울 수 있습니다. 이를 통해 비즈니스 마케팅의 효과를 극대화할 수 있습니다.

레이아웃

텍스트　　텍스트

텍스트　　텍스트

완성작 500*500 px

작업 포인트
- 독창적이고 개성 있는 그래픽
- 손글씨 폰트와의 조합

디자인 레시피
- 텍스트: 어비세현체(사이즈 18 | 색상 #d06343)
  　　　　제주한라산(사이즈 18 | 색상 #000000)
  　　　　어비남소영체(사이즈 22 | 색상 #000000)
  　　　　FBS산(사이즈 18 | 색상 #000000)
- 요소 검색어: 만화, 카툰, comic

01 독창적이고 개성 있는 만화 요소

[요소]→[그래픽]에서 '만화'나 'Comic' 등을 검색하여 만화 요소를 추가합니다. 색상을 변경할 수 있는 요소는 원하는 색으로 변경해 주세요. 추가한 요소는 모두 텍스트 뒤로 배치해 줍니다.

02 홍보에 도움이 되는 문구를 친근한 느낌의 손글씨 글꼴로 작성

홍보에 도움이 되는 문구를 친근한 느낌의 손글씨 글꼴로 자유롭게 작성하고, 그래픽과 어울리는 색상으로 변경합니다.

Tips

친근한 느낌의 손글씨 글꼴 추천:
TDTD 꽃청춘, TDTD 낙서금지

일러스트와 텍스트를 활용해서 다양한 디자인의 나만의 스티커를 제작해보세요.

제작한 디자인을 스티커 파일로 저장하는 방법

저장할 디자인 요소를 선택합니다. (* 2개 이상의 요소를 선택해야 합니다.) 마우스 우클릭하고 **[선택 항목 다운로드]**를 클릭합니다. **[파일 형식]-[PNG]**를 선택하고 **[다운로드]**를 클릭하여 저장합니다. (* Pro 사용자는 투명 배경으로 저장 가능)

한 페이지에 여러 가지 디자인을 제작한 경우, **[선택 항목 다운로드]**로 각각의 이미지를 저장할 수 있습니다. 이미지의 사이즈는 제작한 사이즈와 동일한 사이즈로 저장됩니다.

- 스티커 1개 사이즈: 225*152px (초대박 아이템 기준) | 사이즈는 자유롭게 해주세요.

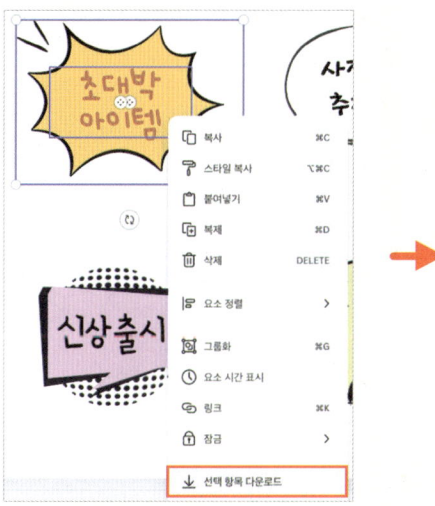
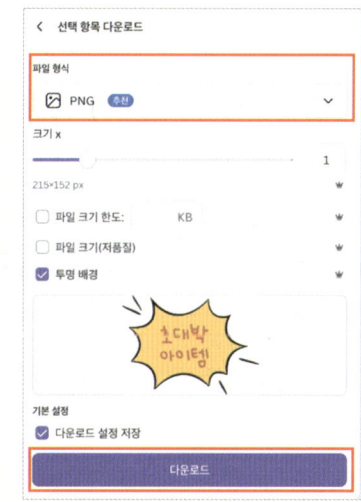

2. 홈페이지형 블로그에 대한 이해

홈페이지형 블로그는 블로그의 주제나 분야에 대해 전문적인 느낌을 강조하고, 블로그 전체의 분위기를 매력적으로 보이게 디자인해야 합니다. 앞서 소개한 타이틀과 위젯을 활용해서 블로그를 디자인하는 방식은 타이틀과 위젯을 각각 디자인하여 설정하는 방식이었다면, 홈페이지형 블로그를 디자인하려면 블로그 스킨을 디자인하고 위젯을 활용해서 바로가기 링크를 적용해야 합니다.

타이틀과 위젯으로 디자인했을 때보다, 넓은 영역으로 표현할 수 있어서 시각적으로 풍부하고 통일감 있는 표현을 가능하게 합니다. 바로가기 링크를 통해 사용자에게 편리한 탐색 경로를 제공함으로써, 방문자가 필요한 정보를 보다 쉽게 접근할 수 있도록 합니다.

홈페이지형 블로그는 큰 비용을 들이지 않고도 브랜드의 전문성과 신뢰성을 높일 수 있고, 이는 마케팅에 효과적으로 기여할 수 있습니다.

블로그 스킨 + 위젯 활용 디자인

블로그 스킨 + 위젯 활용 + 이미지맵

블로그 스킨에 바로가기 링크를 설정하는 방법은 크게 두 가지로, 위젯 하나당 1개의 링크를 넣는 방법과 위젯 하나당 여러 개의 링크를 넣는 방법이 있습니다.

이때 사용하는 위젯은 스킨 디자인을 가리지 않게 하기 위해 투명한 위젯을 사용하는 것이 일반적인데, 일반 위젯과 동일하게 내 블로그에 등록해두고 사용합니다. 내 블로그에 투명 위젯을 업로드하는 방법은 마인드마인즈 블로그와 유튜브 채널을 참고하길 바랍니다.

만약 링크가 들어가지 않아도 되는 부분이 있다면, 여백 위젯 코드를 사용하여 위젯이 들어가는 자리를 채우면 좀 더 쉽게 설정할 수 있습니다.

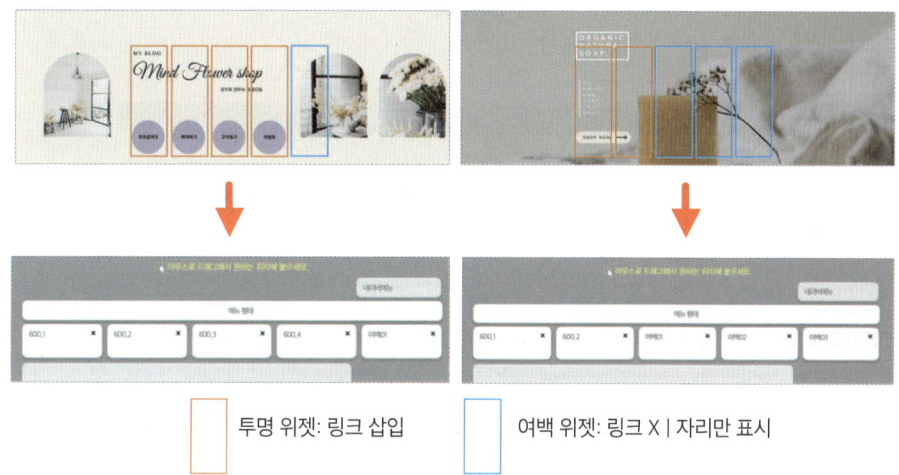

투명 위젯: 링크 삽입　　　여백 위젯: 링크 X | 자리만 표시

이 책에 소개되는 내용을 차근차근 연습하면, 전문가 못지 않은 나만의 매력적인 홈페이지형 블로그를 완성할 수 있습니다!

투명 위젯 코드(위젯 코드와 동일함)

```
<a target="_blank"　href="이동할 곳 URL">
<img src="투명 위젯 이미지 URL" /></a>
```

여백 위젯 코드

```
<div style="height:위젯 세로 길이px;" />
```

위젯 세로 길이는 400~700 사이즈 권장 - 스크롤하지 않고 한눈에 블로그 홈화면을 볼 수 있어요!

투명 위젯 만드는 방법 [Pro 기능]

캔바를 열고 [디자인 만들기]에서 가로 170*세로 600으로 설정하여 [새 디자인 만들기]를 선택합니다. 사각형 도형을 추가하여 페이지 사이즈와 동일하게 사이즈를 키워줍니다. 색상은 원하는 대로 설정하길 바랍니다. 사각형의 투명도를 0으로 조절하고 [공유]→[투명 배경]을 클릭한 후에 PNG 파일로 내려 받습니다.(같은 방법으로 다양한 사이즈의 투명 위젯을 만들어 활용해 보세요.)

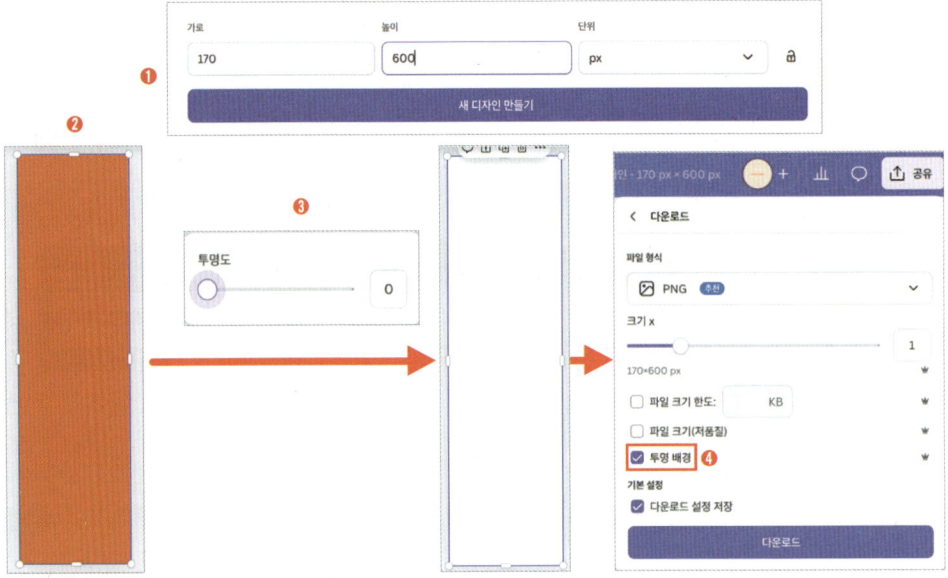

무료 버전 사용자는 마인드마인즈 블로그(blog.naver.com/mindminds_)에서 파일을 내려 받길 바랍니다.

* 홈페이지형 블로그 설정 방법은 마인드마인즈 유튜브 채널에서 영상으로 확인할 수 있습니다.
마인드마인즈 유튜브 채널: www.youtube.com/@mindminds

Lesson 11
차분하고 우아한 직관적인 레이아웃의
홈페이지형 블로그 스킨 디자인 | 무료

홈페이지형 블로그는 이미지, 메뉴 등을 통해서 블로그의 주제를 표현하고, 브랜드의 정체성을 나타내는 데 중요한 역할을 합니다. 직관적인 레이아웃과 우아한 느낌의 글꼴, 고품질의 사진을 활용하여 고급스러운 분위기를 연출하고, 신뢰감을 형성함으로써 브랜드 인지도를 높일 수 있습니다. 이러한 디자인은 비즈니스에서 포트폴리오, 예약하기, 고객 후기, 이벤트 등의 카테고리를 효과적으로 적용하여 마케팅 효과를 극대화할 수 있습니다.

레이아웃

완성작 2000*690 px

작업 포인트
- 차분하고 우아한 느낌의 색상
- 직관적인 메뉴 디자인

디자인 레시피
- 텍스트: Great Vibes(사이즈 68 | 색상 #000000)
  Libre Baskerville(사이즈 15 | 색상 #000000)
  210디딤고딕(사이즈 15 | 색상 #000000)
- 배경색: #ece7dc
- 원형 토링 색상: #9b93b9

01 차분한 느낌의 배경색과 우아한 글꼴

차분한 느낌의 배경색으로 설정한 후에 우아한 느낌의 글꼴인 **Great Vibes**로 블로그명을 작성합니다. 우아한 느낌과 잘 어울리는 글꼴인 **Libre Baskerville**, **210디딤고딕**으로 서브 타이틀을 작성합니다.

우아한 느낌의 영문 글꼴 추천:
Dancing Script, Alex Brush

02 우아한 느낌을 강조하고 직관적인 메뉴 디자인

우아한 느낌을 강조할 수 있게 원형 도형의 색상을 바꾸고, 직관적인 메뉴명을 작성합니다.

03 사진에 아날로그 감성의 필름 효과로 깊이감 조성

사진에 아날로그 감성의 필름 효과로 깊이감을 더하기 위해 **[앱]→[BadTV]→[Fuzz]** 필터를 적용합니다. 세부 설정은 사진에 맞춰서 개별 조정합니다.

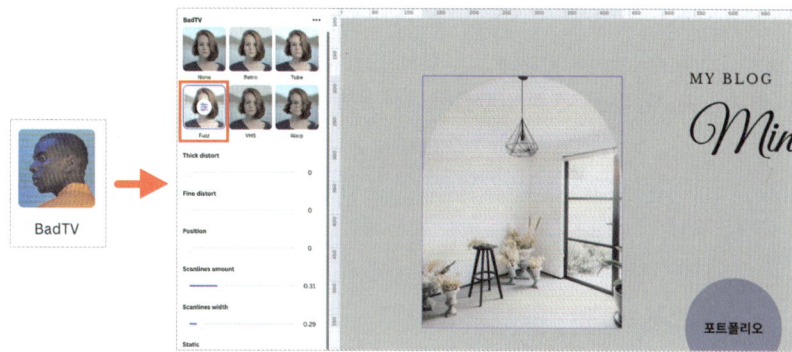

'예제_레이아웃2' 파일을 활용하여 다양한 스타일의 홈페이지형 블로그 디자인을 연습해 보세요.

Canva

Lesson 12 — 이미지 중심의 미니멀한 웹사이트 느낌의
홈페이지형 블로그 스킨 디자인 | 무료

이미지 중심의 미니멀한 홈페이지형 블로그는 시각적인 매력을 극대화하여 브랜드의 정체성을 효과적으로 강조하고, 사용자의 관심을 끌어냅니다. 좌측에 배치된 메뉴는 마치 하나의 웹사이트를 탐색하는 듯한 비주얼로 방문자가 쉽게 원하는 정보를 찾을 수 있는 역할을 합니다. 이러한 디자인은 쇼핑몰, 패션, 뷰티, 인테리어 등의 이미지가 중요한 비즈니스 분야에서 매우 유용하게 활용될 수 있습니다.

레이아웃

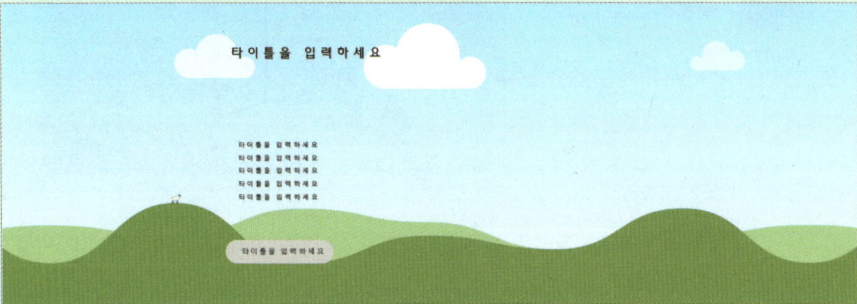

완성작 2000*690 px

작업 포인트
- 브랜드의 정체성에 맞는 이미지
- 전문적인 메뉴 구성

디자인 레시피
- 텍스트 : Open Sauce(사이즈 21, 11, 13 | 색상 #ffffff)
- 도형 색상 : #e7e2d7

01 브랜드의 정체성을 보여주는 매력적인 사진과 몽환적인 필터 적용

브랜드의 정체성을 보여주는 사진으로 배경을 설정한 후, 사진에 몽환적인 느낌의 필터를 적용합니다. [필터]→[아우라]를 적용하여 사진의 매력도를 한층 높여줍니다. 브랜드 느낌에 맞는 필터를 적용해 주세요.

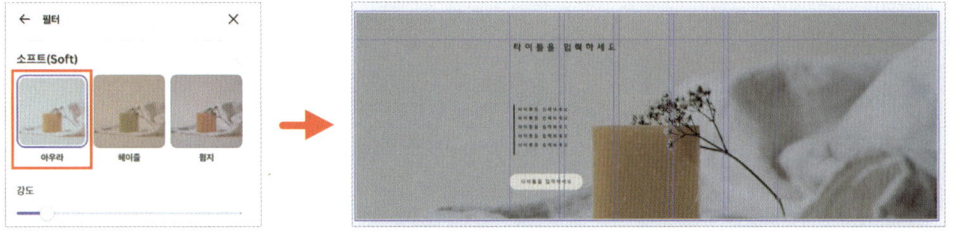

02 미니멀한 느낌의 로고 스타일 블로그명 디자인

미니멀한 느낌의 로고 스타일로 블로그명을 디자인하기 위해, 사각형 도형을 추가하고 테두리를 설정합니다(사이즈 5). 미니멀한 느낌에 어울리는 글꼴인 **Open Sauce**로 브랜드명을 작성합니다. 글자의 간격을 적당히 조정하여 미니멀한 느낌을 강조합니다.

Tips
미니멀한 느낌에 어울리는 글꼴 추천:
Poppins, Roboto

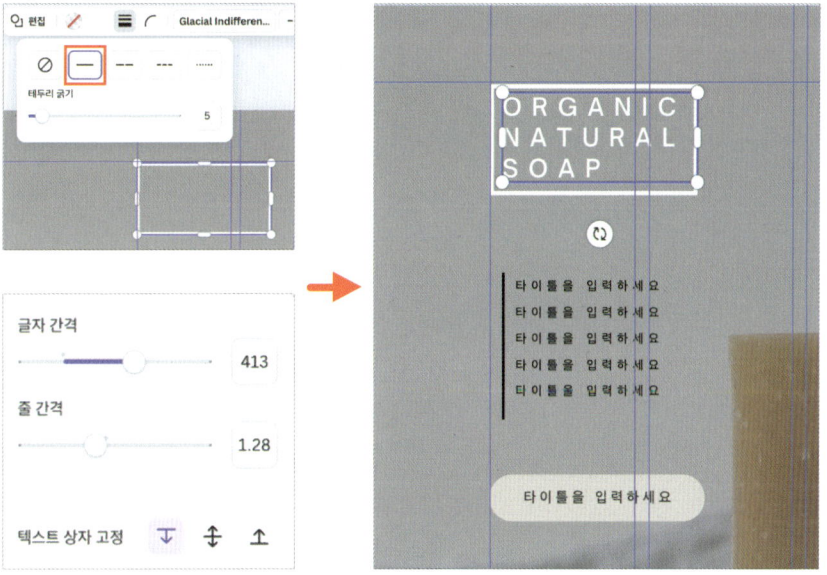

03 전문적인 메뉴 구성과 시선 집중 유도

좌측에는 전문적인 메뉴 구성으로 방문자가 쉽게 메뉴에 접근할 수 있도록 하고, 메뉴 앞에 세로로 긴 도형을 추가하여 자연스럽게 시선을 집중시킵니다.
메뉴 아래 바로가기 기능을 하는 도형과 화살표를 추가하여 사용자의 행동을 촉진합니다.

이미지 중심의 홈페이지형 블로그 디자인 시, 가이드라인을 활용하면 위젯의 범위 내에 메뉴를 구성하기 수월합니다. 레이아웃 템플릿 2페이지에 있는 레이아웃에 맞춰서 가이드를 설정한 후에 디자인하세요.

[파일]→[설정]→[눈금자 및 가이드 표시]를 체크합니다.

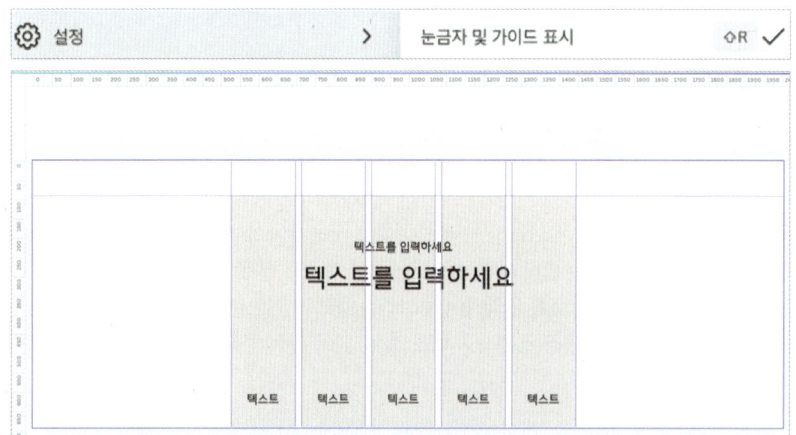

메뉴의 위치를 중앙으로 바꾸고 아이콘을 추가하여 응용해 보세요.

Canva

CHAPTER 5

유튜브

Lesson 01 시선을 강조하는 나만의 프레임이 있는
유튜브 썸네일

| 무료

유튜브 썸네일은 영상의 핵심을 한눈에 보여주고 사용자의 호기심을 자극하여 클릭을 유도하는 것이 중요합니다. 따라서 명확한 글꼴과 시각적인 포인트로 빠르고 쉽게 내용을 파악할 수 있도록 해야 합니다. 썸네일에 숫자를 기재하면 정보를 요약하여 보여주는 효과가 있으므로 참고하길 바랍니다. 이 디자인은 영상 클릭을 유도할 수 있으며 제품 소개나 서비스 홍보, 교육 콘텐츠 등 다양한 콘텐츠 마케팅에 효과적으로 활용할 수 있습니다.

레이아웃

완성작
1280*720 px

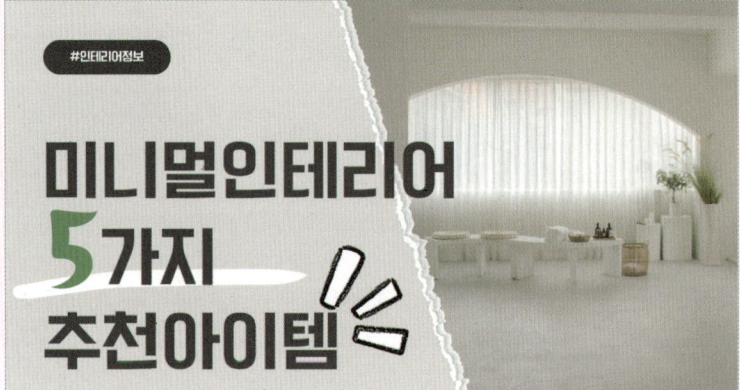

기본 레이아웃을 그대로 활용한 디자인은 단정한 느낌을 줄 수 있지만, 다소 밋밋합니다. 사진 프레임을 사선으로 바꾸고 시각적인 포인트를 추가하여 더 역동적이고 흥미로운 디자인으로 완성하면, 사용자의 관심을 끌 수 있습니다.

작업 포인트
- 시선을 강조하는 사선 프레임
- 정보를 정확하게 전달하는 명확한 글꼴과 시각적 요소

디자인 레시피
- 텍스트: 210 도시락(사이즈 89, 17 | 색상 #333130)
  210 미쓰리(사이즈 137 | 색상 #42894d)
- 배경색: #e3dedc
- 요소 검색어: Torn White Paper, Expression Mark, Emphasis Line

01 시선을 강조하는 사선 프레임 만들기

기존에 있던 사진 프레임은 삭제합니다. 사선 프레임을 만들기 위해 [앱]→[Frame Creator]를 차례로 선택하고 원하는 위치에 점을 찍어서 사선 모양의 프레임을 만듭니다. 만든 프레임은 [Create frame]을 클릭하여 완성하고 적당하게 크기를 조정한 후에 레이어를 [맨 뒤로 보내기] 설정합니다.

02 부드러운 배경색과 한눈에 들어오는 명확한 글꼴

프레임에 이미지를 넣고 배경색을 이미지와 어울리는 부드러운 색상으로 변경하여 전체적인 분위기를 부드럽게 합니다.
한눈에 들어오는 명확한 형태의 글꼴인 **210 도시락**으로 텍스트를 변경하여 제목을 작성합니다.

03 정보를 강조하는 시각적 포인트 요소

정보를 강조하기 위해 숫자 5의 글꼴을 **210 미쓰리**로 변경합니다. 시각적 포인트를 주어 시선을 모으기 위해, 찢어진 요소나 강조 표시, 밑줄 등의 그래픽 요소를 추가하여 꾸며줍니다.

유형별 썸네일 꾸미기 꿀팁 3가지

	이미지 중심의 디자인	사람 사진 중심의 디자인	텍스트+그래픽 중심의 디자인
예시 이미지			
주제	정보성 내용, 전문적인 내용을 다룰 때	강의나 토론, 교육 등	캠페인이나 음식 레시피, 제품 소개 영상
텍스트	TDTD 평고딕 | #ffffff	Black Han Sans | #ffffff	TDTD 와이드 | #2f8940
디자인 레시피	도형 요소를 하단 배너 형태로 디자인하여 정보 전달의 명확성을 우선시합니다.	배경색: #ffc544 배경색과 사람 사진의 대비를 통해 주목도를 높입니다. 요소 키워드: set:nAGJCl5rk1w(색상 변경 후 투명도 조절하여 사용)	주제와 어울리는 다양한 그래픽을 활용합니다. 중요한 정보는 요소로 강조하여 시각적 효과를 극대화합니다. 요소 키워드: set:nAFb7EgSmuU, 강조 표시

[Frame Creator]를 활용하여 개성 있는 나만의 사진 프레임으로 썸네일을 만들어 보세요.

Lesson 02
몰입감 있는 사진 프레임의
유튜브 썸네일

| Pro

사진 프레임을 활용하여 여러 이미지를 자연스럽게 연결하고 몰입도 있는 구조로 배치하면 시청자가 영상의 내용을 이해하는 데 도움이 됩니다. 여기에 인물 사진을 추가하면 콘텐츠의 주제를 더 생동감 있게 전달하며, 시청자가 어떤 경험을 할 수 있는지 직관적으로 파악할 수 있도록 합니다.

제목과 강조 요소는 시선을 끌고 가독성을 높여 시청자가 빠르게 내용을 이해할 수 있게 합니다. 이 디자인은 제품 소개나 교육 및 튜토리얼 등 다양한 콘텐츠에 효과적으로 활용할 수 있습니다.

레이아웃

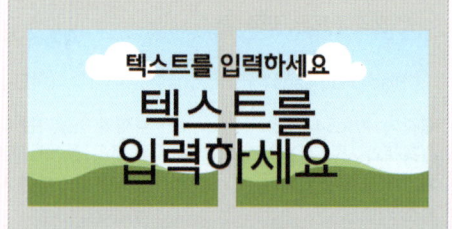

완성작
1280*720 px

작업 포인트
- 시각적으로 몰입감 있는 연결된 사진 프레임
- 시선을 끄는 제목과 강조 요소

디자인 레시피
- 텍스트: 210 나의동무 (사이즈 50 | 색상 #ffffff |
  효과: 들어올리기, 강도: 100)
  210 네버랜드 (사이즈 89 | 색상 #ffffff |
  효과: 들어올리기, 강도: 100)

01 사진 프레임을 시각적으로 연결해서 배치

기존에 있던 사진 프레임은 삭제합니다. [앱]→[Frame Maker]를 차례로 선택하고 사다리꼴 사진 프레임을 선택한 후, 점을 움직여서 모양을 만듭니다. 사진 프레임을 하나 더 만들어 시선이 자연스럽게 이어지도록 나란히 배치합니다.

02 주목도를 높이는 인물 사진 배치

주목도를 높이기 위해 인물 사진의 배경을 제거한 후, [편집]→[효과]→[그림자]→[개요]를 차례로 선택하여 테두리를 설정합니다.

03 시선을 끄는 글꼴로 제목을 작성하고 강조 요소 추가

시선을 끄는 글꼴인 **210 나의동무**와 **210 네버랜드**로 제목 텍스트를 각각 작성하고 [효과]→[들어올리기]를 강도 100으로 설정합니다.

제목을 강조할 수 있는 텍스트와 요소를 추가하여 디자인을 완성합니다.

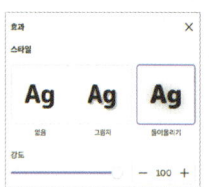

응용작 TIP 몰입감을 높일 수 있는 사진 프레임의 배치를 통해 다양한 유튜브 썸네일을 만들어 보세요.

시각적 매력이 돋보이는 레이어드 타이포그래피
유튜브 배너

| 무료

유튜브 배너는 사용자가 한눈에 채널의 특성을 파악하게끔 만드는 중요한 역할을 합니다. 시각적으로 매력적인 레이어드 타이포그래피를 사용하면 입체적인 느낌을 주면서 브랜드 이미지를 효과적으로 강조할 수 있어, 강한 인상을 줍니다. 이러한 디자인은 블로그 배너뿐만 아니라, 전단지나 포스터, 공연 티켓과 같은 인쇄물 디자인에도 활용할 수 있습니다.

레이아웃

텍스트   텍스트

완성작
2560*1440 px

작업 포인트

· 브랜드 이미지에 어울리는 텍스트 색상과 배경 이미지 선택
· 레이어드 타이포그래피 효과 만들기

디자인 레시피

· 텍스트: Antone | 사이즈 170 | 색상 #ffffff |
　효과: 할로우/50
· 레이어드 텍스트: Antone | 사이즈 170 |
　색상 #005ae0, #92b7d9 | 효과: 테두리/160
　요소 검색어: 노트북 목업, Smoke background

01 텍스트를 복제하여 브랜드에 어울리는 색상으로 설정

텍스트를 각각 입력하고 복제합니다. 글꼴은 **Antone**으로 설정합니다. 아래에 위치한 텍스트들은 브랜드에 어울리는 색상(#005ae0, #92b7d9)으로 각각 색상을 변경합니다.

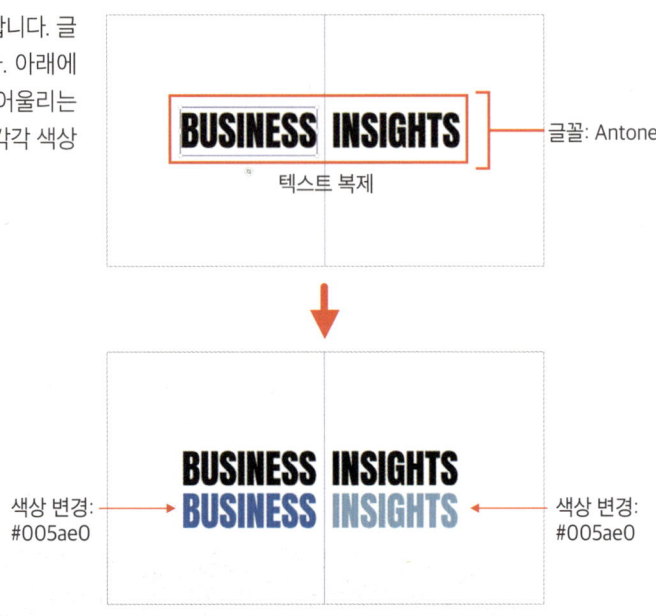

02 테두리 효과를 적용하여 텍스트의 두께감을 조절

아래에 위치한 텍스트들을 선택하여 [효과]→[테두리]를 차례로 클릭합니다. 테두리 두께는 160, 색상은 1단계에서 설정했던 텍스트 색상과 동일하게 설정합니다.

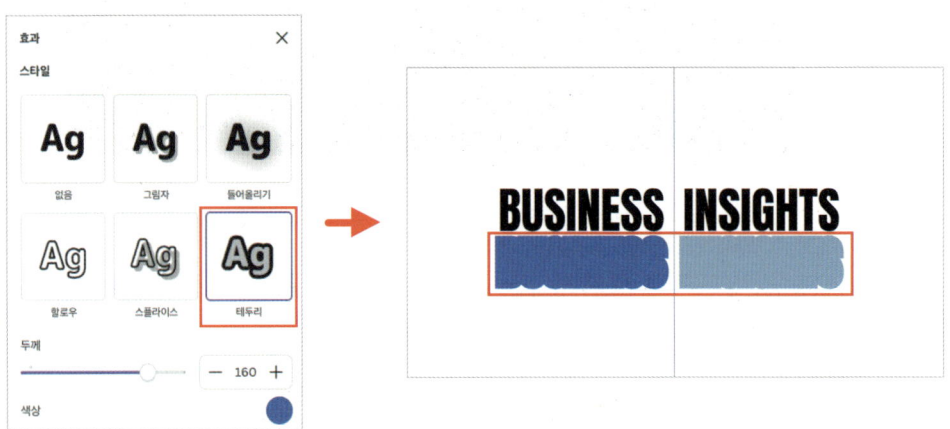

03 목업을 추가하고 레이어드 효과를 위해 레이어 위치 조정

디자인에 노트북 목업을 추가하고, [위치]→[레이어]를 선택하여 요소와 텍스트 레이어들의 순서를 그림과 같이 조정합니다. 2단계에서 [테두리] 효과를 적용한 텍스트들이 윗줄에 위치한 텍스트들의 뒤로 배치되어 레이어드되어 보입니다.

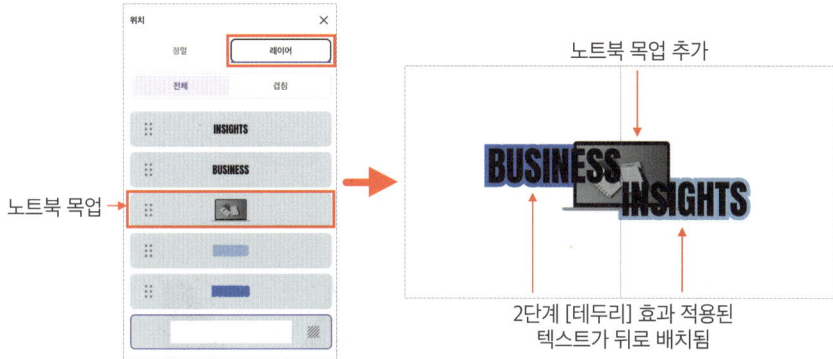

04 텍스트의 입체감과 대비감

앞에 있는 텍스트들은 입체감과 대비감을 주기 위해, 기존 색상이었던 검은색에서 흰색(#ffffff)으로으로 색상을 변경해줍니다. 그리고 [효과]→[할로우]를 적용합니다. 뒤에 배치된 텍스트에 기울임꼴을 적용하여 생동감을 더합니다.
적절한 배경 이미지를 넣어 완성합니다.

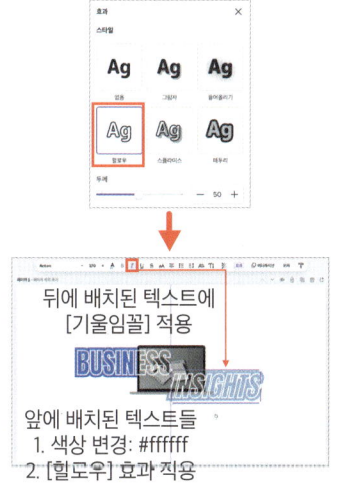

알파벳을 활용한
브랜드 로고 디자인

| 무료

유튜브 로고는 간결하고 쉽게 인식이 가능해야 하며, 복잡한 요소는 피하고 시각적으로 명확한 형태를 유지하는 것이 중요합니다. 알파벳으로 로고를 제작할 때는 브랜드 아이덴티티를 반영하여 브랜드의 다른 요소들과 색상, 글꼴, 스타일이 일관되도록 디자인해야 합니다. 이 디자인은 쇼핑몰이나 카페, 스튜디오 등 다양한 비즈니스 분야에 로고로 활용될 수 있습니다.

레이아웃　　　　　　　　　　**완성작** 1000*1000 px

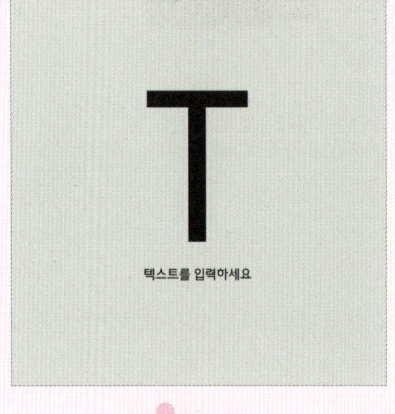

작업 포인트
- 브랜드 아이덴티티를 고려한 색상과 글꼴
- 시각적으로 명확한 형태 유지

디자인 레시피
- 텍스트: Raleway(사이즈 399, 25 | 색상 #000000 | 효과: 테두리 17)
- 배경색: #fffcf5

01 알파벳의 조화로운 배치와 테두리를 넣어 텍스트를 명확하게 보이도록 디자인

로고에 사용할 알파벳을 글꼴 **Raleway**로 작성한 후, 두 개의 알파벳을 조화롭게 배치합니다.
겹쳐진 부분이 명확하게 보이도록 [**효과**]→[**스타일**]→[**테두리**]를 차례로 선택하여 글자에 테두리를 추가합니다. 추후 설정할 배경색과 동일한 색상(#fffcf5)으로 테두리를 설정합니다.

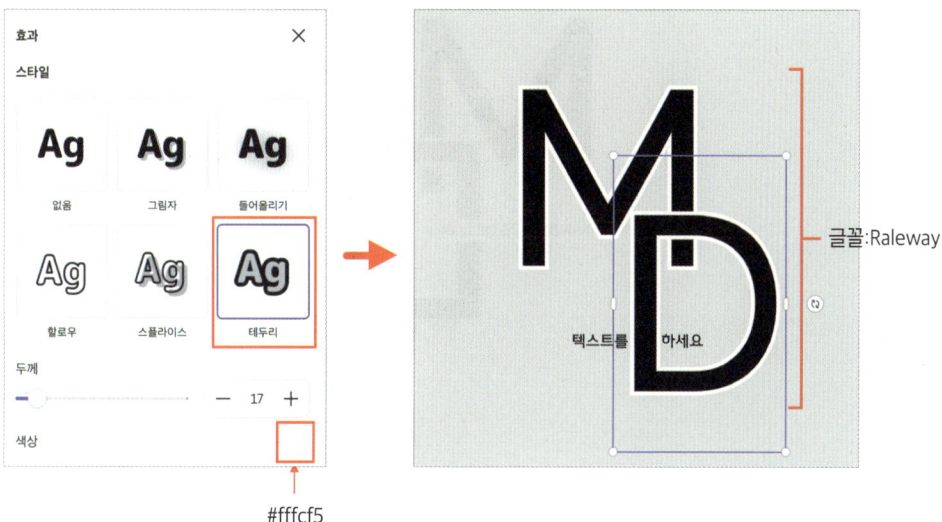

02 브랜드의 정체성을 뒷받침하는 브랜드명 작성

브랜드의 정체성을 뒷받침하는 브랜드명을 작성하기 위해 사각형 도형을 추가하고(색상: #fffcf5), 글꼴 **Raleway**로 브랜드명을 작성합니다.

Canva

03 브랜드 아이덴티티를 반영하여 배경색 설정

텍스트 테두리, 사각형 도형과 같은 색상으로 배경색을 설정합니다.

응용작 TIP 다양한 로고 디자인

글꼴과 배치를 다르게 활용한 로고 디자인 | 그래픽 요소와 캐릭터를 활용한 로고 디자인

PART 2   캔바 하나로 끝내는 비즈니스 이미지 디자인 A to Z   유튜브

여러 개의 영상을 빠르게 편집하여 자막을 추가한
유튜브 동영상

Pro
무료

시청자들은 긴 영상을 끝까지 보지 않는 경우가 많습니다. 이때 하이라이트 부분을 요약하여 핵심만 전달하면, 시청자의 관심을 끌고 필요한 정보만 빠르게 전달할 수 있습니다. 고품질의 영상과 함께 자연스러운 전환 효과 그리고 자막 및 내레이션 등을 추가하여 제작하면 시청자가 지루해하지 않고, 흥미롭게 영상을 시청할 수 있습니다. 이러한 형식은 기업이나 제품 소개, 튜토리얼 등 다양한 영상에 효과적으로 활용할 수 있습니다.

레이아웃

완성작 보기

완성작
1920*1080 px

작업 포인트
- 여러 개의 긴 영상에서 하이라이트 추출
- 자연스러운 전환 효과와 자막 생성

디자인 레시피
- 텍스트: KoPub 바탕체 | 사이즈 85 | 색상 #ffffff |
  효과: 타자기

01 여러 개의 긴 영상에서 하이라이트를 추출하여 요약

사용할 영상을 준비하고 **[편집]→[하이라이트]**(Pro 기능)를 선택하면 자동으로 영상의 중요한 부분이 요약되는데, 여기서 사용할 부분만 선택합니다. 하나의 영상에서 사용할 영상을 여러 개 선택할 수도 있습니다. 같은 방법으로 나머지 영상의 하이라이트 부분도 추출하여 전체적인 영상을 요약합니다.

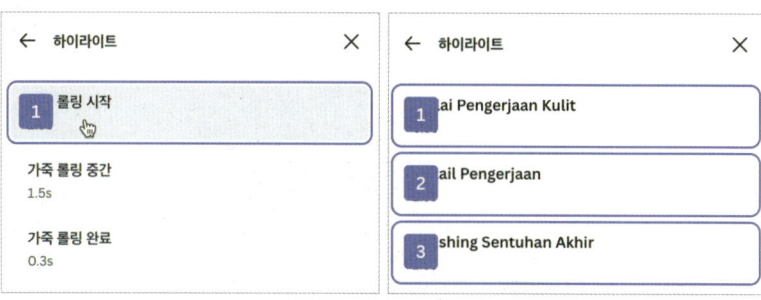

Tips

무료 사용자는 상단 툴바에서 [다듬기]를 선택한 후에 필요한 부분만 조절하여 편집해 주세요.

02 영상에 정보를 더하는 내레이션을 삽입

영상에 음성이 담겨 있다면, 이 과정은 생략합니다.
영상에 정보를 더하기 위해 **[업로드 항목]→[파일 업로드]**를 차례로 선택한 후에 내레이션 음성 파일을 불러옵니다.(* 음성 파일은 미리 녹음해서 준비해 주세요).
내레이션 길이에 맞춰서 영상의 위치를 드래그하여 앞, 뒤로 변경하거나 영상 길이와 동일하게 조절합니다.

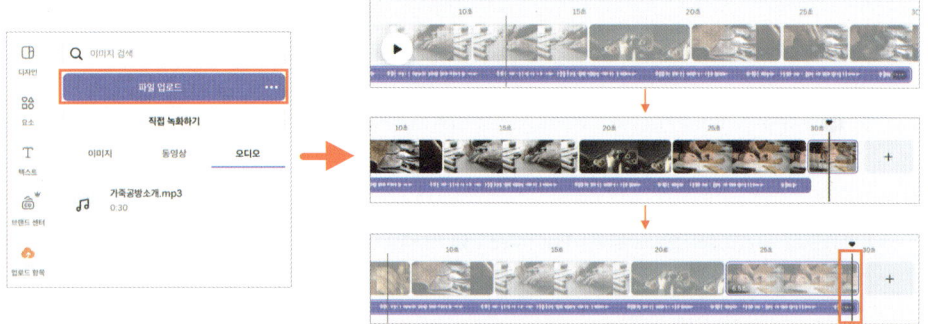

03 캡션 보기 설정으로 음성을 자막으로 자동 생성

[파일]→[접근성 및 편의시설]→[미디어에 보기 전용 캡션 표시]를 차례로 선택합니다. 선택하면, 자동으로 캡션이 표시됩니다.(* 음성이 있는 영상이거나, 음성 파일을 첨부하여 편집한 경우에 해당됩니다.)

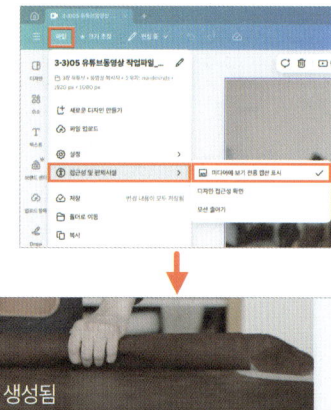

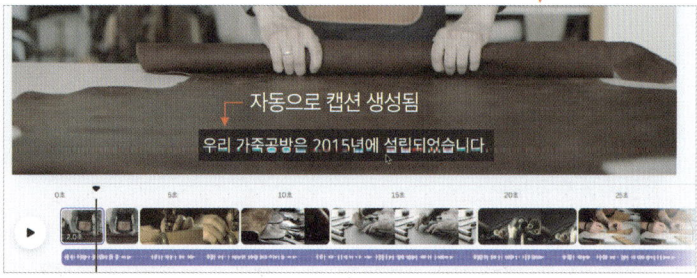

다른 방법도 있습니다. 영상을 마우스 우클릭하고 [보기 전용 캡션 표시]를 선택하면 자동으로 자막이 생성됩니다.

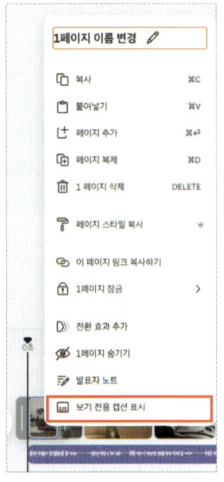

04 영상의 자연스러운 흐름을 위한 전환 효과

영상을 마우스 우클릭한 후에 [전환 효과 추가]를 선택합니다. 전환 효과는 자유롭게 설정해 주세요. 단, 영상 간 자연스럽게 흐름이 전환될 수 있도록 설정해야 합니다.

Tips
자연스러운 화면 전환 효과:
흐름, 디졸브, 선으로 닦아내기

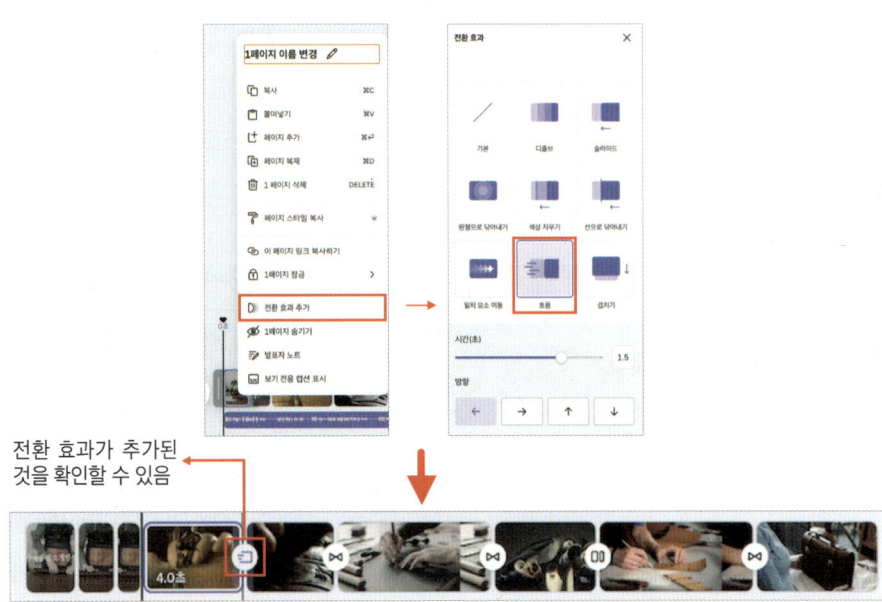

전환 효과가 추가된 것을 확인할 수 있음

영상과 영상 사이에 마우스를 가져가면 뜨는 **[전환 효과 추가]** 아이콘을 클릭해도 화면 전환 효과를 설정할 수 있습니다.

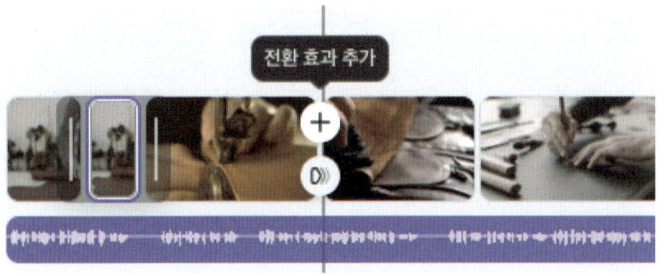

05 텍스트가 한 글자씩 등장하게 설정하고 오디오를 추가하여 영상 완성

영상의 첫 페이지에 영상과 어울리는 글꼴인 **KoPub 바탕체**로 영상의 제목을 입력합니다. 한 글자씩 제목이 나타나게 하기 위해 [효과]→[타자기]를 적용합니다.
[요소]→[오디오]를 차례로 선택하여 영상에 어울리는 음악을 삽입하고 영상의 길이에 맞게 오디오의 길이를 조절합니다.
영상과 음성, 음악의 전체적인 조화를 확인하고 최종 점검하여 저장합니다.

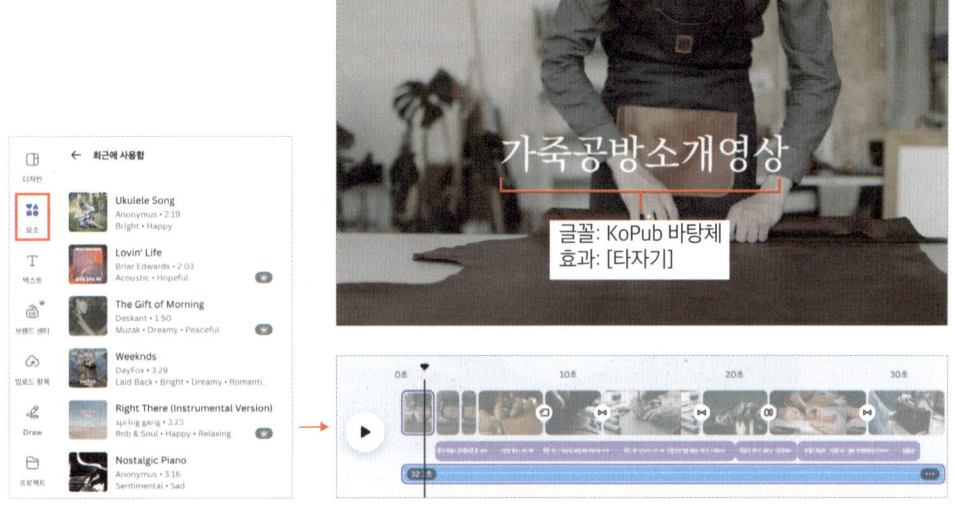

Lesson 06 글자가 펼쳐지는
모션 그래픽 인트로 동영상 | 무료

유튜브 인트로 동영상은 짧은 시간 안에 채널의 주제나 분위기를 전달하고 시청자에게 긍정적인 인상을 남겨야 합니다. 인트로는 5~10초 이내로 짧아야 하며, 흥미를 유도하는 애니메이션이나 시각적인 임팩트를 강조하는 것이 좋습니다. 브랜드의 프로모션이나 이벤트, 그리고 짧은 클립 영상 등 다양한 용도로 효과적으로 활용할 수 있습니다.

[레이아웃]

완성작 보기

[완성작]
1920*1080 px

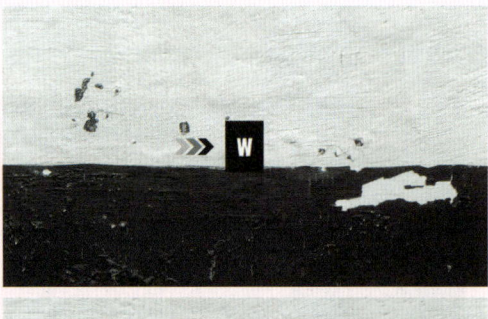

작업 포인트
- 짧은 시간 내 매력적인 화면 전환 효과
- 동적인 시각적 임팩트

디자인 레시피
- 텍스트: Antone (사이즈 72 | 색상 #ffffff)
- 요소 검색어: Animated

01 텍스트가 있는 도형을 복제하여 중요한 메시지를 전달하는 문구 작성

텍스트가 있는 도형을 여러 개 복제하여 중요한 메시지를 전달하기 좋은 글꼴인 **Antone**으로 'welcome' 문구를 작성하여 적당한 간격으로 가운데 정렬합니다.

02 페이지를 복제하고, 텍스트는 가운데 정렬

현재 페이지(1페이지가 됩니다)에서 마우스 우클릭하여 페이지를 1개 복제해서([**페이지 복제**] 클릭) 2페이지를 만듭니다. 그 다음, 1페이지에 있는 텍스트를 모두 선택하여 가운데 정렬합니다.
이때, [**위치**]→[**레이어**] 패널을 보고 텍스트를 위부터 아래로 순서를 맞춰 배치합니다.

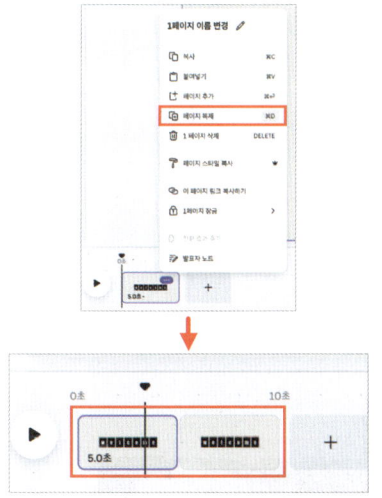  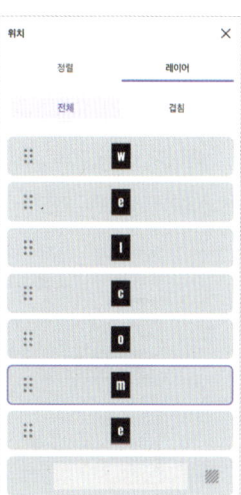

03 글자가 펼쳐지는 전환 효과와 빠른 전환을 위한 시간 조절

글자가 펼쳐지는 효과를 주기 위해 1페이지에서 마우스 우클릭하여 **[전환 효과 추가]→[일치 요소 이동]**을 설정합니다.

페이지 간의 빠른 전환을 위해 1페이지의 재생 시간은 1.4초로 조정합니다.

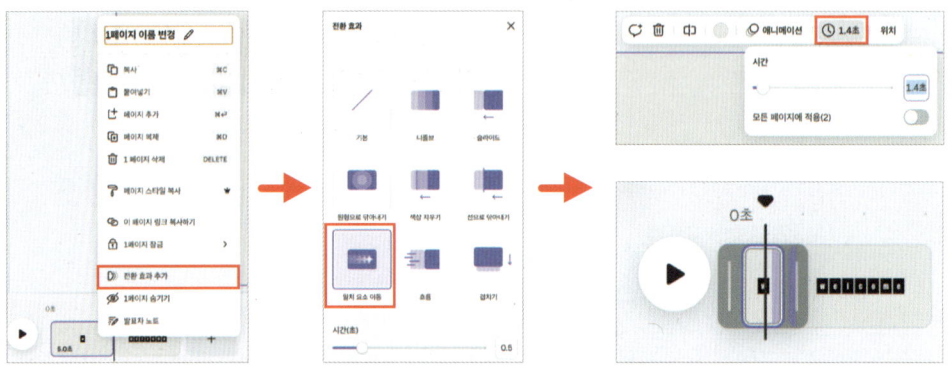

04 매력이 돋보이는 배경 추가 및 애니메이션 효과

매력이 돋보이는 배경 이미지를 모든 페이지에 추가하고 페이지 사이즈에 맞춰 키워줍니다.
그리고 다음과 같이 애니메이션 효과를 적용합니다.

- **1페이지 배경**: [애니메이션]→[브러시]→[들어갈 때]
- **2페이지 배경**: [애니메이션]→[디지털]→[들어갈 때]

애니메이션 효과는 원하는 느낌에 맞춰서 자유롭게 설정해 주세요.

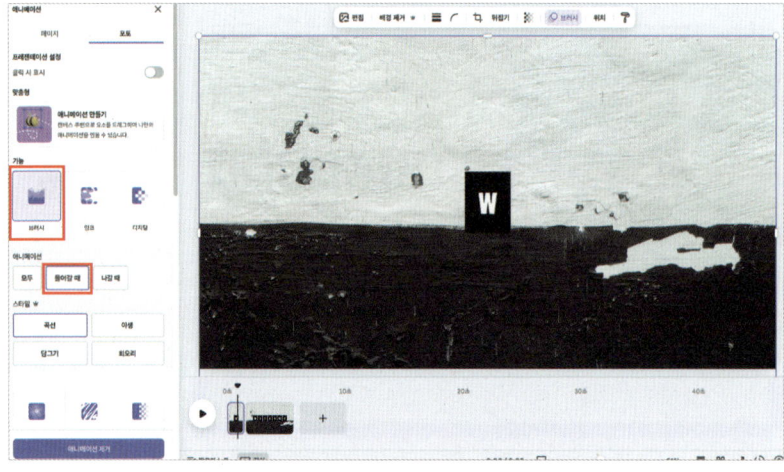

05 동적인 시각적 임팩트를 위한 모션 그래픽 장식 추가

동적인 시각적 임팩트를 위해 각 페이지에 다음과 같이 도형 요소를 추가하고 애니메이션을 설정합니다.

- **1페이지**: 화살표 모양의 도형을 3개 추가하여 사이즈를 줄이고, 각각 색상을 다르게 하여 [애니메이션]→[파노라마]→[들어갈 때]를 적용합니다.

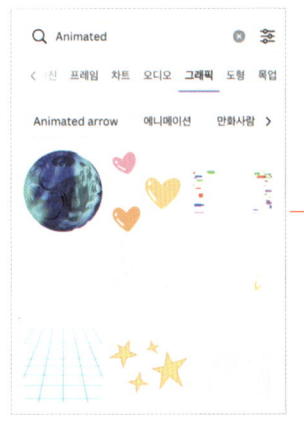 

- **2페이지**: 동적인 느낌의 움직이는 그래픽(요소 검색어: Animated)을 추가하여 중앙에 배치합니다.

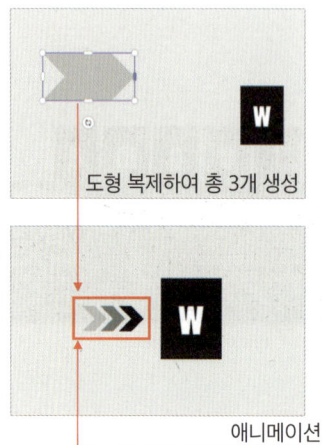
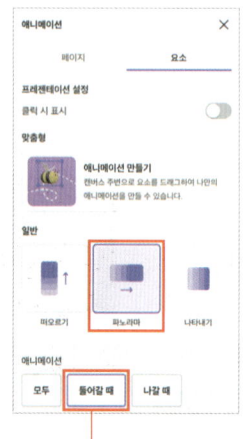

응용작 TIP

페이지의 순서를 바꿔서 글자가 모아지는 영상으로 응용해 보세요.

완성작 보기

PART 2   캔바 하나로 끝내는 비즈니스 이미지 디자인 A to Z   - 유튜브 -

스크랩북 디자인의
유튜브 아웃트로 동영상 | Pro 무료

유튜브 아웃트로 동영상은 영상 말미에 구독, 좋아요, 댓글 등을 유도하여 시청자와의 상호작용을 증가시키는 역할을 합니다. 스크랩북 디자인의 아웃트로는 시청자에게 감성적이고 친근한 느낌을 주고, 개성 있게 디자인된 영상은 오랫동안 기억에 남게 됩니다.

레이아웃

완성작 보기

완성작
1920*1080 px

직업 포인트
- 아날로그 느낌의 친근한 디자인
- 크리에이티브한 애니메이션

디자인 레시피
- 텍스트: Glacial Indifference(사이즈 25 | 색상 #4e342e | 효과: 곡선 42)
  Horizon(사이즈 28 | 색상 #4e342e)
  210 어린아이(사이즈 40 | 색상 #000000)
- 요소 검색어: Crumpled Paper, Paper | 꽃 요소 키워드: set:nAFG0lOdqpw, set:nAΓMRzd8uY

01 따뜻한 아날로그 느낌의 종이 배경과 친근한 느낌의 사진 프레임

기존에 있던 원형 사진 프레임은 삭제합니다. 따뜻한 아날로그 느낌의 종이 이미지를 배경으로 설정하고, 친근한 느낌의 종이 프레임으로 사진 프레임을 변경합니다.

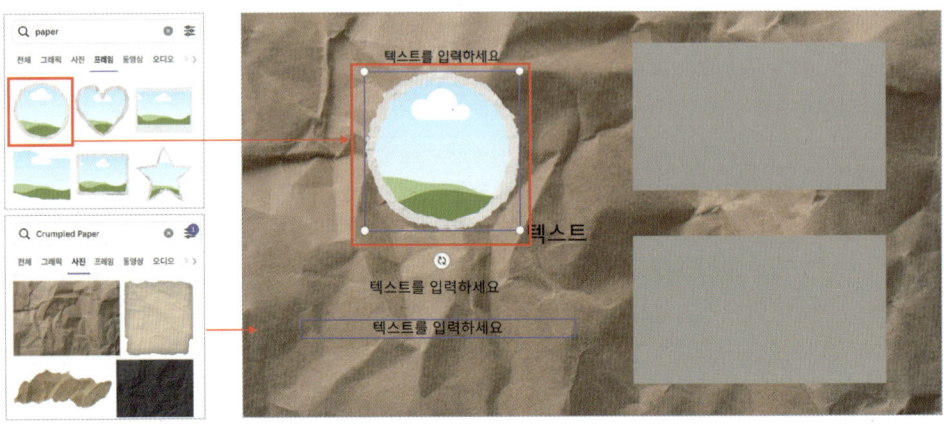

02 정돈된 느낌의 글꼴과 따뜻하고 친근한 느낌의 글꼴 간 조화

정돈된 느낌의 글꼴인 **Glacial Indifference**로 텍스트를 작성한 후, [효과]→[도형]→[곡선]을 차례로 선택합니다. 사진 프레임을 둥글게 감싸도록 만들어 줍니다.
띠뜻하고 친근한 느낌의 글꼴인 **Horizon**으로 텍스트를 작성한 후, 살짝 회전하여 생동감 있게 표현합니다. 친근한 느낌을 강조하기 위해 손글씨 글꼴인 **210 어린아이**로 텍스트를 작성하여 추가합니다

Tips
따뜻하고 친근한 느낌의 글꼴 추천:
Comfortaa, Lobster, 210 나의동무

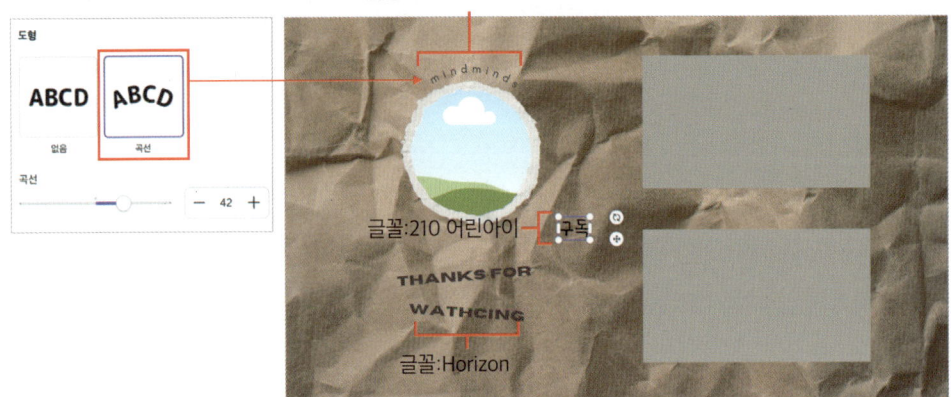

03 감성적이고 빈티지 느낌이 나는 장식 요소 추가

감성적이고 빈티지 느낌이 나는 장식 요소를 추가하여 페이지를 꾸며주고, 사각형 도형은 분위기에 어울리는 색상(#f5edd9)으로 변경합니다.

04 크리에이티브한 느낌의 애니메이션으로 개성 있게

크리에이티브한 느낌의 애니메이션을 적용하기 위해, 페이지의 모든 요소를 선택하고 [애니메이션]→[페이지]→[Magic Animate](Pro 기능)→[핸드메이드]를 차례로 선택합니다.

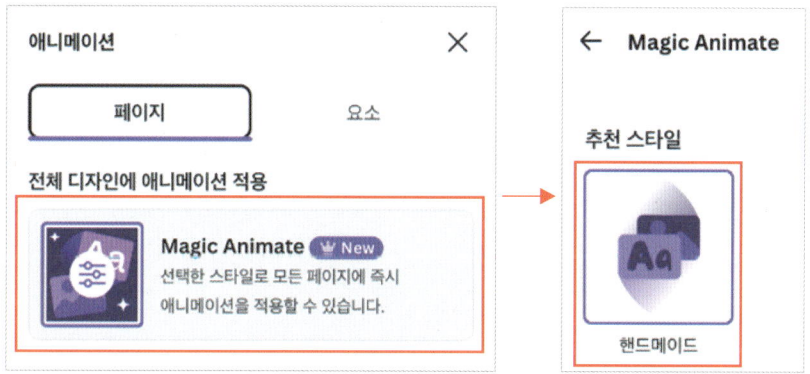

Canva

응용작 TIP 레이아웃과 분위기를 바꿔서 모던하고 시크한 느낌의 영상으로 응용해 보세요.

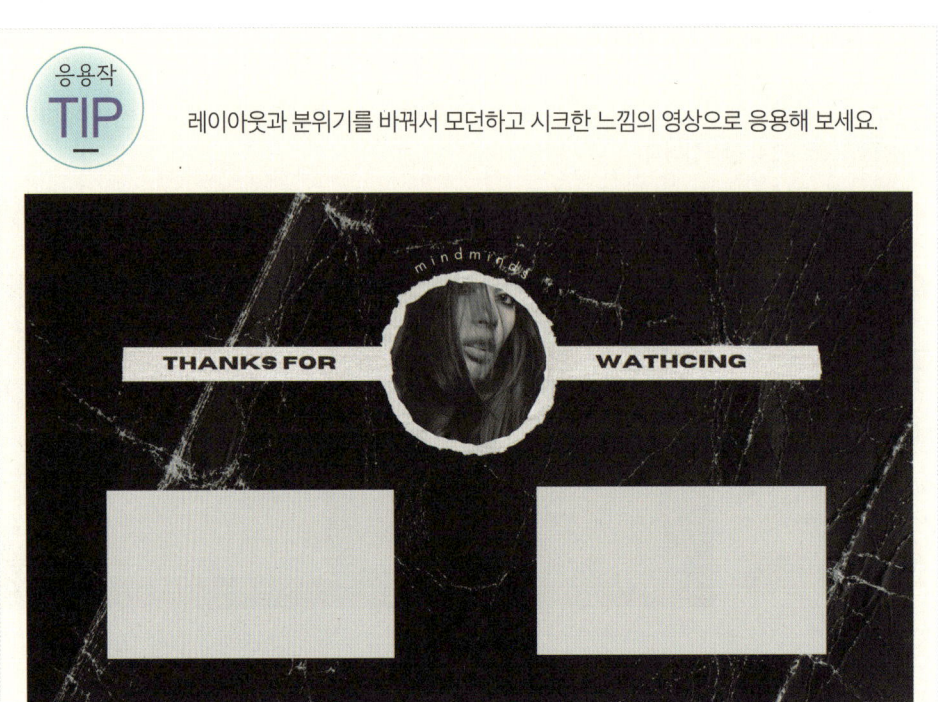

CHAPTER 6

쇼핑몰

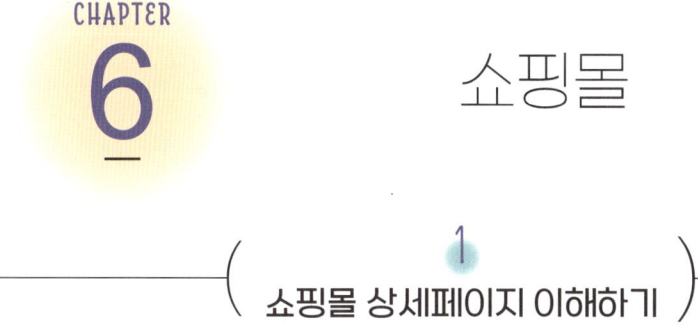

1 쇼핑몰 상세페이지 이해하기

상세페이지는 소비자가 제품을 구매하기 전, 가장 많은 정보를 얻고 제품의 특장점이나 사용 방법 등을 파악하는 용도입니다. 소비자의 구매 결정을 촉진하는 중요한 마케팅 수단이라고도 할 수 있습니다. 잘 디자인된 상세페이지는 소비자에게 신뢰감을 주고 브랜드 이미지를 강화하는 역할을 합니다.

효과적인 쇼핑몰 상세페이지 디자인을 위한 구성 요소 4단계

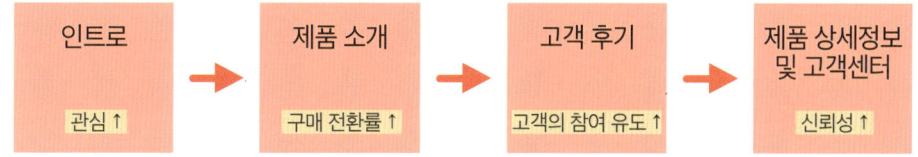

1. 인트로 Intro

쇼핑몰 상세페이지의 인트로는 제품의 첫인상을 결정짓는 중요한 부분입니다. 간단한 제품 소개와 소비자의 관심을 끌 수 있는 고화질 이미지가 담겨야 하며, 제품의 핵심 가치를 강조하고 소비자가 페이지를 계속 보고 싶게 만들어야 합니다.

2. 제품 소개: 구매 전환율 ↑

소비자가 제품에 대한 정보를 쉽게 이해할 수 있도록 다양한 각도의 이미지와 실제 사

용 모습을 보여주는 부분입니다. 제품이 지닌 장점과 기능을 강조하여 소비자가 왜 이 제품을 선택해야 하는지를 명확히 이해시켜야 하고, 구매로 전환할 수 있도록 구성해야 합니다.

3. 고객 후기: 고객의 참여 유도 ↑

고객 후기는 다른 소비자들의 경험을 보여줌으로, 소비자가 제품에 신뢰감을 갖게 만드는 중요한 요소입니다. 긍정적인 리뷰를 강조하고, 다양한 실제 고객의 목소리를 통해 제품에 대한 신뢰를 구축합니다. 고객 후기를 시각적으로 잘 정리하고 평점을 드러내는 것이 중요합니다. 고객들이 참여할 수 있는 이벤트나 혜택을 함께 소개하여 참여율을 높이는 것도 효과적입니다.

4. 제품 상세정보 및 고객센터: 신뢰성 ↑

상세페이지의 마지막 부분에서는 제품 정보를 간결하게 정리하여 소비자가 제품 정보를 한눈에 파악할 수 있도록 합니다. 고객센터 정보(연락처, A/S 안내 등)를 제공하여 제품에 문의사항이 있을 때 쉽게 접근할 수 있게 합니다. 소비자의 궁금증을 빠르게 해결할 수 있다는 점만으로도 신뢰성을 높일 수 있습니다.

이러한 구성 요소를 짜임새 있게 준비하여 디자인하면, 소비자가 제품에 대한 충분한 정보를 얻고 긍정적인 구매 경험을 하는 효과적인 상세페이지를 만들 수 있습니다.

이 책에서는 인트로, 제품 소개와 제품 특장점, 고객 후기, 상세정보 및 고객센터 정보로 나눠 디자인 방법을 소개합니다.

5개의 Lesson을 통해 브랜드 아이덴티티와 제품의 특성에 맞게 효과적으로 디자인하는 방법을 배우고, 쇼핑몰 운영에 적용할 수 있는 실질적인 노하우를 얻을 수 있을 것입니다.

고화질 제품 사진과 간결한 메시지를 담은
인트로 디자인

| 무료

쇼핑몰 상세페이지의 인트로는 제품에 대한 첫인상을 결정짓는 중요한 요소입니다. 소비자가 제품에 대한 관심을 가지도록 유도하며, 구매 결정을 내리는 데 큰 영향을 미칩니다. 따라서 브랜드 이미지와 제품의 특성을 효과적으로 전달할 수 있는 고화질의 제품 사진과 간결한 메시지를 통해 소비자가 신속하게 정보를 이해할 수 있도록 디자인하는 것이 중요합니다. 이 디자인은 패션, 뷰티, 가구, 식음료 등 다양한 제품 소개 페이지에 활용할 수 있습니다.

레이아웃

완성작 860*1100 px

작업 포인트
- 제품을 한눈에 확인할 수 있는 고화질 사진
- 신속하게 정보를 이해할 수 있는 간결한 메시지

디자인 레시피
텍스트: YD윤체(사이즈 40(굵게), 28 | 색상 #ffffff)

01 제품을 한눈에 확인할 수 있는 고화질 사진

제품을 한눈에 확인할 수 있는 고화질 사진을 배경으로 설정합니다.

웹용 이미지는 일반적으로 72DPI 해상도로, 1200*1200 픽셀 이상의 크기를 사용하는 것을 추천합니다.

02 신속하게 정보를 확인할 수 있는 간결한 메시지와 글꼴

브랜드의 제품과 어울리는 간결한 느낌의 글꼴인 **YD윤체**로 브랜드명을 작성하고, 신속하게 정보를 확인할 수 있는 간결한 메시지를 담은 슬로건 문구를 작성합니다.

간결한 느낌의 글꼴 추천:
Noto Sans, Lato

03 자연스럽게 시선을 끌고 이미지에 균형감을 주는 점선 장식 추가

브랜드명과 슬로건 사이에 점선 장식(선 두께 4)을 추가합니다.

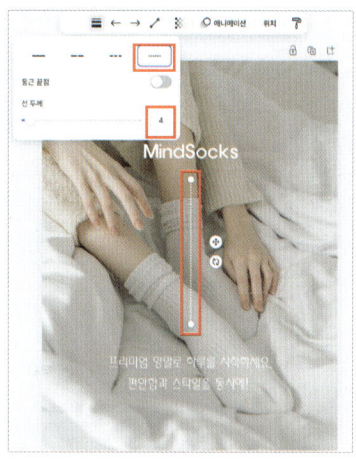

다양한 레이아웃의 응용작

Lesson 02
다양한 각도의 사진과 흥미로운 배치의
제품 소개 페이지

| 무료

쇼핑몰 상세페이지의 제품 소개 페이지는 소비자가 제품에 대한 정보를 쉽게 얻어갈 수 있어야 합니다. 따뜻하고 편안한 분위기와 다양한 각도의 제품 사진은 소비자에게 제품의 실제 모습을 생생하게 전달하며, 제품에 대한 이해와 신뢰감을 높입니다. 시각적으로 흥미롭게 사진을 배치하면, 소비자가 자연스럽게 시선을 이동하며 살펴볼 수 있습니다. 이 디자인은 의류나 액세서리, 리빙 아이템, 선물용 제품에도 효과적으로 활용될 수 있습니다.

레이아웃

완성작
860*1100 px

작업 포인트
- 다양한 각도의 제품 사진
- 흥미로운 사진 배치

디자인 레시피
- 텍스트: YD윤체 (사이즈 28(굵게), 22 | 색상 #000000)
- 배경색: #fcf9f4
- 요소 검색어: Watercolor Illustration of Wool, Ink brush Stroke

01 제품을 쉽게 이해할 수 있는 다양한 각도의 제품 사진

다양한 각도의 제품 사진을 사진 프레임에 넣습니다.

02 시선을 끄는 흥미로운 사진 배치와 따뜻하고 아늑한 느낌의 테두리

사진을 회전시켜 배치하여, 시선을 끌고 흥미를 유발합니다. 따뜻하고 아늑한 느낌을 위해 사진 프레임에 테두리를 설정합니다(굵기 13 | 색상 #e0ddde).

사진에 있는 색상 중 하나로 테두리의 색상을 지정하면 조화롭게 디자인할 수 있습니다.

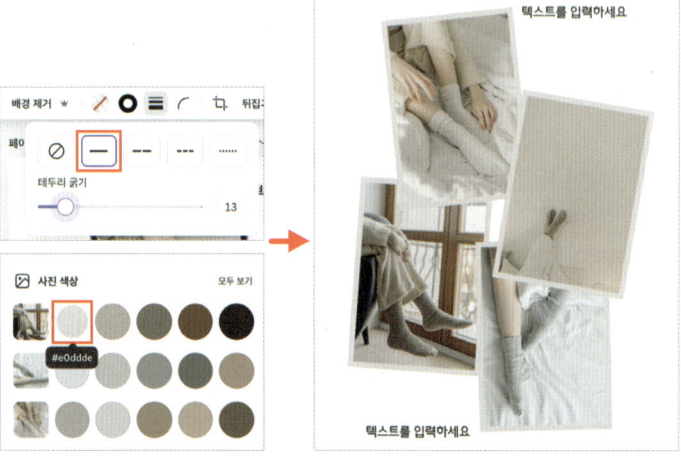

03 따뜻한 느낌의 배경과 수채화 일러스트 요소 배치로 포근하게

따뜻한 느낌의 배경색과 수채화 일러스트 요소를 추가하여 포근한 느낌을 더해줍니다.

← 배경색 변경: #fcf9f4 →

 ## 움직이는 이미지 (GIF)로 저장

페이지마다 1장의 이미지와 텍스트를 넣고, 재생 시간은 1.0초 이내로 설정합니다. **[공유]→[GIF]** 파일로 저장합니다.

GIF 파일은 이미지 파일 형식 중 하나로, 크기가 클수록 로딩 속도가 느려집니다. 특히 인터넷 속도가 느린 환경에서는 큰 파일이 로딩되는 데 시간이 오래 걸립니다. 적절한 해상도와 파일 크기를 선택하여 최적화된 GIF 파일로 저장하면, 이미지 품질을 유지하면서도 로딩 속도를 빠르게 할 수 있습니다. (pro 버전은 저장 시, 파일의 크기를 조정할 수 있습니다.)

 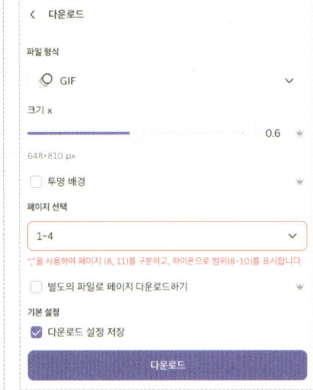

완성작

Lesson 03
제품의 장점과 특징을 보기 쉽게 디자인한
제품 특장점 페이지

| 무료

제품의 특장점을 소개하는 페이지에서는 제품의 핵심 특징과 소재, 장점 등을 명확하게 전달하는 것이 중요합니다. 소비자가 주요 특장점을 빠르게 이해하고 구매 결정을 내리는 데 필요한 정보를 효과적으로 보여줘야 합니다. 또한, 제품의 분위기와 어울리는 아이콘이나 그래픽 등을 사용하여 일관성을 유지하는 것이 좋습니다. 이 디자인은 다양한 제품 소개에 효과적으로 활용될 수 있습니다.

레이아웃

완성작
860*1100 px

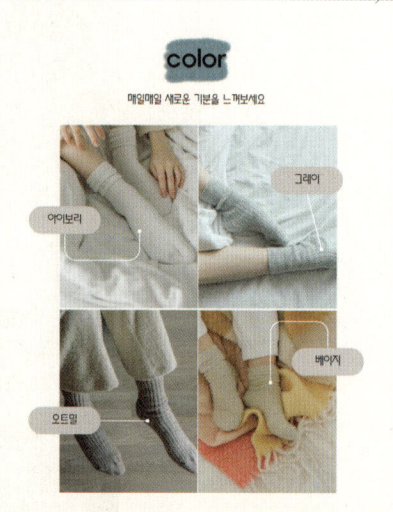

작업 포인트
- 제품의 장점과 특징을 이해하기 쉽게 설명
- 제품의 분위기에 맞는 요소 선택

디자인 레시피
- 텍스트: YD윤체(사이즈 40(굵게), 25, 19 | 색상 #000000)
- 배경색: #fcf9f4
- 요소 검색어: Fur Texture

01 적절한 사진을 추가하여 제품의 장점과 특징을 이해하기 쉽게 구성

제품의 장점과 특징을 알 수 있는 사진을 추가하고 내용은 동일한 글꼴인 **YD윤체**로 작성합니다. 이때 제품의 사용법과 색상, 소재 등을 강조하여 이해하기 쉽게 작성하는 것이 중요합니다.

02 빠른 이해를 위해 텍스트와 사진을 선으로 연결

텍스트와 사진 사이에 선을 추가합니다. 선 유형을 꺾인 선으로 하여 제품과 색상 텍스트를 연결해 주고, 선의 시작점 모양을 바꿔줍니다.
(* 꺾인 선 사용법은 Chapter 8. 프레젠테이션-Lesson 07의 디자이너 Tip 부분을 참고하세요.)
도형의 색상을 사진의 분위기와 어울리는 색상(#d7ccc9)으로 변경하여 전체적인 흐름을 자연스럽게 만듭니다.

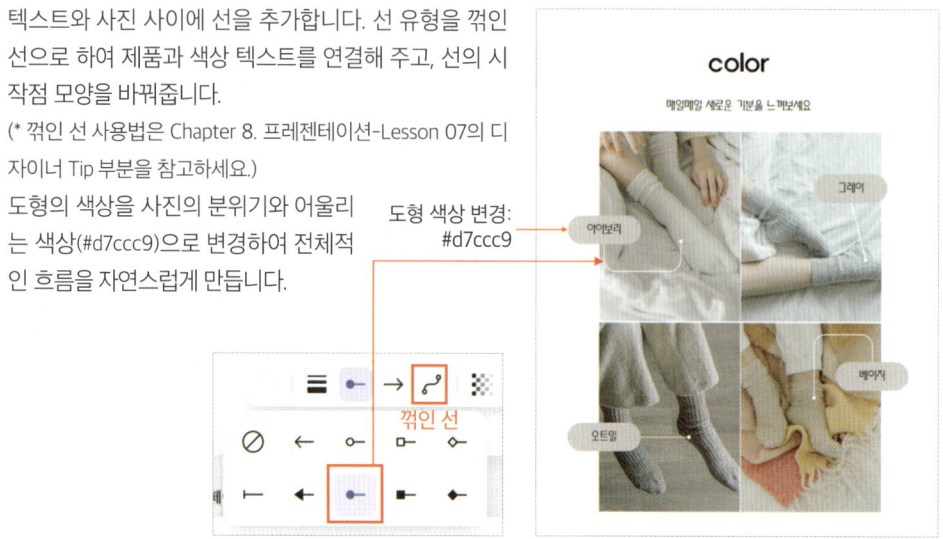

03 제품의 분위기에 맞게 따뜻한 느낌의 포인트 요소와 통일감 있는 배경색

제품의 분위기에 맞게 따뜻한 느낌의 포인트 요소를 추가하여 제목 뒤에 배치하고, 전체적으로 통일감 있게 배경색을 설정합니다.

 응용작 TIP

다양한 레이아웃의 응용 작품

레이아웃

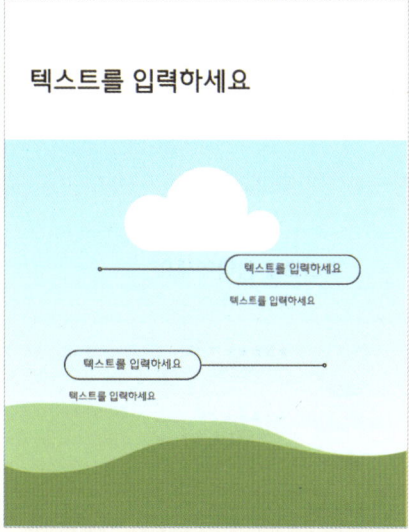

완성작

Canva

신뢰도를 높이는
고객 후기 페이지

| 무료

고객 후기는 다른 소비자들에게 제품에 대한 신뢰를 제공하고, 브랜드에 대한 긍정적인 이미지를 강화합니다. 실제 사용 모습을 보여주는 사진과 고객의 의견을 통해 신뢰성을 높이고, 고객의 이야기를 통해 다른 소비자들이 감정적으로 연결될 수 있어 구매 결정에 도움을 줍니다. 이 디자인은 고객의 참여를 높이는 이벤트와 연결해서 마케팅에 활용될 수 있습니다.

작업 포인트
- 신뢰도를 높이는 실제 사용 사진
- 긍정적인 경험을 강조한 텍스트

디자인 레시피
- 텍스트: YD윤체(사이즈 40(굵게), 16 | 색상 #000000)
- 배경색: #fcf9f4
- 요소 검색어: Fur Texture

01 신뢰도를 높이는 실제 사용 사진 배치

고객의 실제 사용 사진을 첨부하고, 사진의 경계를 부드럽게 하기 위해 테두리 색상과 굵기를 변경합니다(테두리 색상 #eee8df | 굵기 4).

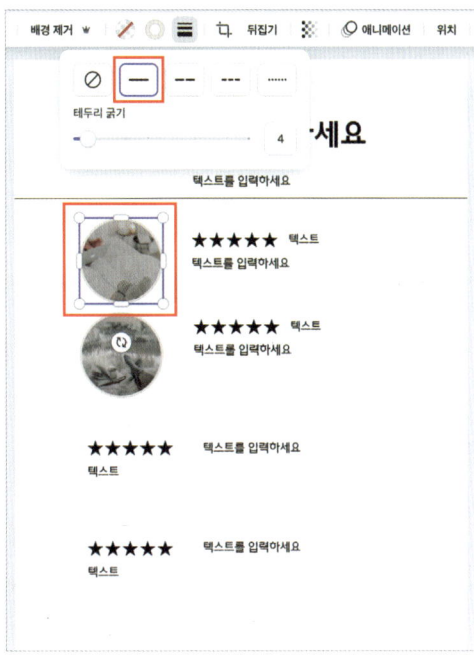

02 긍정적인 경험을 강조하는 텍스트

고객의 긍정적인 경험을 강조하는 내용을 텍스트로 작성합니다.

03 소비자와 소통을 강조하고 시각적으로 돋보일 수 있도록 말풍선 추가

[요소]→[도형]을 차례로 선택하고 말풍선 요소를 추가합니다. 색상은 투명으로, 테두리 굵기는 4로 설정합니다. 다른 페이지와의 일관된 느낌을 위해 배경색(#fcf9f4)과 요소를 추가하여 완성합니다.

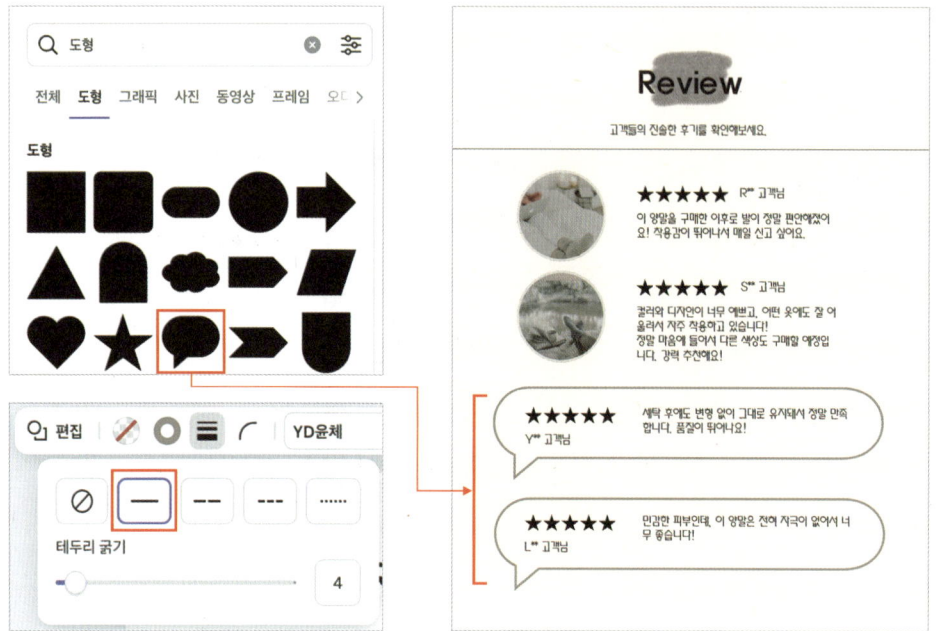

텍스트 중심의 고객 후기 디자인

텍스트 중심의 고객 후기 디자인은 온라인 서비스 상품이나 클래스 후기 작성에 적합합니다. 텍스트 중심의 디자인은 간결하고 명확하게 후기를 전달하여, 고객의 목소리를 효과적으로 시각화할 수 있습니다.

예시 이미지		
배경색	#e4f3fd	#ffffff
텍스트	글꼴: 네모고딕 색상: #49a5fa, #000000	글꼴: 마카롱, TDTD고딕 색상: #8c52ff, #000000
도형 및 디자인 요소	별 모양 도형 색상: #4251a5	별 모양 도형 색상: #8c52ff 3D 그래픽으로 포인트

Lesson 05

구매의 편의성을 높이는
제품 상세정보 및 고객센터 안내 페이지

| 무료

쇼핑몰 상세페이지에서 마지막 부분에 필요한 내용은 제품 상세정보 및 고객센터 정보입니다. 제품의 정보를 간결하고 체계적으로 정리하면 소비자가 필요한 정보를 쉽게 찾을 수 있습니다. 또한, 고객센터 정보가 제공된다면 소비자는 보다 쇼핑몰을 신뢰하고 구매 의사를 강하게 만들 수 있습니다. 이 디자인은 구매 전환율을 높이는 데 효과적으로 활용될 수 있습니다.

레이아웃

완성작
860*1100 px

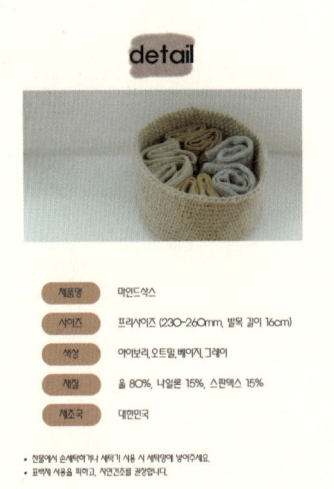
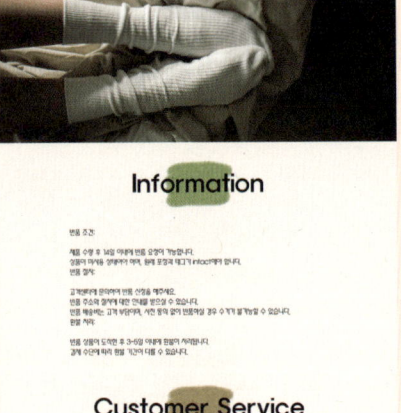

PART 2 　　　　　캔바 하나로 끝내는 비즈니스 이미지 디자인 A to Z 　　　　- 쇼핑몰 -

작업 포인트
· 내용을 명확하게 구분
· 이미지와 텍스트의 조화

디자인 레시피
· 텍스트: YD윤체 (사이즈 40(굵게), 17, 14 | 색상 #000000)
· 배경색: #fcf9f4
· 요소 검색어: Fur Texture

01 내용을 명확하게 구분하기 위해 텍스트의 크기와 굵기를 다르게

내용을 명확하게 구분하기 위해 텍스트의 크기와 굵기를 다르게 설정하여 작업합니다.

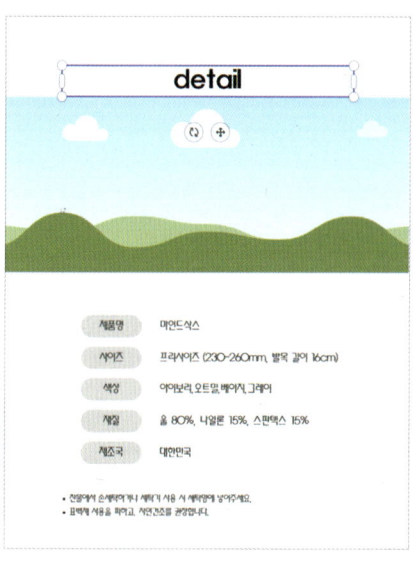
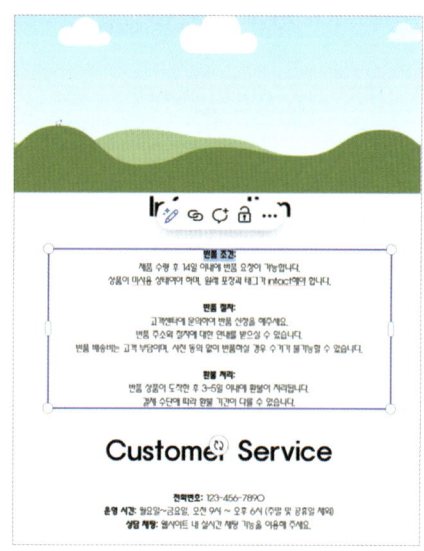

02 내용의 가독성을 높이기 위해 사진의 사이즈를 줄여 텍스트와 조화롭게 배치

사진 프레임의 크기를 적당히 줄여 텍스트와의 간격을 유지하고 조화롭게 배치합니다.

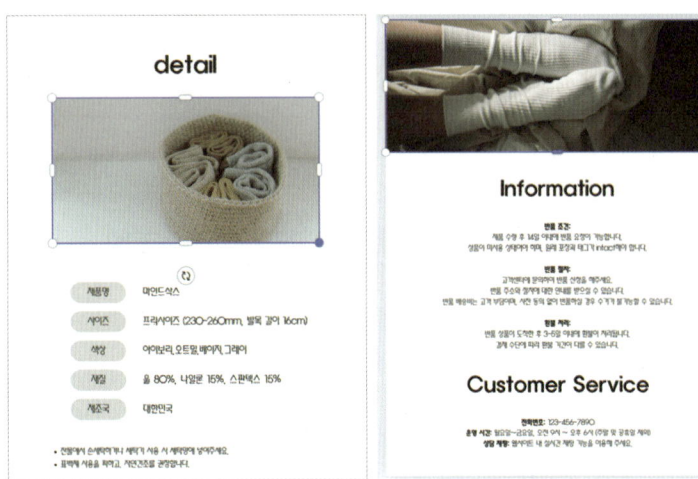

03 일관된 느낌을 유지하는 배경색과 따뜻한 느낌의 포인트 요소 반복

다른 페이지와 일관된 느낌이 유지될 수 있게, 배경색(#fcf9f4)을 설정하고 도형의 색상은 전체적인 분위기에 알맞은 색상(#c88d6d)으로 변경합니다. 통일감 있는 따뜻한 느낌의 포인트 요소를 반복해 사용합니다.

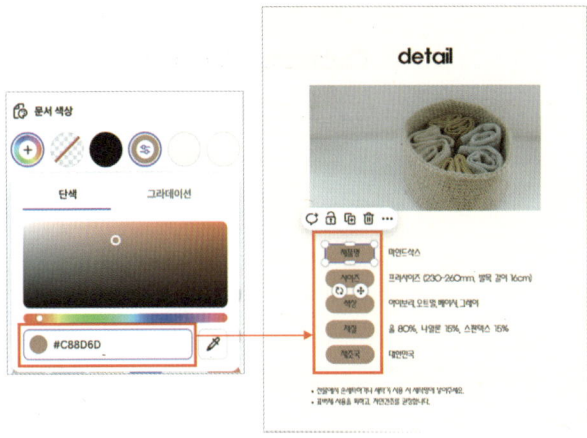
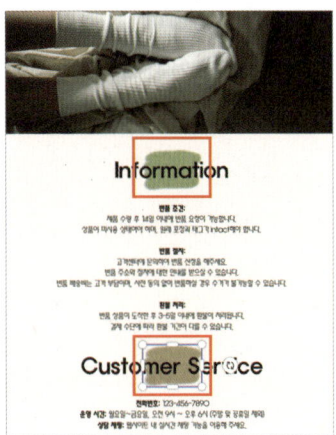

쇼핑몰 상세페이지에 추가되면 좋은 내용과 예시작

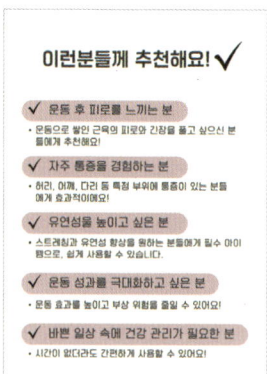

추천 대상

특정 대상 고객층을 명시하여 소비자가 자신에게 적합한 제품임을 쉽게 이해할 수 있도록 합니다.

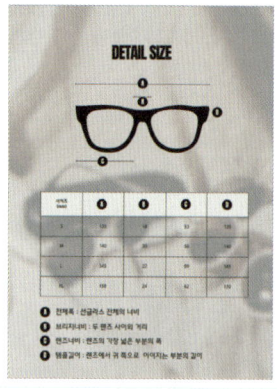

상세 사이즈 표

다양한 사이즈 옵션을 제공하여 소비자가 제품의 치수를 정확히 확인할 수 있도록 합니다.

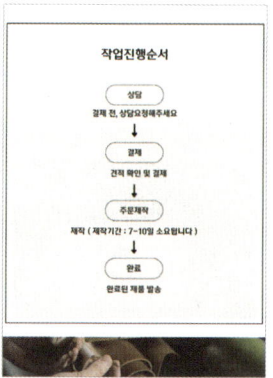

작업 과정

제품이 어떻게 제작되었는지에 대한 정보를 제공하여 소비자의 신뢰도를 높이고, 제품의 품질을 강조합니다.

멤버십 혜택

멤버십 가입 시, 제공되는 혜택을 안내하여 소비자가 추가 가치를 느낄 수 있게 하고, 멤버십 가입을 유도합니다.

○ 마인드마인즈 캔바 홈에서 예시작에 있는 다양한 상세페이지 디자인 템플릿을 사용해 볼 수 있습니다.
   (https://www.canva.com/p/mindminds/)

CHAPTER 7

인쇄물

　디지털 시대에도 인쇄물은 여전히 중요한 비즈니스 커뮤니케이션 수단입니다. 포스터, 명함, 브로슈어 등 다양한 인쇄물에 기업의 시각적 요소를 일관되게 적용하면 브랜드 아이덴티티를 강화하고 인지도를 높일 수 있습니다. 이는 고객 경험을 향상시키고 재구매를 유도하는 데도 효과적입니다. 성공적인 인쇄물 디자인을 위해서는 브랜드 이미지를 일관되게 전달하면서도, 가독성을 확보하고 시각적 매력과 실용성을 모두 갖추는 것이 중요합니다.

　이 책에서는 다양한 캔바 인쇄물 디자인 예시를 소개하며, 실제 비즈니스 현장에서 효과적인 인쇄물을 제작하고 이를 통해 비즈니스 성장을 이끌어내는 데 도움이 될 수 있도록 구성했습니다.

PART 2 캔바 하나로 끝내는 비즈니스 이미지 디자인 A to Z - 인쇄물 -

따뜻한 느낌의
카페 메뉴판 디자인

| Pro
| 무료

메뉴판에 손으로 그린듯한 그림이 있으면 소비자에게 친근하고 따뜻한 인상을 줍니다. 카페의 분위기에 어울리는 그래픽을 생성한 후에 활용하면, 직접 그림을 그리지 않고도 개성 있고 독특한 매력의 메뉴판을 디자인할 수 있습니다. 이 디자인은 딱딱한 내용을 전달할 때도 부드럽게 전달할 수 있으므로 안내문이나 가격표, 상품 목록 등의 자료에 효과적으로 활용될 수 있습니다.

레이아웃

완성작 A4 (21*29.7cm)

작업 포인트
- 따뜻한 분위기의 그래픽 생성
- 레이아웃을 자유롭게 배치

디자인 레시피
- 텍스트: Times New Roman Condensed(사이즈 88 | 색상 #186ab4 | 기울임꼴 | 효과: 그림자, 투명도 16)
  RoxboroughCF(사이즈 28 | 색상 #186ab4)
  210 민들레(사이즈 22 | 색상 #186ab4)

303

Canva

01 부드럽고 유연한 느낌의 글꼴과 정돈된 분위기를 연출하는 글꼴 사용

부드럽고 유연한 느낌의 글꼴인 **RoxboroughCF, 210 민들레**로 표 안에 메뉴명과 가격을 작성합니다. 정돈된 분위기를 연출하는 글꼴인 **Times New Roman Condensed**로 제목을 작성하고 **[효과]→[스타일]→[그림자]**를 선택한 후에 투명도를 16으로 조정합니다.

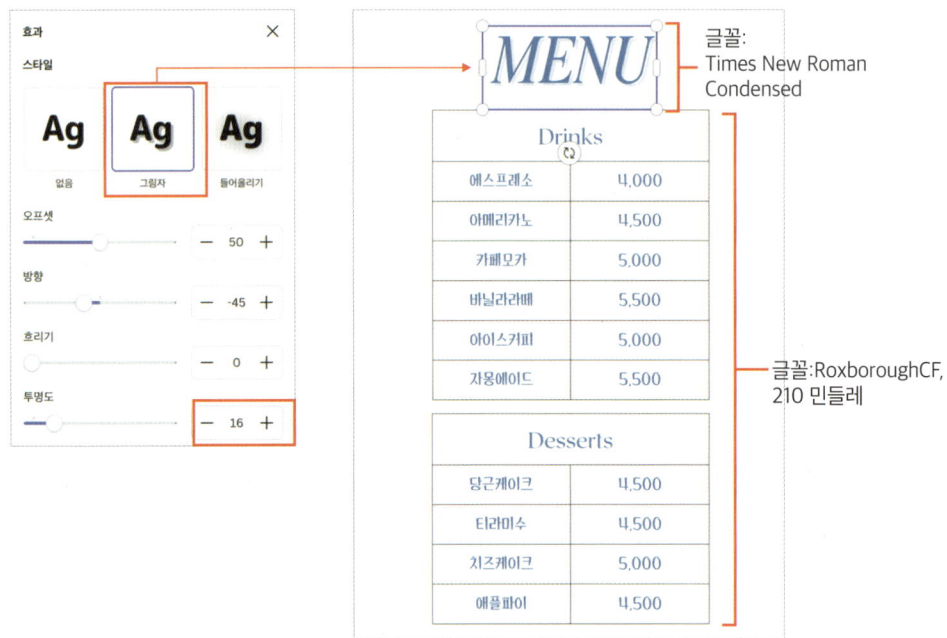

02 레이아웃을 자유롭게 배치하기 위해 표 테두리 선 제거

표를 전체 선택하여 테두리 스타일을 [없음]으로 선택합니다.

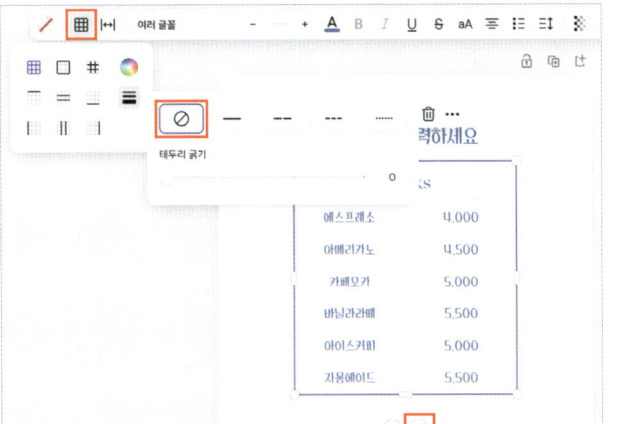

Tips

표 전체 선택하는 방법:
표 전체를 드래그하여 선택하거나, 표의 한 부분을 클릭한 후에 이동 아이콘을 누릅니다.

03 따뜻한 느낌의 손으로 그린듯한 그래픽과 배경

따뜻한 느낌의 그래픽 요소를 만들기 위해 [앱]→[Magic Media]를 차례로 선택한 후에 만들고 싶은 이미지의 프롬프트를 작성합니다. [스타일]→[색연필]로 설정하여 이미지를 생성합니다.

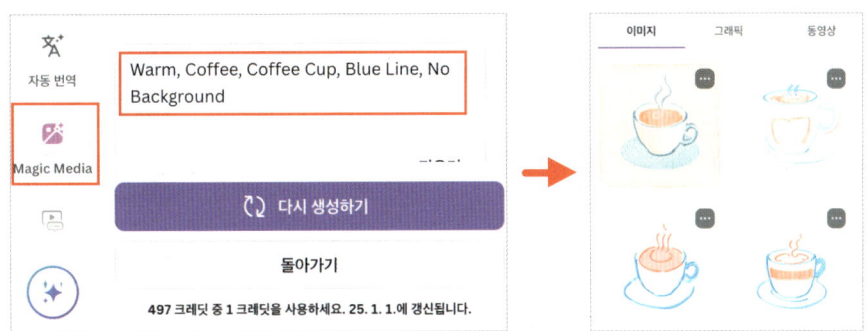

생성한 이미지 중에 하나를 선택하고 [편집]→[Magic Studio]→[Magic Grab]을 차례로 눌러, 사용할 이미지와 배경을 분리해 줍니다. 배경 부분은 배경으로 설정하고, 커피 이미지는 메뉴 텍스트 옆에 배치하여 장식으로 사용합니다.

같은 방법으로 사용할 그래픽을 생성하고, 그래픽만 사용할 경우에는 **[배경 제거]** 기능을 활용해서 그래픽을 추출합니다.

[Magic Media] 활용법

Magic Media를 활용하여 다양한 스타일의 그래픽을 만들어 보세요.

무료 사용자를 위한 꿀팁

[요소]→'수채화배경'과 요소를 검색하여 디자인해 보세요.

Lesson 02 | 제품이 돋보이는 무대 배경의 신제품 홍보 포스터 | 무료

신제품 홍보 포스터는 브랜드의 가치를 전달하고, 신제품의 주요 특징 및 혜택을 효과적으로 알리는 중요한 홍보 수단입니다. 제품을 돋보이게 하는 배치와 소비자가 쉽게 이해할 수 있는 슬로건, 핵심 장점을 간결하게 표현하는 것이 중요합니다. 이러한 디자인은 마켓, 행사, 이벤트 및 프로모션 등 다양한 홍보물 제작에 효과적으로 활용될 수 있습니다.

레이아웃

완성작 A4 (21*29.7cm)

작업 포인트
- 제품을 돋보이게 하는 디자인
- 간결하고 효과적인 문구

디자인 레시피
- 텍스트: 팔일오 | 사이즈 87, 99
  윤명조 | 사이즈 87
  210디딤고딕 | 사이즈 47, 30
- 글자색: #515927
- 요소 검색어: podium

01 무대 배경을 배치하여 제품을 돋보이게 디자인

무대 배경을 배치하기 위해 [요소]에서 'podium'을 검색하여 제품과 어울리는 배경을 선택합니다. 더블 클릭하여 배경으로 사용할 부분을 자르거나 사이즈를 조절합니다.

02 제품의 입체감을 살리는 그림자 설정

제품 사진은 배경이 제거된 사진으로 준비해 주세요. [요소]에서 '그림자'를 검색하여 적절한 그림자를 제품 사진 뒤에 배치합니다.

Canva

03 제품의 특징을 표현한 간결한 슬로건과 구매를 유도하는 요소 추가

제품의 특징을 잘 표현할 수 있는 글꼴인 **팔일오, 윤명조, 210디딤고딕**으로 텍스트를 작성합니다. 제품의 주목도를 높여주는 타원 요소와 구매를 유도하며 도움이 되는 할인 정보를 추가하여 완성합니다.

제품의 특징을 살려 문구 작성

응용작 TIP

다양한 배경과 텍스트의 배치를 다르게 응용하여 디자인해 보세요!

선과 도형을 활용한 픽토그램 스타일의
화장실 안내문

Lesson 03 | Pro 무료

화장실 안내문은 모든 이용자가 쉽게 이해할 수 있어야 하므로, 명확하고 직관적이어야 합니다. 선과 도형을 활용한 픽토그램 디자인은 시각적으로 쉽게 구별되며, 다양한 형태로 창작할 수 있습니다. 또한, 개성 있는 글꼴은 기억하기 쉬워 빠른 인식을 돕습니다. 이 디자인은 포스터나 스티커 등 다양한 포맷으로 제작하여 활용될 수 있습니다.

레이아웃

완성작
A4 가로형

작업 포인트
- 직관적인 디자인
- 개성 있는 글꼴

디자인 레시피
- 텍스트: PyeongChang Peace (사이즈 136, 39)
- 글자색: #272727
- 배경색: #f0edc0

01 직관적인 디자인을 위해 선과 도형을 변형하여 픽토그램 만들기

도형의 색상을 없애고 테두리 굵기를 6으로 설정합니다. 도형의 위치를 옮겨 남자, 여자 픽토그램을 만듭니다.

선을 복제하여 회전시키고 선 두께 6, 선 시작과 선 끝을 선택하여 남자, 여자 픽토그램 사이의 구분선과 각 픽토그램의 다리를 만듭니다.

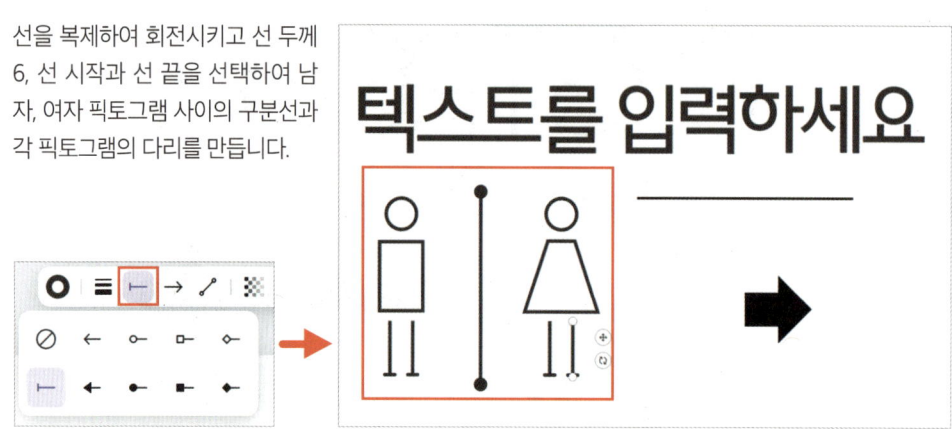

02 도형을 조합하여 긴 화살표 만들기

사각형 도형과 화살표 모양의 도형을 조합하여 긴 화살표 모양으로 만듭니다. 완성된 긴 화살표 모양을 그룹화하면 사이즈 조절과 이동에 용이합니다.

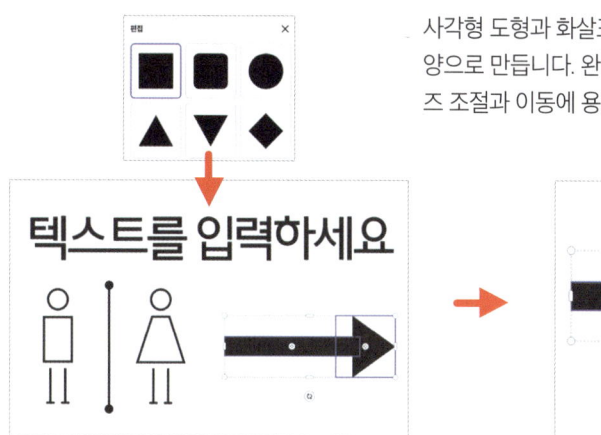

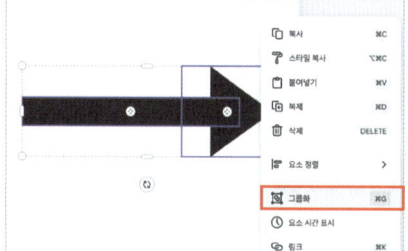

03 픽토그램과 어울리는 개성 있는 글꼴로 텍스트 작성

픽토그램과 어울리는 개성 있는 글꼴인 PyeongChang Peace로 텍스트를 작성합니다.

Tips

개성 있는 글꼴 추천:
Anton, BARON

글꼴:
PyeongChang Peace

Pro 버전을 사용 중이라면
개성 있는 글꼴을 캔바에 업로드한 후 사용할 수 있습니다.

캔바를 연 후에 [글꼴]→[글꼴 업로드]를 선택합니다. 사용하고 싶은 글꼴을 선택하면, [업로드된 글꼴]에서 확인할 수 있습니다. (주의사항: 글꼴의 라이센스를 확인한 후에 등록하여 사용하세요.)

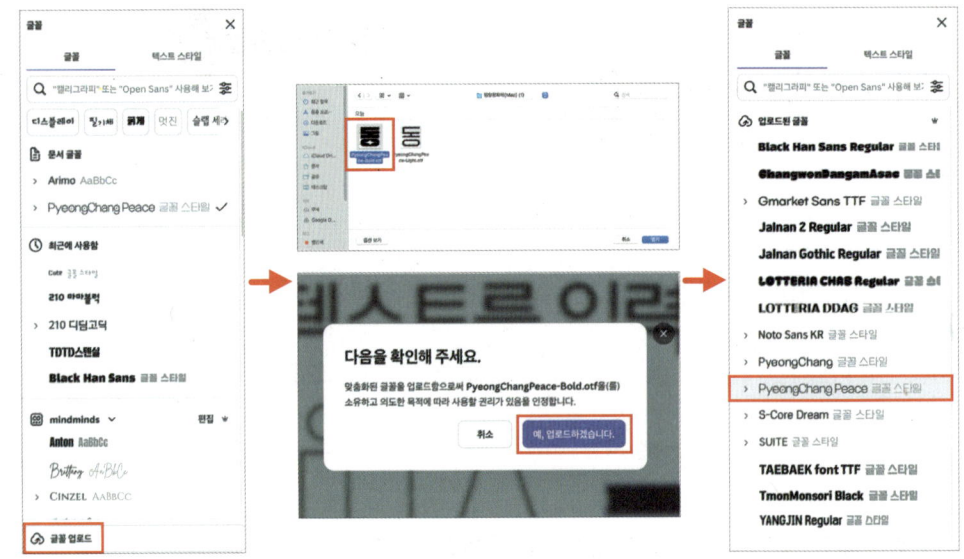

PART 2 　　　캔바 하나로 끝내는 비즈니스 이미지 디자인 A to Z 　　　- 인쇄물 -

QR 코드가 있는 미니멀한 디자인의
세로형 명함

| 무료

미니멀한 디자인의 명함은 시각적으로 깔끔하고 정돈된 느낌을 줍니다. 여기에 QR 코드를 넣으면 즉각적인 상호작용을 유도하여 풍부한 정보를 전달할 수 있습니다. 이 디자인은 브로슈어나 설문지, 책자 등 다양한 인쇄물에 활용될 수 있습니다.

레이아웃

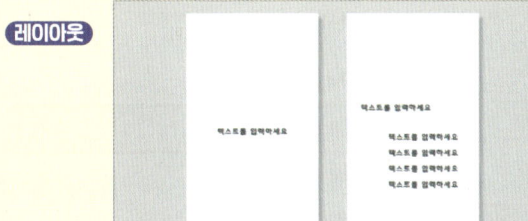

완성작
명함 세로형
(5*8.5cm)

작업 포인트
- 미니멀한 디자인
- QR 코드 생성

디자인 레시피
- 텍스트: 210디딤고딕(사이즈 8, 5 | 색상 #000000)
- 요소 검색어: Abstract Dotted Pattern, Phone icon, message icon, web icon, Icon Location

시작하기 전에 설정

[파일]→[설정]→[눈금자 및 가이드 표시]/[인쇄 재단 물림 표시]를 차례로 선택하여 설정합니다. 인쇄 재단 물림 표시는 인쇄물의 잘라낼 부분을 알려주는 표시입니다. 인쇄 후에 정확한 위치를 자르기 위해 사용됩니다. 인쇄물을 디자인할 때 유용하게 활용할 수 있습니다.

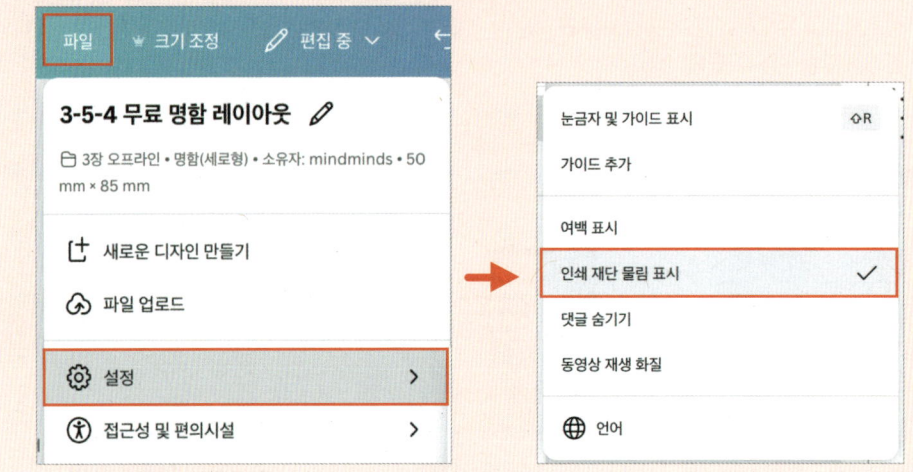

01 로고와 브랜드명을 중앙으로 배치하여 주목도를 높이기

명함 앞면이 될 1페이지에서 작업합니다. 페이지에 가이드라인을 십자모양으로 추가하여 정중앙이 어디인지 먼저 확인합니다. 로고와 브랜드명을 중앙에 배치합니다.

02 조화로운 느낌을 더하기 위해 위아래에 장식을 추가

도트 모양의 장식을 위아래에 배치합니다. 도트 모양의 장식은 독특하면서도 전체적인 구성에 안정감을 더해주는 효과가 있습니다.

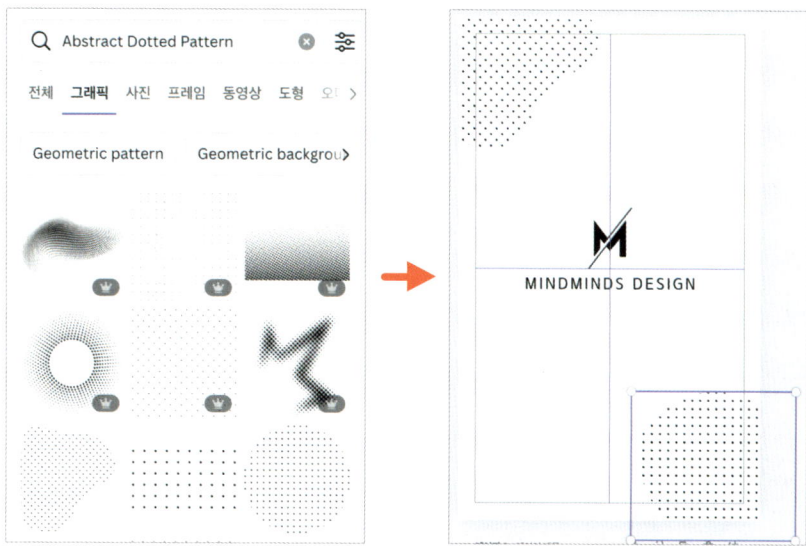

03 선을 추가하여 명확도를 높이고 정보를 구분

명함 뒷면이 될 2페이지에서 작업합니다. 선(선 두께 1)을 복제하여 배치합니다.

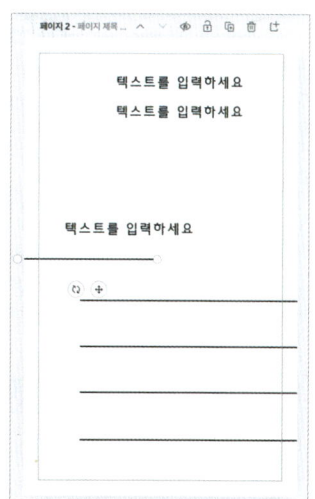

04 정보의 유형에 맞는 아이콘을 배치하여 정보를 쉽게 구분

선 위에 미니멀한 느낌의 글꼴인 **210디딤고딕**으로 각각의 정보를 기재하고, 정보를 쉽게 구분할 수 있게 정보의 유형에 맞는 아이콘을 배치합니다. 요소 검색어는 디자인 레시피를 참고하세요.

05 QR 코드를 상단에 배치

[앱]→[QR code]→[URL 삽입]→[코드 업데이트]를 차례로 선택합니다. 추가정보를 쉽게 전달하는 QR 코드를 생성하여 크기를 적절하게 조정한 후에 상단에 배치합니다.

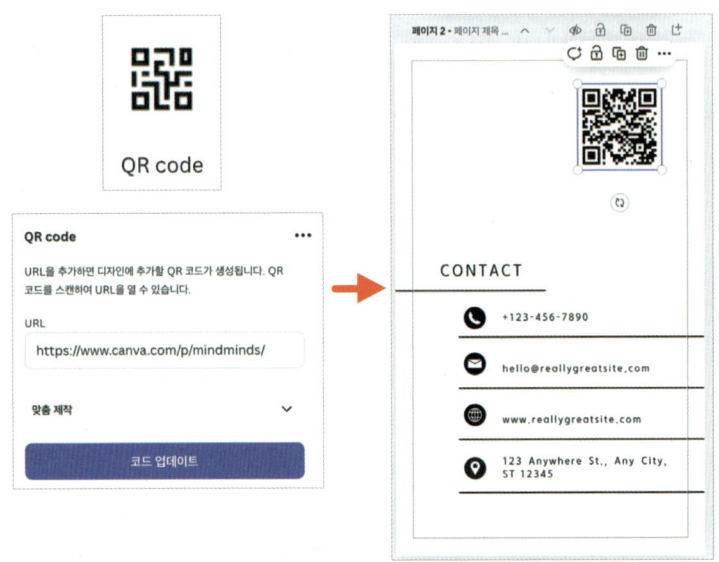

QR 코드의 색상을 변경하는 방법

QR 코드 생성 시, **[맞춤 제작]**을 클릭하여 배경 색상과 전경 색상, 여백 조절 등이 가능합니다. 생성된 QR 코드는 더블클릭하여 수정할 수 있습니다.

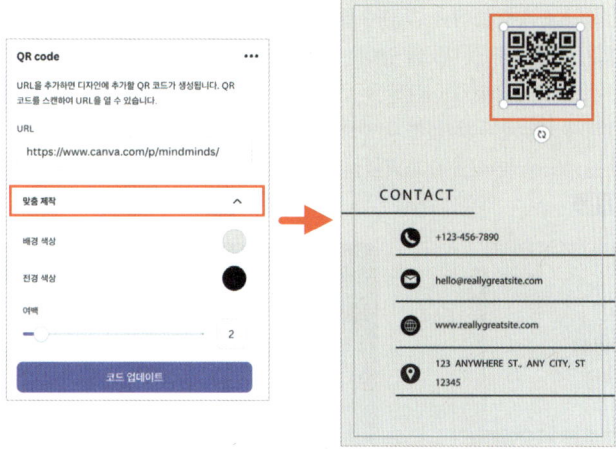

QR 코드를 저장하는 방법

생성된 QR 코드를 마우스 우클릭하고 **[선택 항목 다운로드]**를 선택하면 QR 코드를 이미지 파일로 내려받을 수 있습니다.

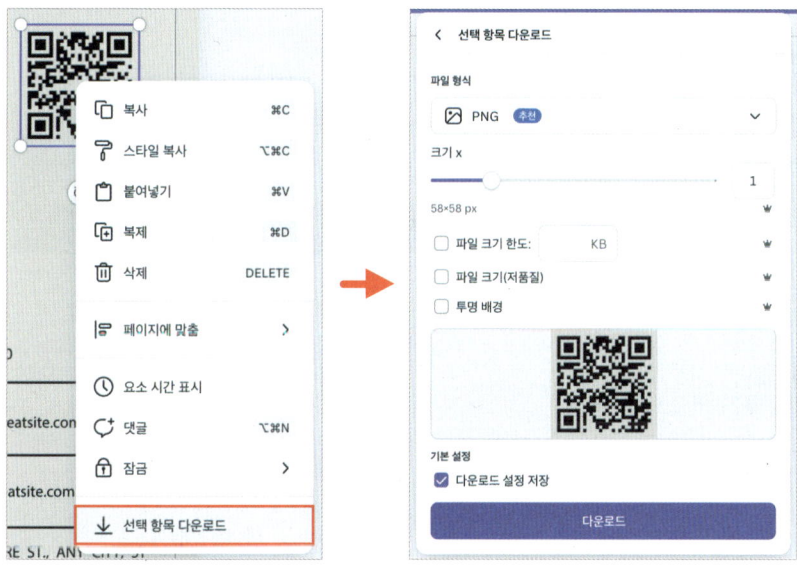

Lesson 05
친근한 캐릭터와 정돈된 느낌의
적립카드 디자인

| 무료

적립카드는 고객이 적립을 통해 보상을 받을 수 있는 중요한 마케팅 수단입니다. 브랜드와 고객 간의 지속적인 관계를 형성하고, 브랜드의 인지도를 높이는 데 기여합니다. 친근한 이미지 혹은 브랜드의 특성에 맞는 스타일로 디자인하고, 고객이 쉽게 이해할 수 있도록 직관적인 레이아웃과 간결한 텍스트를 사용하여 명확하게 전달해야 합니다. 이러한 디자인은 이벤트나 프로모션 등에 활용될 수 있으며, 고객의 참여를 유도하고 브랜드에 대한 충성도를 높이는 데 효과적입니다.

레이아웃

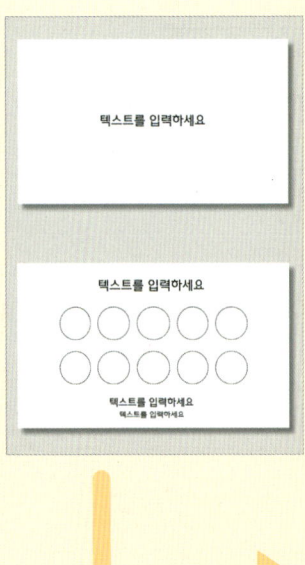

완성작 명함 가로형(8.5*5mm)

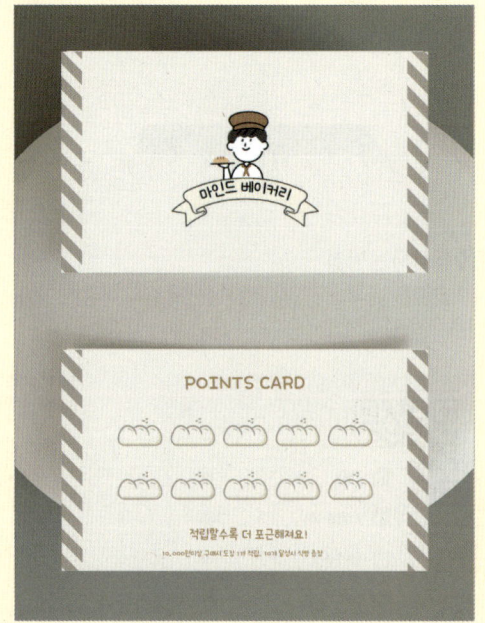

작업 포인트
- 친근한 캐릭터와 색상의 조화
- 가이드를 활용하여 정돈된 디자인

디자인 레시피
- 텍스트: TDTD비스켓(사이즈 11 | 색상 #000000 | 효과: 곡선 35)
  TDTD비스켓(사이즈 14, 11, 5 | 색상 #b08047)
- 배경색: #f3f0ec
- 요소 검색어: set:nAF_05cXkPA, striped line, Ribbon Banner, Bread logo icon

01 친근하고 귀여운 느낌의 일러스트와 텍스트의 조합

적립카드의 앞면이 될 1페이지에서 작업합니다. 리본 배너와 캐릭터 일러스트를 추가하고, 귀여운 느낌의 글꼴인 **TDTD 비스켓**으로 브랜드명을 작성한 후에 **[효과]→[곡선]**(수치 35)을 적용하여 중앙에 배치합니다.

친근하고 귀여운 느낌의 글꼴 추천:
TDTD귀여워귀여워, TDTD귀욤뭉이

글꼴: TDTD 비스켓

02 대칭으로 디자인하여 중앙이 돋보이게

스트라이프 요소를 추가하여 왼쪽으로 90도 회전시킵니다. 색상을 변경(#ae9e94)한 후에 복제하여 각각 양쪽 끝에 배치합니다. 스트라이프 색상과 어울리는 따뜻한 느낌의 배경색(#f3f0ec)으로 바꿔줍니다.

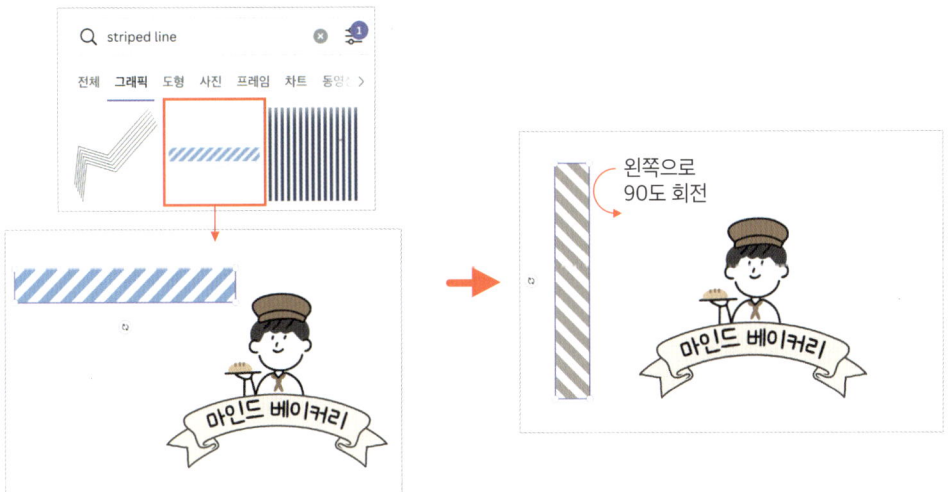

왼쪽으로 90도 회전

03 효율적인 디자인 작업을 위한 가이드 추가

적립카드의 뒷면이 될 2페이지에서 작업합니다. 효율적인 디자인 작업을 위해 **[파일]**→**[설정]**→**[가이드 추가]**→**[맞춤형]**을 차례로 선택합니다. 세부 설정은 다음을 참고하세요.

열: 7 | 간격: 0.2 | 여백: 0.1 | 행: 4 | 간격: 0.1 | 여백: 0.1

세부 설정을 마친 후 **[가이드 추가]**를 눌러 가이드라인을 추가합니다. (* 가이드의 세부 설정은 디자인에 맞춰서 자유롭게 조정해 주세요.)

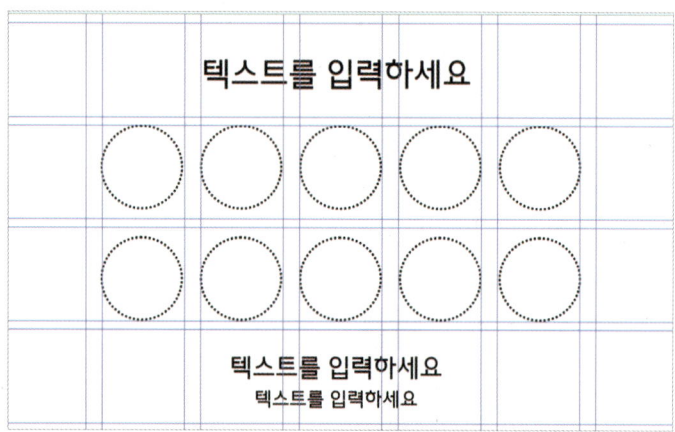

04 적립카드 앞면과 통일감을 유지하는 배경과 글꼴

앞면과 통일감을 유지하는 배경을 만들고 동일한 글꼴인 **TDTD 비스켓**으로 내용을 각각 작성합니다.

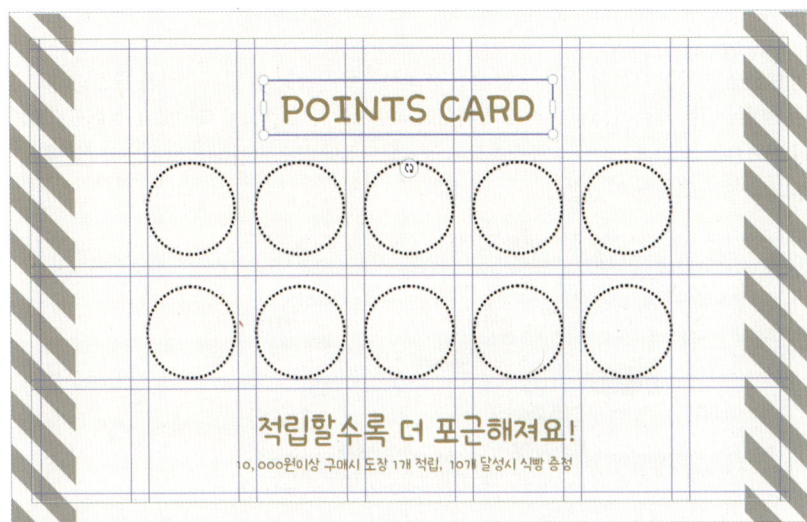

05 브랜드의 정체성을 명확하게 보여주는 빵 모양 일러스트

빵 모양의 일러스트를 추가한 후에 색상 변경합니다(#ae9e94, #e9e0c7).

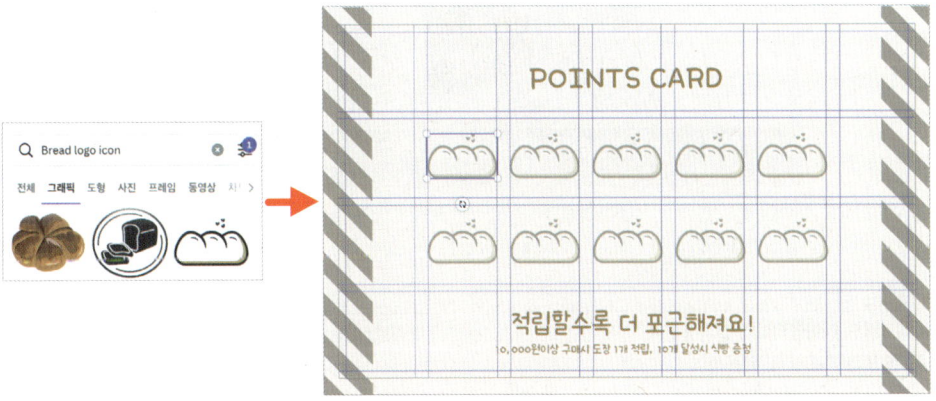

Canva

Lesson 06
부드러운 색상과 세련된 레이아웃의
제품 소개 브로슈어 디자인 | 무료

브로슈어는 제품의 특징과 장점, 사용 방법 등을 효과적으로 전달할 수 있는 마케팅 요소입니다. 시각적으로 정돈된 브로슈어는 제품에 대한 관심을 가지도록 유도하여 구매 결정을 촉진하고, 브랜드 아이덴티티를 강화하여 신뢰성을 높입니다. 브로슈어를 매장에 배치함으로써 방문 고객이 쉽게 정보에 접근할 수 있게 하여 마케팅 효과를 극대화할 수 있습니다.

레이아웃

완성작
브로슈어
(11*8.5 inch)

작업 포인트
- 브랜드 아이덴티티의 일관성
- 정보의 가독성 및 접근성

디자인 레시피
- 텍스트: The Seasons(사이즈 23 | 색상 #4d311f)
  210디딤고딕(사이즈 15, 12 | 색상 #4d311f)
- 배경색: #fbf5f0
- 도형 색상: #c5d1d9
- 선 색상: #735e59

시작하기 전에 설정

- [눈금자 및 가이드 표시]/[인쇄 재단 물림 표시]
- 가이드 추가(세부 설정: [맞춤형] | 열 3 간격 0 여백 0 행 2 간격 0 여백 0)

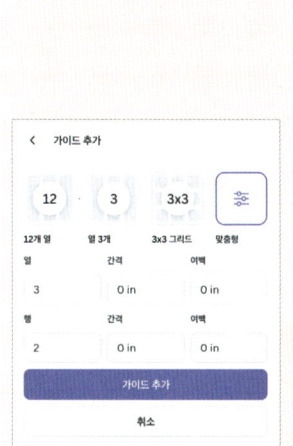

01 브랜드 아이덴티티에 맞는 배경색과 안정감 있는 레이아웃 구성

배경색을 브랜드 아이덴티티에 맞는 색상(#fbf5f0)으로 설정하고, 사각형 도형을 추가해서 색상을 변경(#c5d1d9)합니다. 사각형 도형의 사이즈를 조절하여 적당한 위치에 배치합니다. 1, 2페이지 모두 같은 방법으로 배경색을 변경하고, 사각형 도형을 추가해서 안정감 있는 레이아웃을 구성합니다.

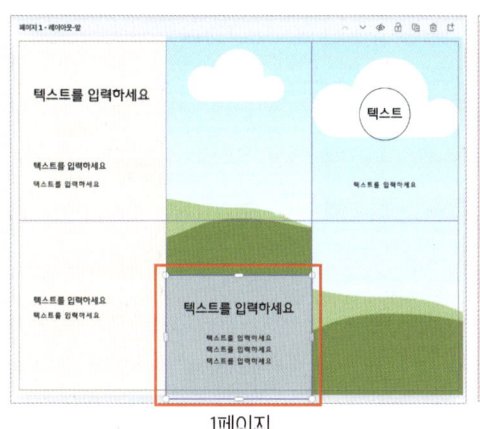
1페이지

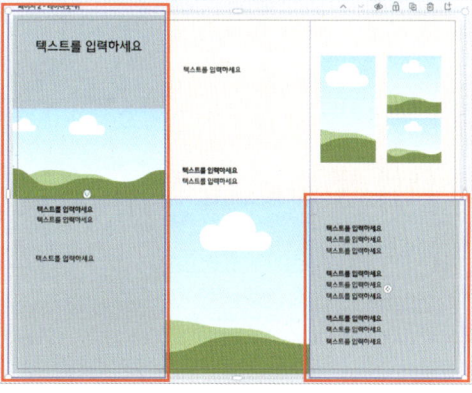
2페이지

02 세련되고 가독성 높은 글꼴로 소제목과 내용 작성

세련된 느낌의 글꼴인 **The Seasons**로 소제목을 작성하고 가독성이 좋은 **210디딤고딕**으로 내용을 작성합니다. 작성한 제목과 내용을 [위치]→[요소 정렬]에서 [왼쪽]을 골라, 깔끔하게 맞춥니다.

세련된 글꼴 추천:
Didot LP, Garamond

가독성 높은 글꼴 추천:
Helvetica, Arial

03 내용의 구분과 정돈된 느낌을 위한 선 추가

내용의 구분과 정돈된 느낌을 위해 선을 추가합니다(색상 #735e59).

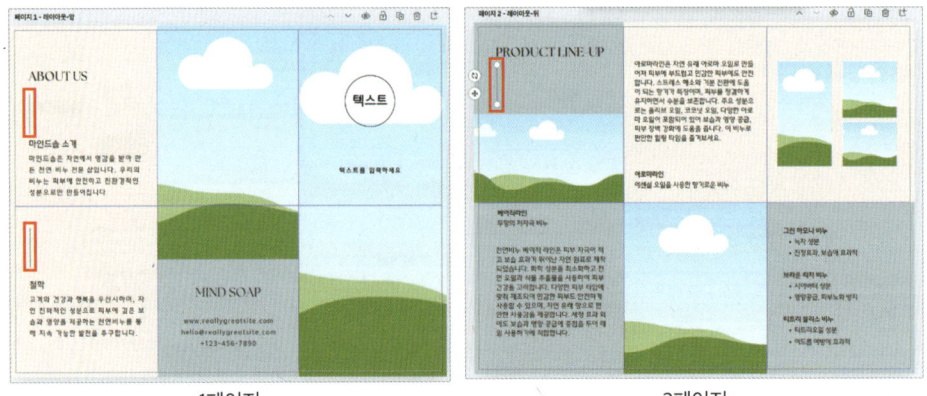

1페이지   2페이지

04 제품을 돋보이게 하는 이미지를 추가하고 로고와 슬로건 작성

제품을 돋보이게 하는 이미지를 추가하고, 로고와 슬로건을 작성하여 완성합니다.

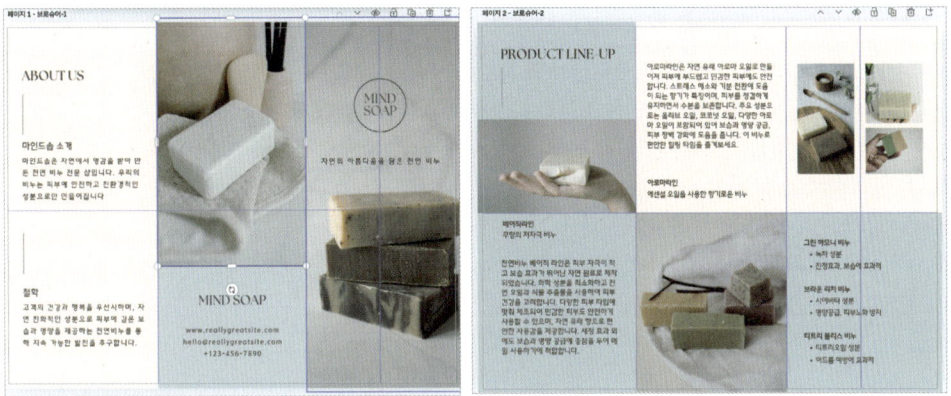

1페이지　　　　　　　　　　　　2페이지

브로슈어 디자인 작업을 위한 꿀팁

01 기획 및 컨셉 설정 — 목적과 내용 기획 단계

02 레이아웃 및 디자인 — 브랜드 아이덴티티에 맞춘 디자인 단계

03 검토 및 수정 — 오탈자 확인 및 피드백 단계

1. 기획 및 컨셉 설정: 브로슈어의 목적(제품 홍보, 브랜드 인지도 강화 등)과 내용(제품 특징, 장점, 사용 방법 등)을 구성합니다.
2. 레이아웃 및 디자인: 브랜드 아이덴티티에 맞춘 색상과 글꼴, 이미지, 그래픽 요소 등을 활용하여 디자인합니다.
3. 검토 및 수정: 오탈자를 확인하고 팀원의 피드백을 통해 최종 수정을 거쳐 완성합니다.

Canva

Lesson 07 시각적 매력이 돋보이는
세로형 배너

| 무료

배너는 고객에게 제품과 서비스, 프로모션 등의 정보를 신속하고 효과적으로 전달할 수 있는 마케팅 수단입니다. 시각적으로 매력적인 디자인은 고객의 시선을 끌어, 매장 내부로 유인하거나 특정 제품으로 관심을 끌어 구매 결정을 촉진하는 데 기여합니다. 오픈 행사나 할인, 신제품 소개 등에 효과적으로 활용될 수 있습니다.

레이아웃

텍스트를 입력하세요
텍스트를 입력하세요
텍스트를 입력하세요
텍스트를 입력하세요

완성작 배너 세로형(500*1000mm)

작업 포인트
- 시각적으로 매력적으로 구성하고 디자인의 일관성 유지
- 다양한 글꼴의 조화로운 배치

디자인 레시피
- 텍스트: Amoresa(사이즈 198 | 색상 #42894d)
  Anton(사이즈 162, 266, 98 | 색상 #42894d
  Cinzel(사이즈 266, 98 | 색상 #42894d)
- 배경색: #fef6f4, #f8bdae
- 요소 검색어: Flower Cutout

시작하기 전에 설정

[눈금자 및 가이드 표시]/[여백 표시]/[인쇄 재단 물림 표시]
인쇄 여백은 디자인의 가장자리에 흰색 테두리가 생기지 않도록 하는 안전 영역입니다. 여백을 사용하면 배경색이나 이미지가 잘려 나가지 않고 디자인의 끝까지 이어지도록 할 수 있습니다. 인쇄물을 디자인할 때 유용하게 활용할 수 있습니다. 인쇄 재단 물림 표시와 함께 디자인에 따라 적절히 활용해 보세요!

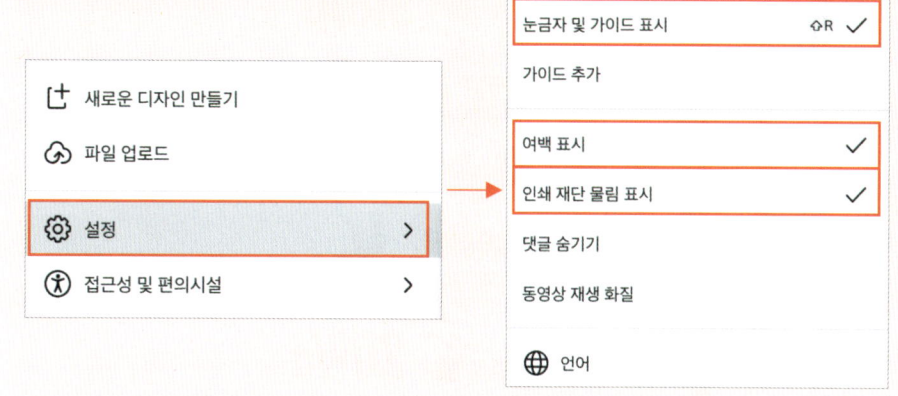

01 효과적인 정보 전달을 위한 텍스트의 조화로운 배치와 크기 조정

배너에 사용할 텍스트를 추가하고 크기를 조정하여 조화롭게 배치합니다. 디자인에 따라 텍스트 사이즈를 자유롭게 설정해 주세요.
가독성이 높은 다양한 글꼴(Amoresa, Anton, Cinzel)로 변경하고 색상을 바꿉니다(#42894d).

02 다양한 컷아웃 이미지로 장식하여 주제를 돋보이게 디자인

다양한 컷아웃 이미지를 활용하여 장식합니다.

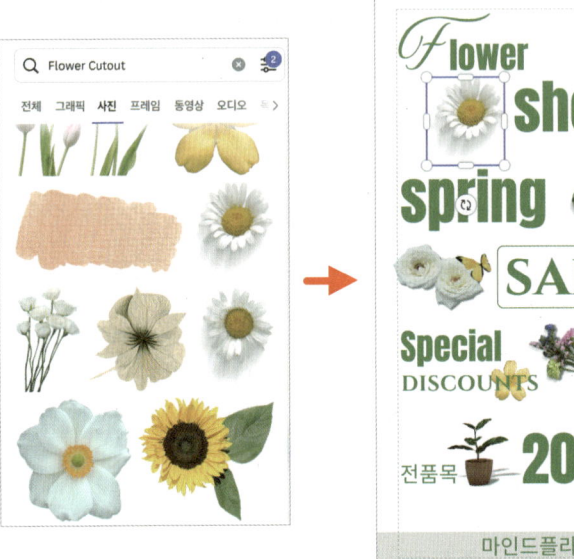

Tips

Pro 사용자는 배경 제거 기능을 활용하여 사용할 요소들을 직접 만들 수 있습니다.

03 부드러운 느낌의 배경색과 안정감 있게 하단 영역 디자인

부드러운 느낌의 배경색(#fef6f4)으로 설정하고, 하단 영역에 위치한 사각형의 색상을 변경합니다(#f8bdae). 그리고 도형의 크기를 적절하게 조정합니다. 요소와 텍스트가 여백 안쪽에 안정적으로 배치되게 위치를 변경합니다.

다양한 홍보 배너를 만들어 보세요.

PART 3

업무 효율을 높이는 캔바 활용법

Chapter 8 프레젠테이션
Chapter 9 웹사이트
Chapter 10 화이트보드 & Docs

CHAPTER 8

프레젠테이션

(1 캔바로 프레젠테이션 만들기)

프레젠테이션의 단계 이해하기

프레젠테이션은 정보를 전달하고 청자를 설득하거나 교육하는 중요한 도구로, 효과적인 디자인이 필수적입니다. 발표를 듣는 청자의 관심을 끌고 메시지를 명확하게 전달하는 것이 중요합니다.

캔바에서 프레젠테이션 템플릿을 디자인하는 방법은 크게 두 가지로 나눌 수 있습니다. 기존에 있는 템플릿을 활용하여 편집하는 방법과 레이아웃을 활용하여 직접 디자인하는 방법이 있습니다.

기존 템플릿을 활용하면 시간을 아끼고 쉽게 디자인할 수 있다는 장점이 있습니다. 하지만 템플릿을 목적에 알맞게 어떻게 수정해야 할 지 막막하게 느낄 수 있습니다. 이는 충분한 준비가 이루어지지 않았기 때문입니다.

프레젠테이션의 주제와 목적에 맞게 템플릿을 수정하기 위해서, 제작하려는 프레젠테이션에 대한 사전 준비가 필요합니다. 바로 기획 단계입니다.

프레젠테이션을 제작하는 과정은 기획, 디자인, 제작, 검토 및 수정, 발표 준비로 나눌 수 있습니다. 체계적으로 각 단계에 접근하여 수정하면 더욱 효과적인 프레젠테이션을 만들 수 있습니다.

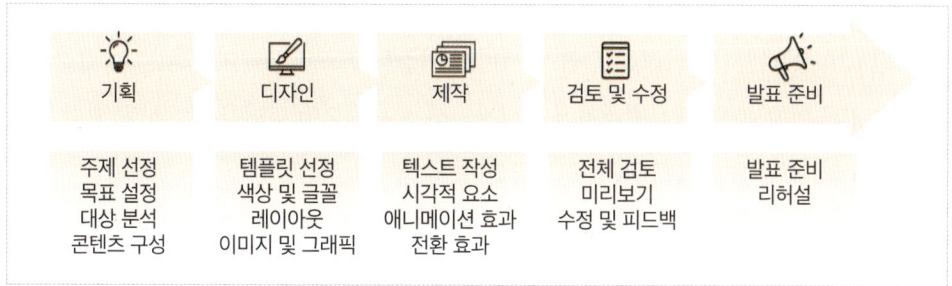

프레젠테이션의 단계

1. **기획**(Planning): 주제와 목표를 설정하고 프레젠테이션을 보여줄 대상을 생각하여 콘텐츠를 구성합니다.
2. **디자인**(Design): 프레젠테이션 주제와 어울리는 템플릿을 선택하거나, 레이아웃을 참고하여 직접 디자인합니다. 색상이나 글꼴, 사용할 이미지 등의 요소를 통일감 있게 준비하여 디자인의 일관성을 유지합니다.
3. **제작**(Production): 준비된 자료를 바탕으로 텍스트를 작성하고 차트나 그래프, 슬라이드 전환 효과 등의 시각적인 요소를 적절하게 삽입합니다. 각 슬라이드마다 발표자 노트를 작성하여 발표 준비를 보완합니다.
4. **검토 및 수정**(Review&Revision): 상단 메뉴에서 [프레젠테이션]→[전체 프레젠테이션]을 선택하여 전체 내용을 검토하고, 수정사항을 파악하여 최종 디자인 작업을 진행합니다.
5. **발표 준비**(Preparation): 상단 메뉴에서 [프레젠테이션]→[발표자 모드]를 통해, 리허설을 하고 발표 준비합니다.

비즈니스 프레젠테이션 기획안 제작 요령

아이디어 발표나 제품 소개, 회사 소개 등의 비즈니스 프레젠테이션은 대상의 관심을 끌고, 전문성을 보여주는 중요한 홍보 방법입니다. 체계적인 프레젠테이션 기획안을 세우는 것은 발표 내용을 명확히 하고, 각 슬라이드의 구성 요소를 효과적으로 정리할 수 있게 도와줍니다. 이를 통해 발표자는 자신이 전달해야 할 메시지를 더욱 확실히 이해하고, 원활하게 청중과 소통할 수 있습니다.

이번 Chapter에서는 반려동물 돌봄 서비스 비즈니스 프레젠테이션을 직접 디자인해 보겠습니다. 이를 통해, 프레젠테이션을 디자인하는 구체적인 방법을 학습하고 발표 준비 과정을 보다 체계적이고 효율적으로 학습할 수 있습니다.

프레젠테이션에 사용할 색상과 글꼴, 총 페이지수를 먼저 기획하고 각 슬라이드마다 들어갈 내용과 자료를 정리합니다. 이를 토대로 레이아웃을 활용하여 각 슬라이드를 디자인합니다. 이 과정은 페이지 간의 일관성을 유지하고, 시각적으로 매력적인 프레젠테이션을 만드는 데 중요한 역할을 합니다.

색상		글꼴	총 페이지수
● #a4928a	○ #e8e2da	IBX Plex Sans KR	10페이지

1페이지	2페이지	3페이지	4페이지	5페이지
회사명 슬로건 문구 로고 이미지	목차 이미지	회사 소개 홍보 문구 이미지	연혁	주요 서비스
6페이지	7페이지	8페이지	9페이지	10페이지
차별점	시장 현황 및 타겟	고객 후기	비전 및 향후 계획	상담 및 문의

완성 프레젠테이션 미리보기

미리보기 QR

PART 3 　 업무 효율을 높이는 캔바 활용법 　 -프레젠테이션-

브랜드 정체성에 어울리는 편안한 느낌의
표지 디자인

`1페이지` `무료`

브랜드 정체성을 반영하며, 따뜻하고 편안한 느낌을 주는 표지 디자인은 신뢰감을 주며 친근한 인상을 남깁니다. 브랜드가 추구하는 슬로건 문구를 함께 배치함으로써 브랜드가 전달하고자 하는 가치를 효과적으로 보여줄 수 있습니다.

레이아웃

**완성작
프레젠테이션
(16:9)**

작업 포인트
- 브랜드 정체성을 알리는 슬로건 문구
- 편안한 분위기에 어울리는 색감과 이미지

디자인 레시피
- 텍스트: IBM Plex Sans KR(옵션: Regular, Medium, SemiBold | 사이즈 85, 104 | 색상 #ffffff)
- 배경색: #a4928a

01 브랜드를 대표하는 이미지에서 편안한 느낌의 색상 추출

브랜드를 대표하는 이미지를 추가합니다. 이미지를 선택하고 상단 툴바에서 **[색상]→[사진 색상]**을 선택합니다. 제시되는 색상 중, 편안한 느낌의 색상(#a4928a)을 추출하여 배경색으로 적용합니다. (사용하는 이미지에서 자유롭게 색상을 추출하여 적용해 보세요.)

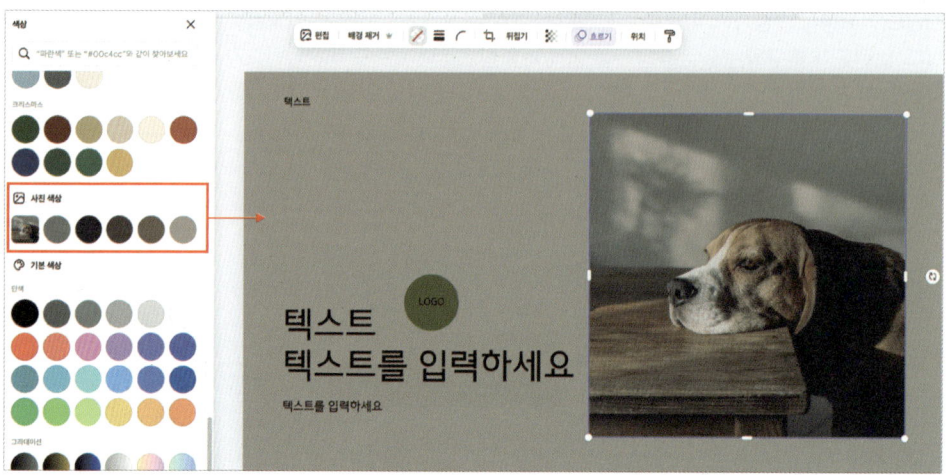

02 브랜드 정체성을 강조하고 신뢰감을 주는 글꼴 사용

신뢰감을 주는 글꼴인 **IBM Plex Sans KR**로 브랜드명과 슬로건 문구를 작성합니다. 텍스트의 적절한 옵션(Regular, Medium, SemiBold)을 선택하여 작성합니다. 로고 이미지와 함께 배치하면 브랜드 정체성을 더욱 강하게 드러낼 수 있습니다.

프레젠테이션에 쓰기 좋은, 옵션이 있는 글꼴: Source Han Sans KR, Arita Dotum

03 동적인 느낌을 보여주는 선을 추가하고 모서리로 모아지는 모션 효과

동적인 느낌을 주기 위해 선을 2개 추가하고, 선 시작과 선 끝을 둥근 모양으로 선택합니다.
모서리로 모아지는 효과를 주기 위해, 세로 선에는 애니메이션을 적용합니다. **[애니메이션]→[닦아내기]→[들어갈 때][→]**를 차례로 선택하여 설정합니다. 이때, 선 시작 방향에 따라 애니메이션이 적용되는 방향이 달라질 수 있기 때문에, 선의 시작 방향을 회전해서 맞춰주세요.

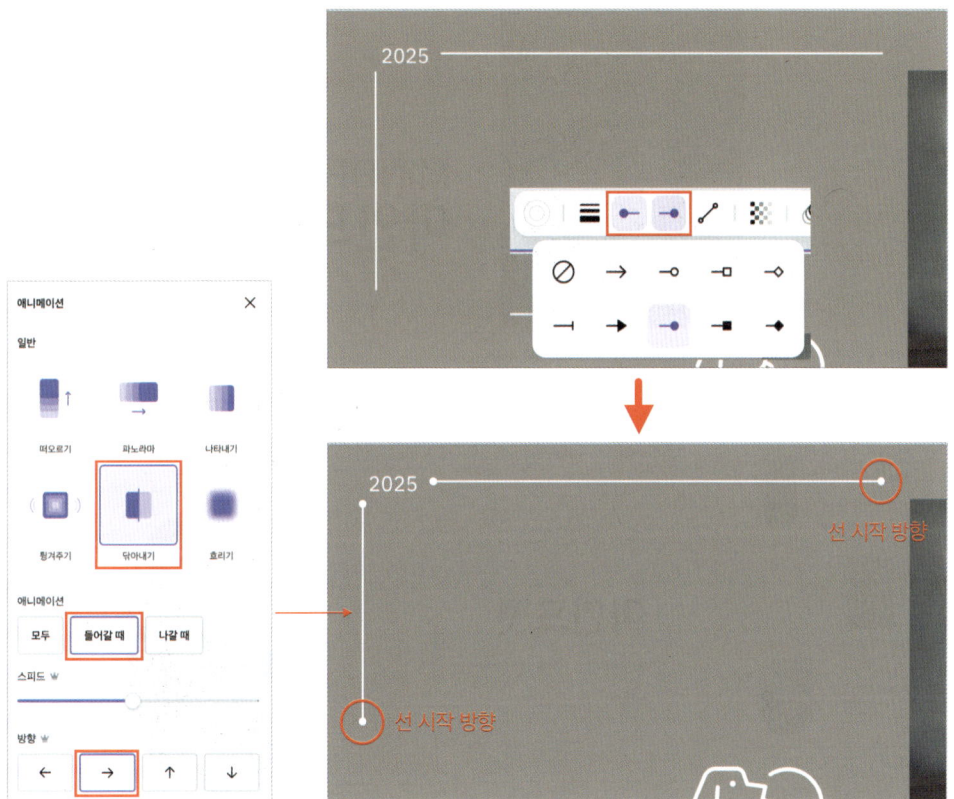

 **응용작 TIP** 디자인이 막막하다면, 사용할 텍스트와 이미지를 추가하고 **[디자인]**→**[레이아웃]**을 선택하여 제안되는 다양한 레이아웃 중 하나를 골라 디자인해 보세요.

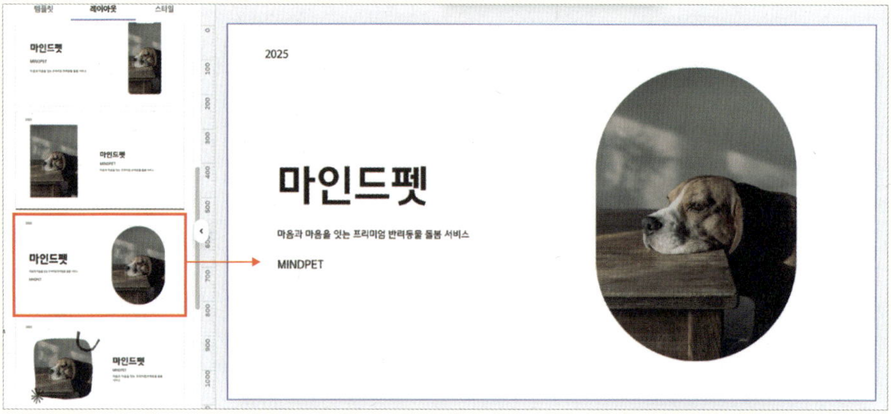

PART 3   업무 효율을 높이는 캔바 활용법   - 프레젠테이션 -

Lesson 02

페이지 간의 이동이 편리한
목차 디자인

2페이지

무료

목차는 프레젠테이션의 내용을 체계적으로 정리하여 전체 흐름을 보여주는 중요한 부분입니다. 목차를 시각적으로 깔끔하게 정리하고, 링크를 통해 빠르게 페이지 이동을 할 수 있게 구성하면 발표의 효율성이 크게 향상됩니다. 이러한 디자인 방식은 기업 회의나 보고서, 제안서, 강의나 워크숍 등의 프레젠테이션에서 효과적으로 활용할 수 있습니다.

레이아웃

완성작
프레젠테이션
(16:9)

작업 포인트
- 명확한 항목 구분을 위한 목록 설정 및 번호 매기기
- 페이지 간의 빠른 이동을 위한 링크 설정

디자인 레시피
- 텍스트: IBM Plex Sans KR(옵션: Light, Medium | 사이즈 85, 28, 18 | 색상 #373737
- 배경색: #e8e2da

Canva

01 목록 설정으로 한눈에 전체 내용을 드러내기

글꼴 IBM Plex Sans KR 로 목차의 내용을 순서에 맞춰 작성한 후 [위치]→[요소 정렬]→[왼쪽]을 차례로 선택하여 깔끔하게 정렬합니다.

명확한 항목 구분을 위해 목차를 전체 선택하고 상단 툴바에서 [목록] 아이콘을 클릭하여, 목록화합니다. 점선과 페이지 번호를 기재하여 목차를 완성합니다.

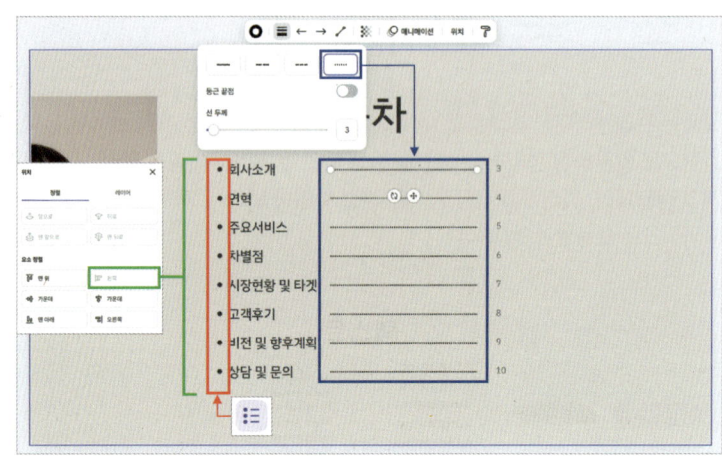

02 명확한 구분을 위해 페이지마다 제목을 입력하고 번호 매기기

페이지를 선택한 후, 하단에서 [썸네일 뷰]를 클릭하고 페이지의 제목을 작성합니다. 숫자의 옆 부분을 클릭하면 작성할 수 있고, 하단의 [발표자 노트]를 선택해도 작성할 수 있습니다.

사이드 패널에서 [텍스트]→[동적 텍스트]→[페이지 번호]를 차례로 선택합니다. 모든 페이지에 적용해 줍니다.

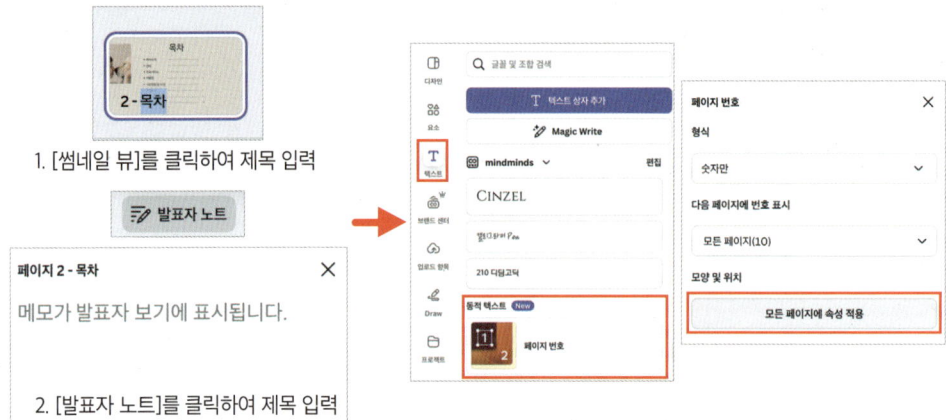

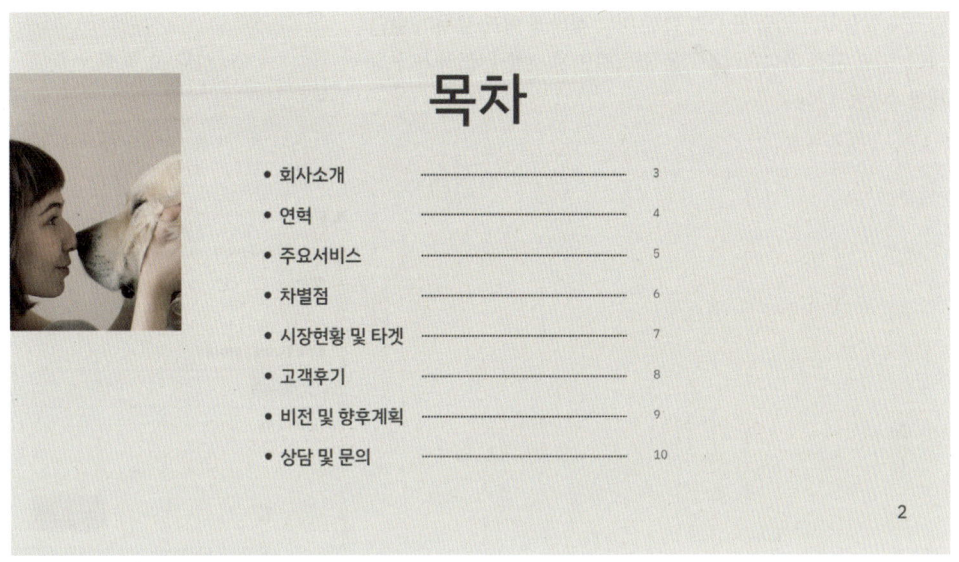

03 페이지 간의 편리한 이동을 위해 링크 설정

링크 설정은 모든 페이지의 디자인을 마친 후, 설정하는 것을 권장합니다.
목차의 페이지 번호 부분을 선택하고 마우스 우클릭합니다. [링크]→[현재 문서 내 페이지]에서 이동할 페이지를 클릭합니다.

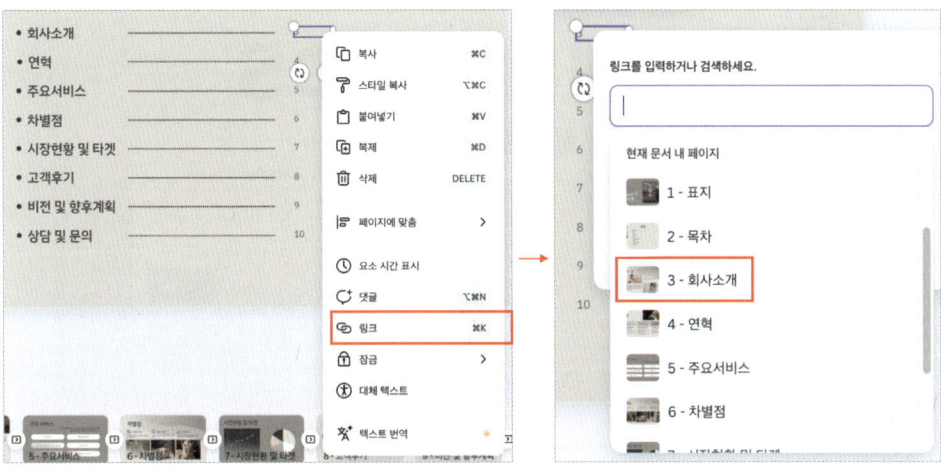

링크가 설정되면 밑줄 표시와 함께 미니 툴바에 링크 제목이 보입니다. 링크 편집 아이콘(✏️)을 클릭하면 링크를 편집하거나 삭제할 수 있습니다.

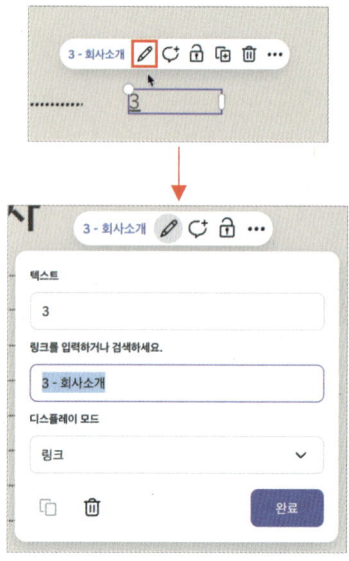

응용작 TIP 외부 링크를 입력하면 사용자가 해당 외부 사이트로 쉽게 이동할 수 있습니다.

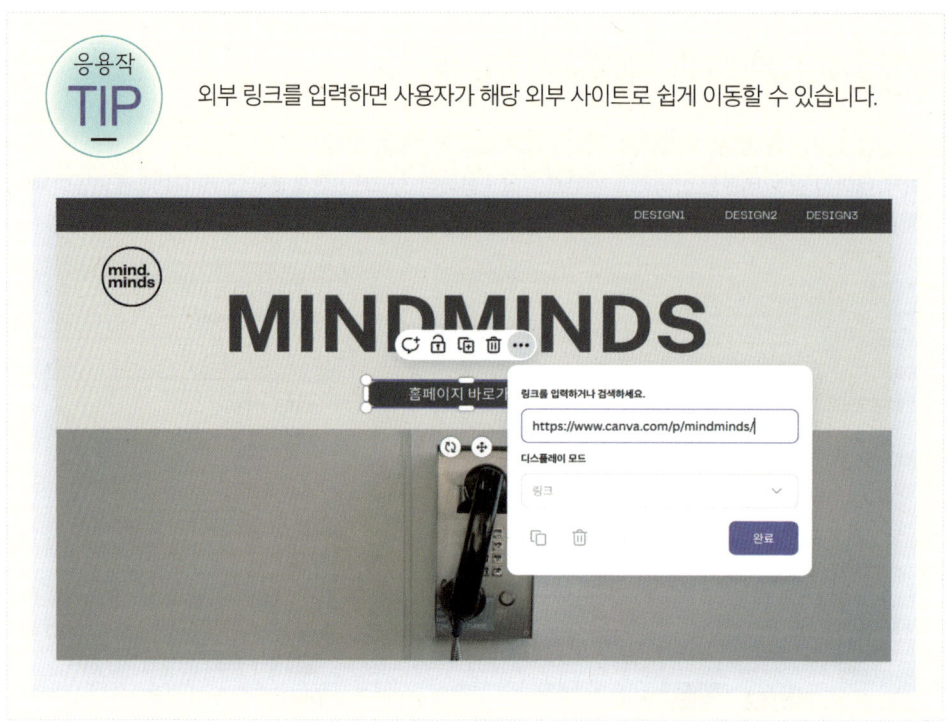

PART 3 　 업무 효율을 높이는 캔바 활용법 　 -프레젠테이션-

Lesson 03 　 웨이브 장식과 긴 문장을 조화롭게 배치한
회사 소개 페이지

3페이지 | 무료

회사 소개 페이지는 기업의 정체성을 전달하고 브랜드 이미지를 구축하는 데 중요한 역할을 합니다. 회사 소개가 긴 경우, 양쪽 정렬을 통해 깔끔하고 균형 있게 정돈하면 가독성이 높아집니다. 또한, 부드러운 웨이브 장식은 편안함을 주어 회사의 이미지를 긍정적으로 전달할 수 있습니다. 이러한 디자인은 교육 세미나 혹은 마케팅 전략 설명 등 다양한 상황에서 효과적으로 활용될 수 있습니다.

레이아웃

완성작
프레젠테이션
(16:9)

작업 포인트
- 긴 문장을 깔끔하게 정렬
- 부드러운 이미지의 곡선 장식

디자인 레시피
- 텍스트: IBM Plex Sans KR(옵션: Regular, Medium | 사이즈 85, 28, 22 | 색상 #ffffff, #373737)
- 배경색: #e0e2da

Canva

01 긴 문장을 깔끔하게 정돈하는 양쪽 정렬

긴 문장을 깔끔하게 정돈하기 위해 상단 툴바에서 **[정렬]**→**[양쪽 정렬]**을 선택합니다.

02 배경에 곡선 장식을 추가하여 부드러운 이미지를 강조

[앱]→**[Wave Marker]**를 선택합니다. 원하는 대로 웨이브 디자인을 생성하여 **[디자인에 추가]**를 클릭하여 추가합니다(세부 설정: 물결 4, 레이어 3, 높이 1 | 모드: **[오른쪽이 높게]** | 색상 #a4928a, #e8e2da | 앵글 270).
[뒤집기]→**[수직 뒤집기]**로 웨이브의 위치를 바꾸고 적절하게 크기를 조절하여 상단에 배치합니다.

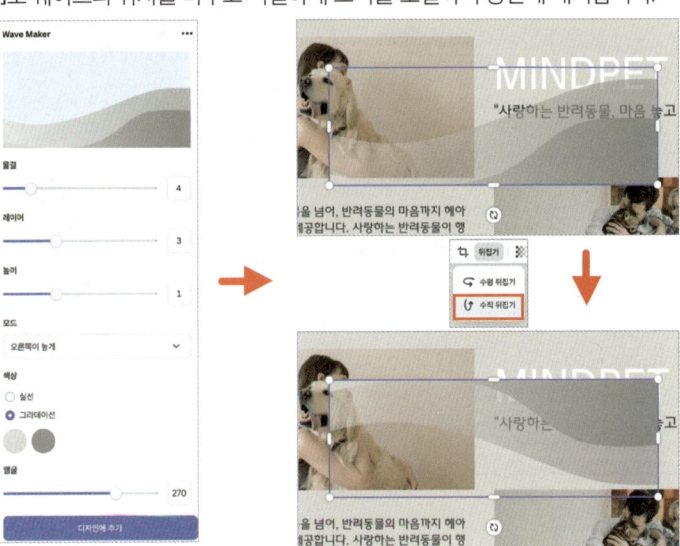

[요소]에서 'wave'를 검색하여 다양한 웨이브 요소를 프레젠테이션 디자인에 응용해 보세요.

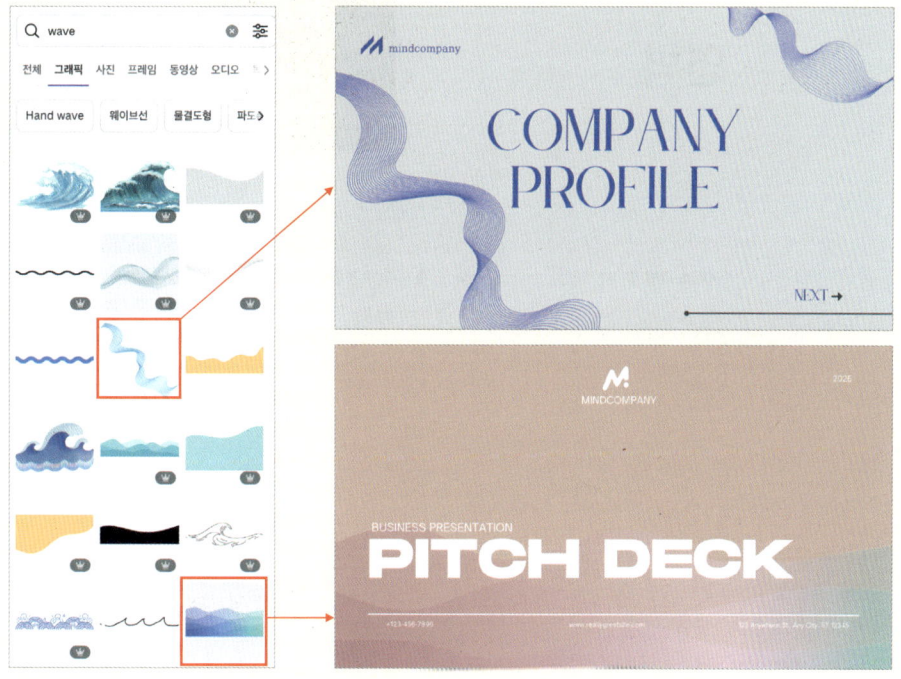

Canva

Lesson 04 | 직관적으로 흐름을 보여주는 순서도로 구성한
연혁 페이지

4페이지 | 무료

회사 연혁 페이지는 고객에게 회사의 발전 과정을 보여줌으로써, 그들이 브랜드에 더욱 깊이 연결될 수 있도록 도와줍니다. 순서도를 통해 시간의 흐름에 따라 주요 내용을 함께 전달하면 회사의 발전 과정을 명확하게 시각화하여 이해하기 쉽게 만들어 줍니다. 이러한 디자인은 브로슈어와 웹사이트 등 다양한 매체에 포함될 수 있으며, 고객이 회사의 발전을 직관적으로 파악할 수 있도록 활용할 수 있습니다.

레이아웃

완성작
프레젠테이션
(16:9)

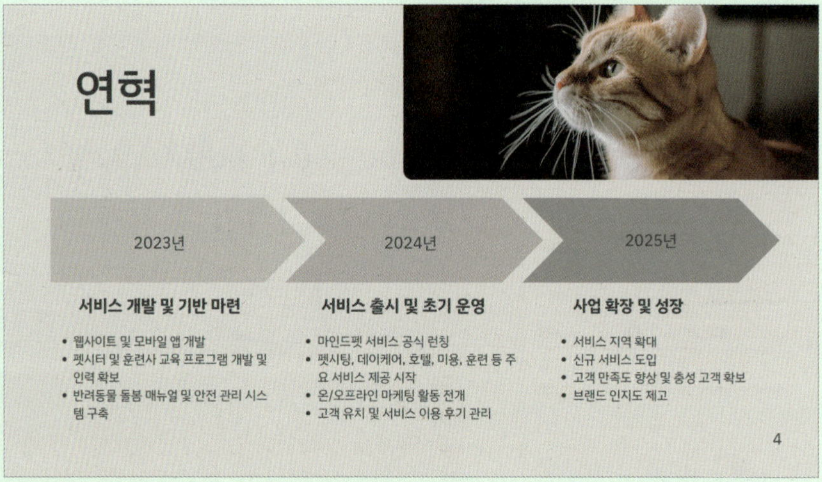

작업 포인트
- 순서를 직관적으로 표현
- 주요 내용을 간략하게 정리

디자인 레시피
- 텍스트: IBM Plex Sans KR (옵션: Regular, Bold | 사이즈 22, 28, 29 | 색상 #373737)
- 배경색: #e8e2da

01 흐름을 직관적으로 보여주는 도형으로 변경

사각형 도형을 선택한 후에 상단 툴바에서 **[편집]→[화살표 도형]**을 클릭하여 화살표 모양의 도형으로 변경합니다. 도형의 사이즈를 조정한 후, 색상을 각기 다르게(예: 점점 연하게, 점점 진하게) 변경하여 흐름을 명확하게 구분합니다.

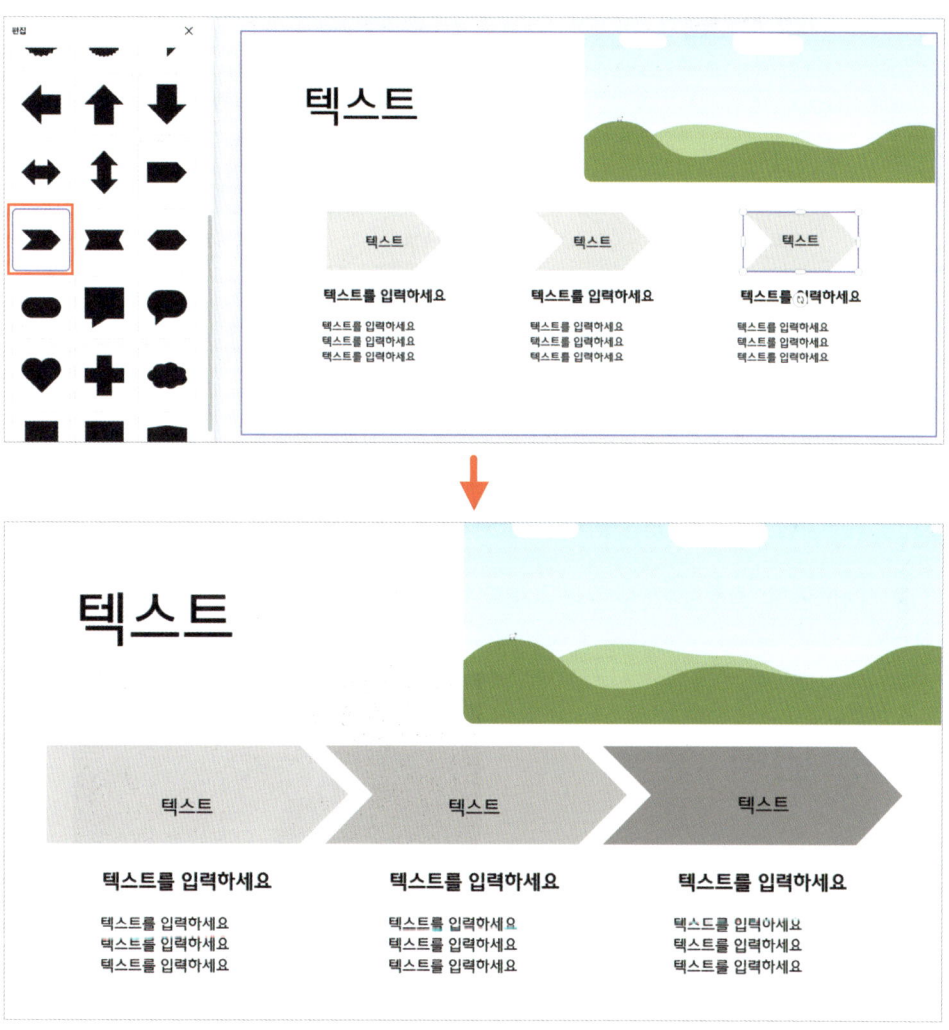

02 주요 내용을 이해하기 쉽게 간략하게 정리

주요 내용을 이해하기 쉽게 간략하게 정리하여 작성합니다.

03 이미지 속 시선 방향을 고려하여 배치하고 배경색 통일

이미지 속 시선이 텍스트를 향하게 배치시키고, 배경색을 이전 페이지와 통일감 있게 동일한 색상으로 설정합니다.

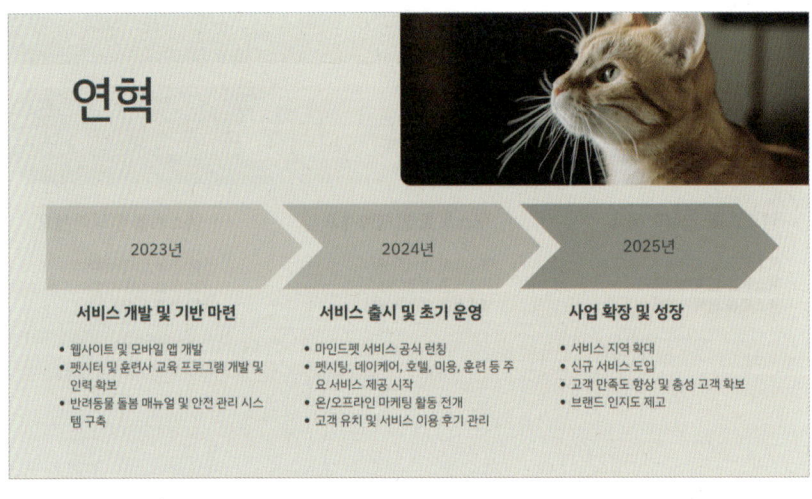

도형을 활용해 순서도 및 조직도를 만드는 방법 2가지

1. 다양한 도형의 조합

도형을 활용하여 순서를 나타낼 수 있습니다. 도형을 조합하면 다양한 형태의 순서도를 만들 수 있으며, 이를 통해 정보를 시각적으로 명확하게 전달할 수 있습니다.

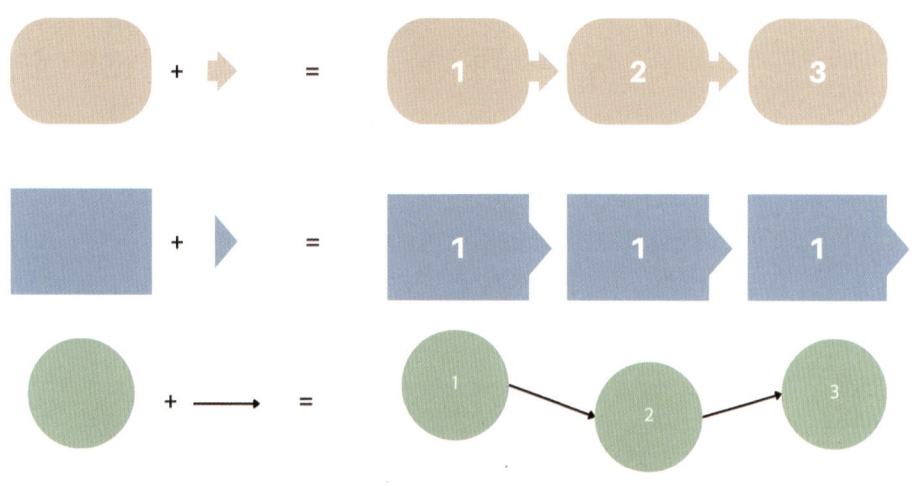

[순서도샘플]

2. 도형 복사 연결하기

도형 복사 연결하기 기능을 활용하면 복잡한 조직도를 쉽게 만들 수 있습니다. 도형을 선택하고 마우스 우 클릭하여 [복사 연결 켜기]를 선택합니다. 도형 주변에 나타나는 위, 아래, 왼쪽, 오른쪽 화살표를 클릭하면 새로운 도형이 생성되고 자동으로 연결됩니다. 도형을 이동시킬 때, 선도 함께 이동되어서 복잡한 조직도를 편집할 때도 편리합니다.

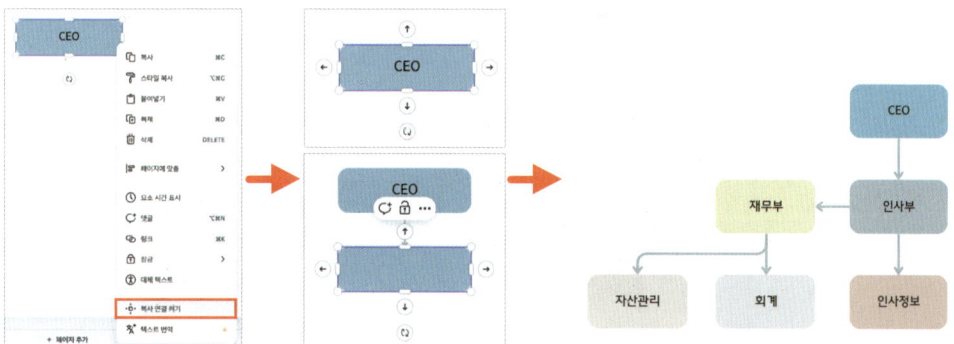

Canva

내용을 효과적으로 구분하는 방법

5~6페이지

무료

프레젠테이션은 한 페이지에 많은 내용을 담는 것보다, 핵심이 되는 주요 내용을 간략하게 구분하여 보여주는 것이 중요합니다. 각 항목을 시각적으로 구분하기 위해 도형이나 색상, 아이콘, 사진 등을 활용하면 좋습니다. 이러한 디자인은 서비스 소개나 제품의 종류, 기능, 이점 등을 효과적으로 제시하는 데 매우 유용합니다.

레이아웃

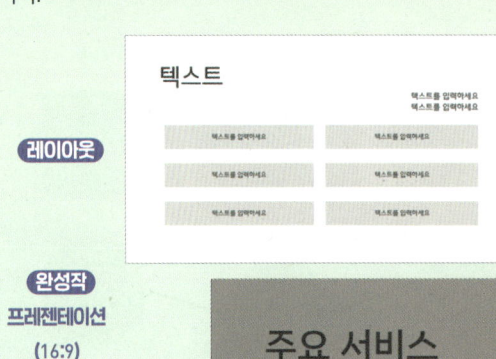

완성작
프레젠테이션
(16:9)

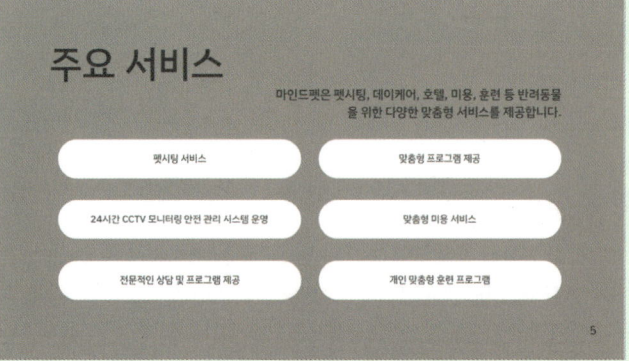

작업 포인트
- 내용을 시각적으로 구분하는 방법
- 통일감 있는 일관된 배경 디자인

디자인 레시피
- 텍스트: IBM Plex Sans KR(옵션: Regular, Medium | 사이즈 85, 32, 28, 22 | 색상 #373737)
- 배경색: #a4928a, #e8e2da
- 요소 검색어: icon, 퍼즐 아이콘, 안전 아이콘

01 시각적으로 부드러운 느낌의 둥근 도형과 색상 설정

(5페이지 작업) 도형을 모두 선택한 후에 상단 툴바에서 **[모서리 둥글게 만들기]** 값을 67로 설정합니다. 도형의 색상을 변경(#ffffff)하고, 시각적으로 구분될 수 있도록 배경색(#a4928a)을 설정합니다. 도형을 더블클릭하여 글꼴을 **IBM Plex Sans KR**로 변경하고 텍스트를 입력합니다.

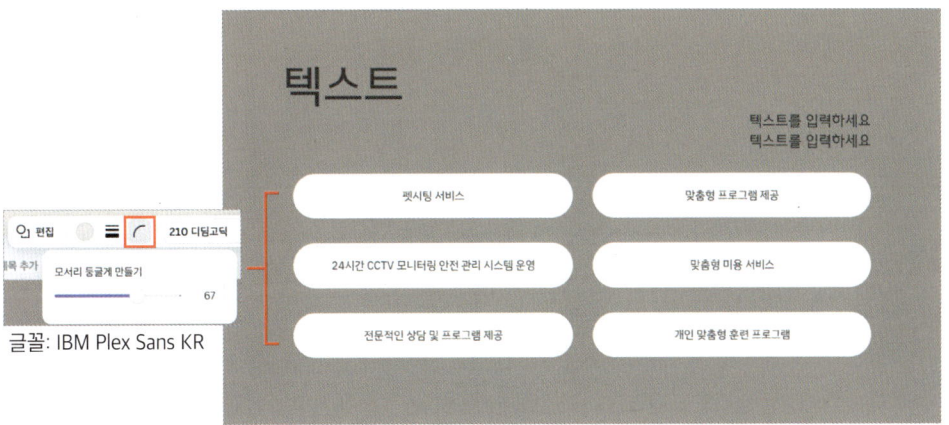

02 애니메이션으로 순차적으로 등장시키기

6개의 도형을 모두 선택한 후에 [애니메이션]→[클릭 시 표시]를 체크합니다. [나타내기]를 선택하고 [클릭하여 정렬]에서 마우스 클릭 시, 등장할 도형의 순서를 위부터 순서대로 정리합니다.

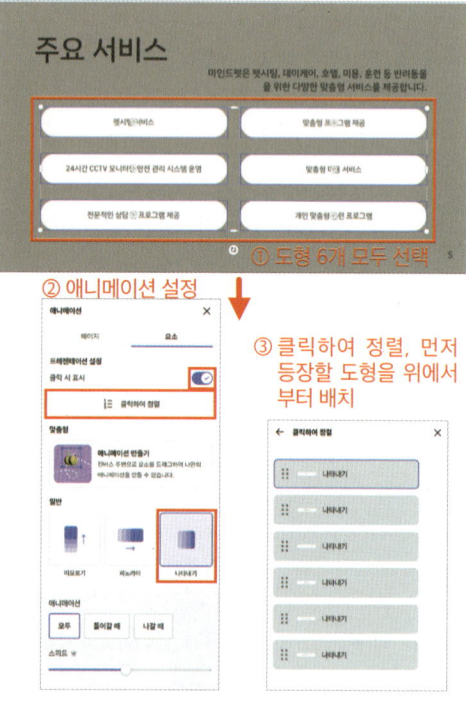

03 아이콘과 선을 활용하여 구분

(6페이지 작업) 내용을 정리하고 관련된 아이콘을 추가합니다. 각 항목 사이에 선을 추가하여 내용을 명확하게 구분합니다.

04 관련된 이미지를 추가하고 배경색을 앞 페이지들과 통일

텍스트 아래에 관련된 이미지를 추가하고, 3페이지에서 제작한 웨이브 장식을 복사하여 배경에 적용하여 디자인의 통일감을 유지합니다.

같은 사이즈의 페이지에서 작업하면 [복사]→[붙여넣기] 했을 때, 요소의 위치와 크기가 동일하게 유지됩니다.

Lesson 06 | 다양한 데이터를 한눈에 보여주는
차트 디자인

7페이지 | 무료

프레젠테이션에서 차트를 활용하면 복잡한 데이터를 시각적으로 보여주어, 청중이 내용을 쉽게 이해할 수 있습니다. 특히, 숫자나 통계 정보를 차트로 보여주면 비교와 대조를 한눈에 용이하게 할 수 있습니다. 이러한 디자인은 성장률이나 시장 규모, 선호도, 소비자의 구매 패턴 분석 등 비즈니스 분야에 다양하게 활용될 수 있습니다.

레이아웃

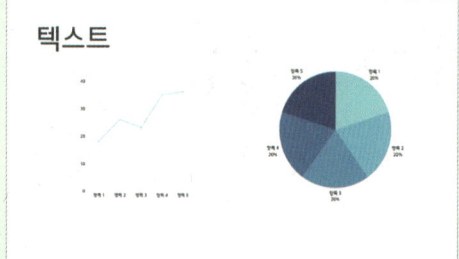

완성작
프레젠테이션
(16:9)

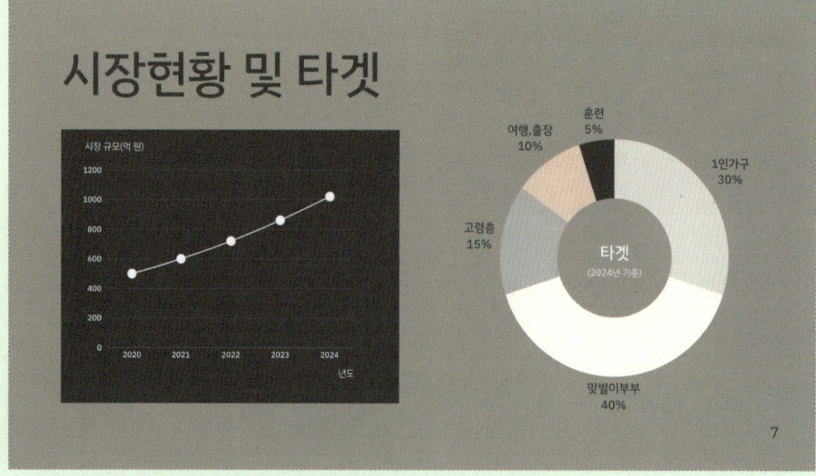

작업 포인트
- 데이터를 쉽게 이해할 수 있도록 명확한 시각화
- 전문성을 높이고 시각적 통일성을 확보하는 일관된 색상

디자인 레시피
- 텍스트: IBM Plex Sans KR(옵션: Medium | 사이즈 85 | 색상 #373737)
- 배경색: #a4928a

01 시간에 따른 데이터의 변화를 시각적으로 보여주는 선 차트

선 차트는 시간에 따른 데이터의 변화를 시각적으로 보여주는 데 매우 효과적입니다. 주로 추세를 파악하고, 특정 시점에서의 값을 비교하는 데 사용됩니다.

왼쪽에 있는 선 차트를 선택하고 상단 툴바에서 **[편집]**을 클릭합니다. 여기서 그래프 세부 설정이 가능합니다. 이때, **[확대]** 아이콘을 클릭하면 보다 편리하게 수정 작업할 수 있습니다.

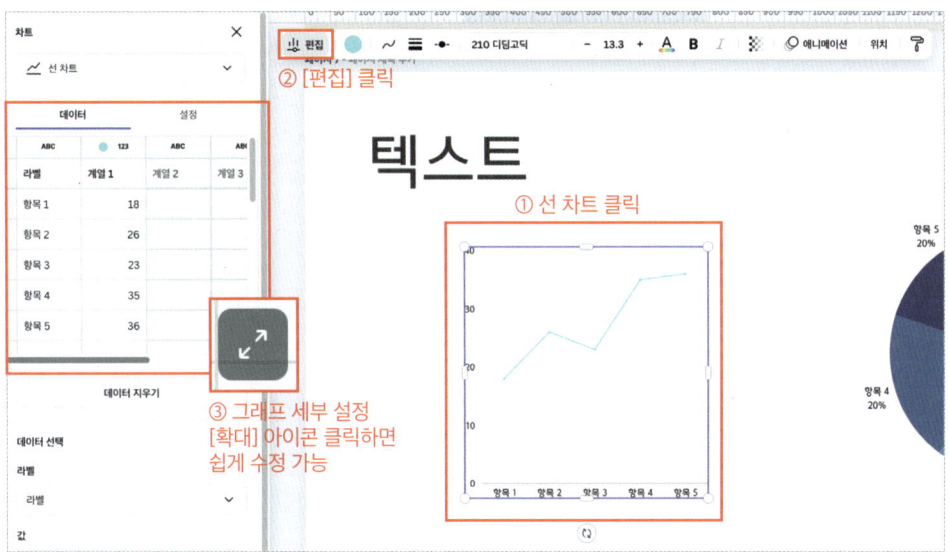

셀을 더블클릭하면 텍스트를 수정할 수 있습니다.

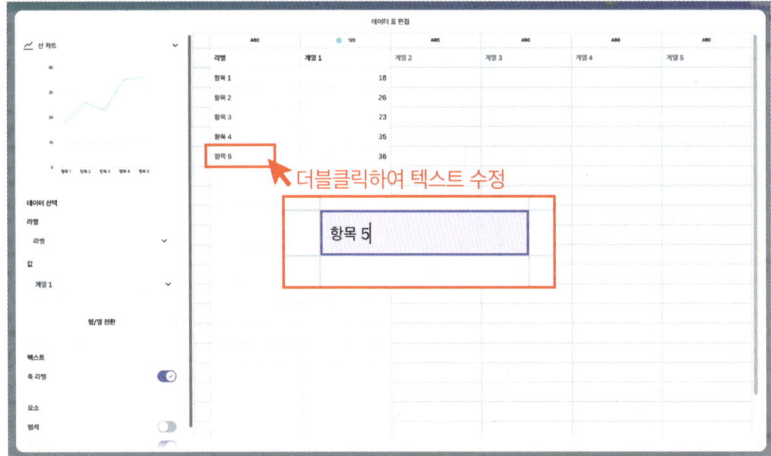

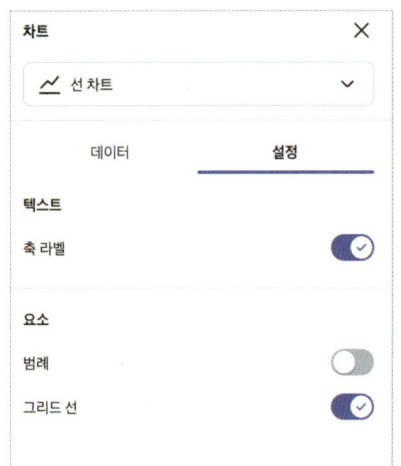
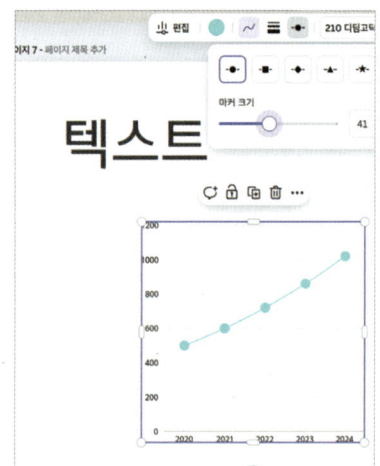

모든 텍스트의 수정을 마치면 [설정] 탭에서 [축 라벨]과 [그리드 선]을 체크해 줍니다.

상단 툴바에서 그래프의 색상과 선 두께, 마커 크기 등을 변경할 수 있습니다.

02 비율을 비교하기 좋은 도넛 차트

도넛 차트는 전체 대비 각 부분의 비율을 시각적으로 표현하는 데 적합하여, 각 항목이 전체에서 차지하는 비율을 쉽게 비교할 수 있습니다.
오른쪽 원형 차트를 클릭하고 상단 툴바에서 [편집]→[도넛 차트]를 선택하여 변경합니다.

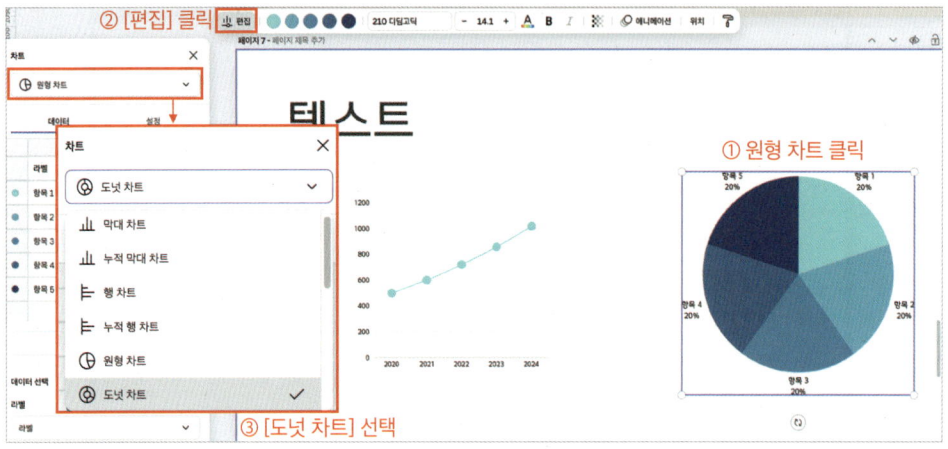

모든 텍스트 수정을 마친 후에 **[설정]** 탭에서 **[라벨]**, **[백분율]**을 체크해 줍니다.

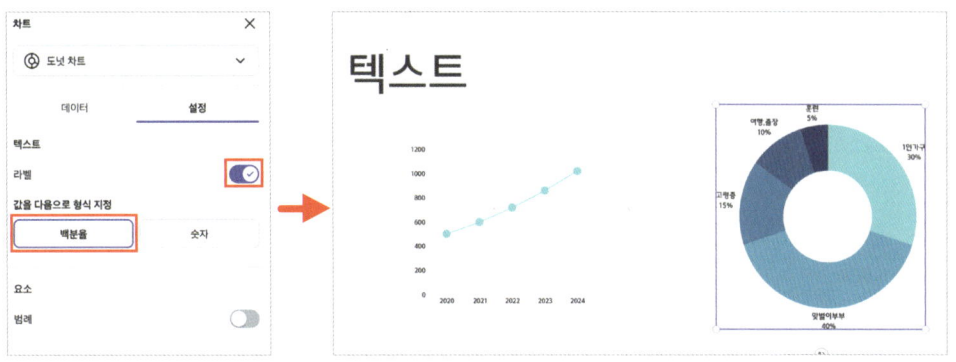

03 일관된 색상으로 시각적 통일성을 확보

그래프와 차트를 선택하고 상단 툴바에서 **[색상]**을 클릭합니다. 전체적인 프레젠테이션의 색감과 비슷한 통일감 있는 색상으로 변경합니다. 그래프와 차트의 글꼴도 앞서 사용한 글꼴, **IBM Plex Sans KR**로 변경하여 통일감을 줍니다.

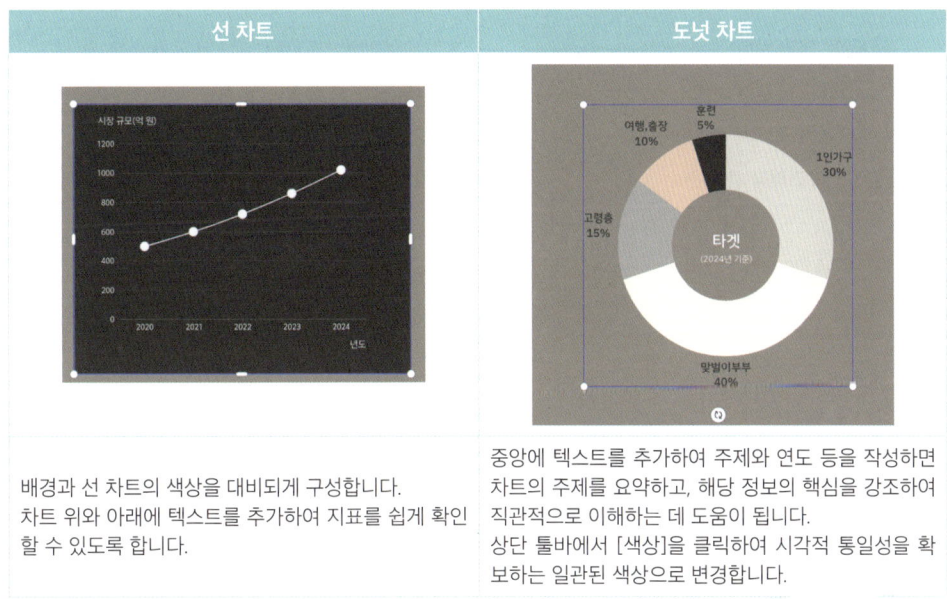

배경과 선 차트의 색상을 대비되게 구성합니다.
차트 위와 아래에 텍스트를 추가하여 지표를 쉽게 확인할 수 있도록 합니다.

중앙에 텍스트를 추가하여 주제와 연도 등을 작성하면 차트의 주제를 요약하고, 해당 정보의 핵심을 강조하여 직관적으로 이해하는 데 도움이 됩니다.
상단 툴바에서 **[색상]**을 클릭하여 시각적 통일성을 확보하는 일관된 색상으로 변경합니다.

 [요소]→[차트]에서 더욱 다양한 차트를 만날 수 있습니다. 다양한 차트를 활용하여 프레젠테이션 및 문서에 적용해 보세요.

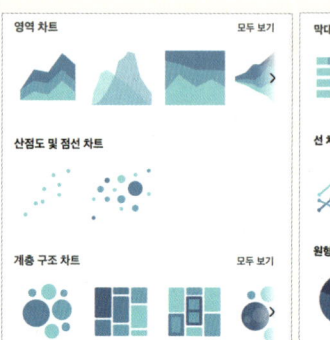
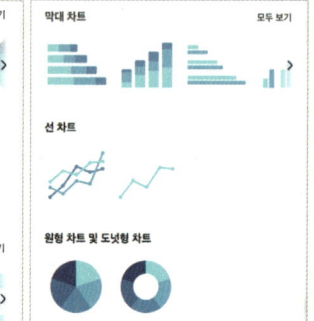

차트 유형	활용 범위
막대 차트	카테고리 간 비교, 순위 표시, 데이터 집합 비교
선 차트	시간에 따른 변화, 추세 분석, 연속 데이터 비교
원형 차트	비율 비교, 전체 대비 각 부분의 구성 비율
영역 차트	시간에 따른 데이터 변화, 누적 데이터 표현
산점도 및 점선 차트	두 변수 간의 관계 분석, 분포 및 경향 파악
계층 구조 차트	데이터의 계층 구조 시각화, 조직도 및 분류 표현
인포그래픽 차트	복잡한 데이터나 정보를 시각적으로 전달, 스토리텔링

PART 3   업무 효율을 높이는 캔바 활용법   -프레젠테이션-

Lesson 07

유연한 테두리 선과 말풍선을 추가한
고객 후기 디자인

8페이지

무료

비즈니스 프레젠테이션에서 고객 후기는 실제 사용자의 긍정적인 경험으로, 신뢰도를 높이는 데 큰 역할을 합니다. 고객 후기 페이지를 디자인할 때는 텍스트뿐만 아니라 이미지와 그래픽 등을 추가하여 자연스럽게 시선을 끌 수 있도록 하는 것이 중요합니다. 이러한 디자인은 Q&A, 고객 피드백 등 커뮤니티 기반의 콘텐츠에 효과적으로 활용할 수 있습니다.

작업 포인트
- 이미지와 그래픽으로 긍정적인 느낌 전달
- 자연스러운 분위기의 장식

디자인 레시피
- 텍스트: IBM Plex Sans KR(옵션: Regular | 사이즈 85, 19 | 색상 #373737)
- 배경색: #e8e2da
- 요소 검색어: 말풍선, set:nAFaCzp8DjY | 색상 #fffdf5
- 선: 점선, 꺾인 선 | 선 두께 2 | 모서리 둥글게 만들기 24

01 고객 후기를 더욱 효과적으로 전달하기 위해 말풍선 추가

도형을 삭제하고 [요소]→[그래픽]에서 말풍선을 추가합니다.

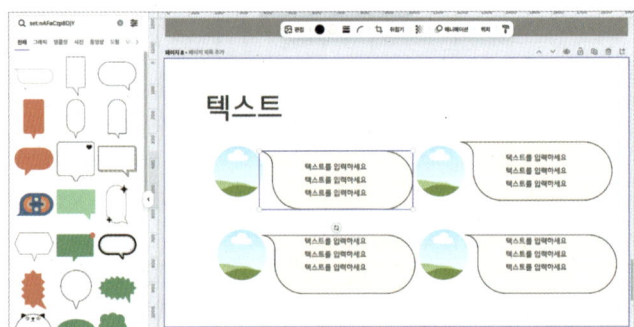

02 긍정적인 느낌을 주는 이미지와 별표 도형 추가

긍정적인 느낌을 주는 이미지와 별점을 매긴 느낌을 주는 별표 도형을 추가합니다. 글꼴 IBM Plex Sans KR로 고객 이름과 후기 텍스트를 작성합니다.

03 말풍선을 자연스럽게 배치하고 테두리 선 추가

자연스러운 느낌을 높이기 위해 말풍선 배치를 바꿔주고, 테두리 선을 추가합니다. 테두리를 선택하고 유연한 느낌을 내기 위해 상단 툴바에서 [꺾인 선]을 클릭합니다. 선을 움직이면서 테두리를 만들어 줍니다.

꺾인 선 사용 방법

꺾인 선을 선택하면 선 중간에 편집 포인트가 표시됩니다.
가로로 보이는 포인트는 위아래로 움직일 수 있고, 세로로 보이는 포인트는 좌우로 움직여서 모양을 조정할 수 있습니다.

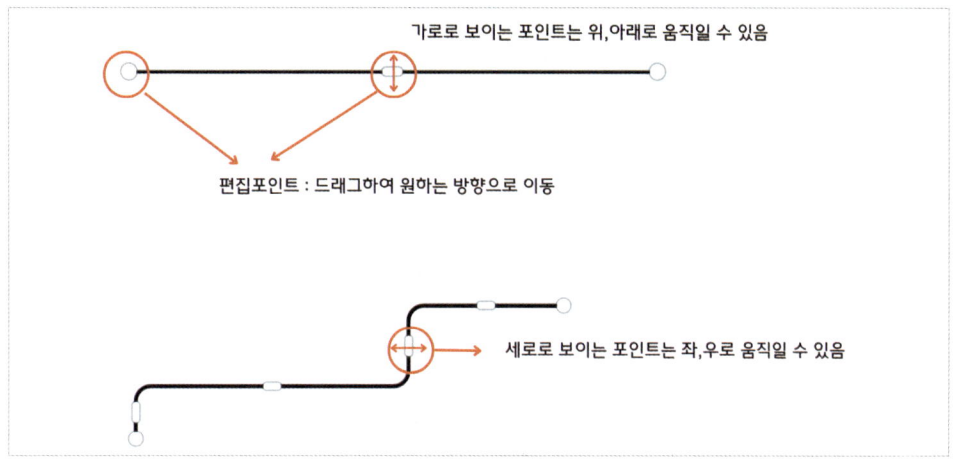

꺾인 선 샘플

곡선 사용 방법

선 중심에 보이는 편집 포인트를 움직여서 원하는 모양의 곡선을 만들수 있습니다.

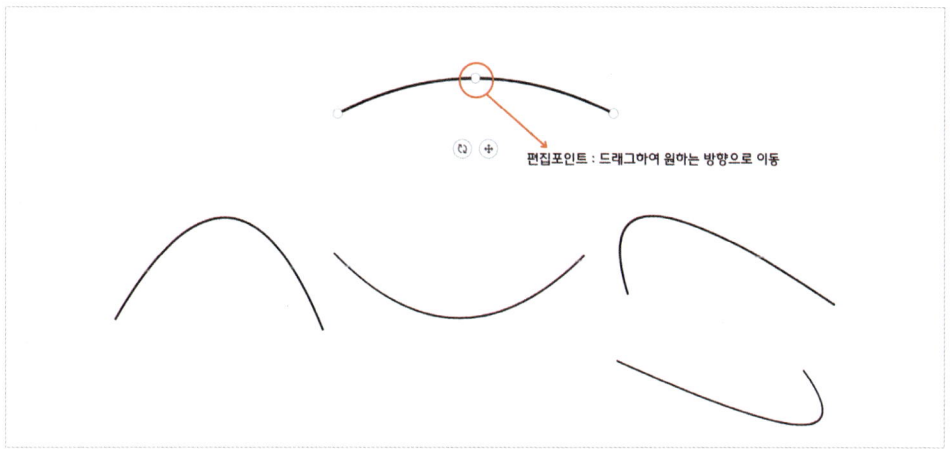

곡선 샘플

Canva

Lesson 08 | 깔끔하고 연결감이 느껴지는 디자인과 생동감 있는 전환 효과 | 무료

9~10페이지

프레젠테이션에서 비전 및 향후 계획은 브랜드의 목표와 미래 방향성을 명확하게 전달하는 역할을 합니다. 상담 내용이나 문의에 대한 답변을 마지막에 넣으면 청중에게 신뢰감을 줄 수 있습니다. 또한 깔끔하게 디자인하면 청중이 브랜드에 대한 긍정적인 인식을 갖게 되고, 후속 조치에 대한 의욕을 높일 수 있습니다. 이러한 디자인은 Q&A나 성공 사례 소개, 감사 인사 등에 효과적으로 활용할 수 있습니다.

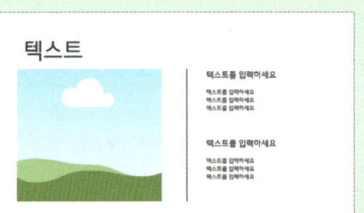

완성작
프레젠테이션
(16:9)

작업 포인트
- 연결감이 느껴지는 포인트
- 브랜드 이미지와의 전체적인 조화

디자인 레시피
- 텍스트: IBM Plex Sans KR(옵션: Regular, Medium | 사이즈: 85, 32, 22 | 색상 #373737)
- 배경색: #e8e2da

01 포인트 도형을 추가하여 내용이 자연스럽게 연결되어 보이도록 구성

(9페이지 작업) 내용이 자연스럽게 이어져 보이도록 포인트 도형을 추가합니다.

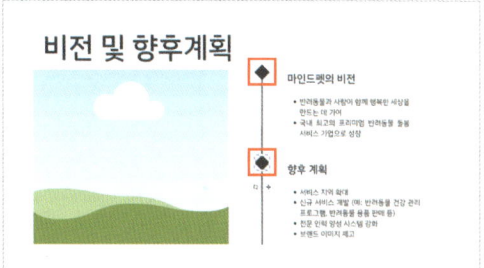

02 전체적인 브랜드 분위기에 맞는 이미지를 추가하고 배경색 변경

(9, 10페이지 모두 해당되는 작업) 전체적인 브랜드 분위기에 맞는 이미지를 추가하고 배경색을 설정합니다.

03 생동감 있는 전환 효과

슬라이드 사이에 마우스를 가져가서 **[전환 효과 추가]→[슬라이드]→[모든 페이지에 적용]**을 차례로 선택합니다.

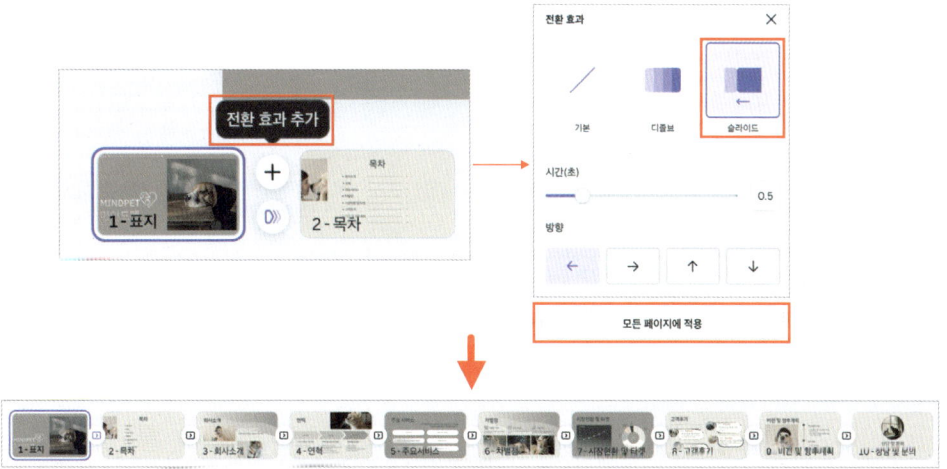

프레젠테이션을 파워포인트 파일로 저장하는 2가지 방법

1. [공유]→[저장]→[Microsoft PowerPoint]→[다운로드]

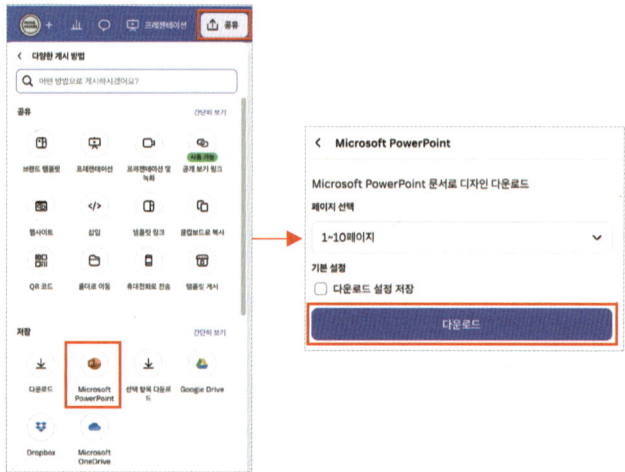

2. [공유]→[다운로드]→[파일 형식: PPTX 파일]→[다운로드]

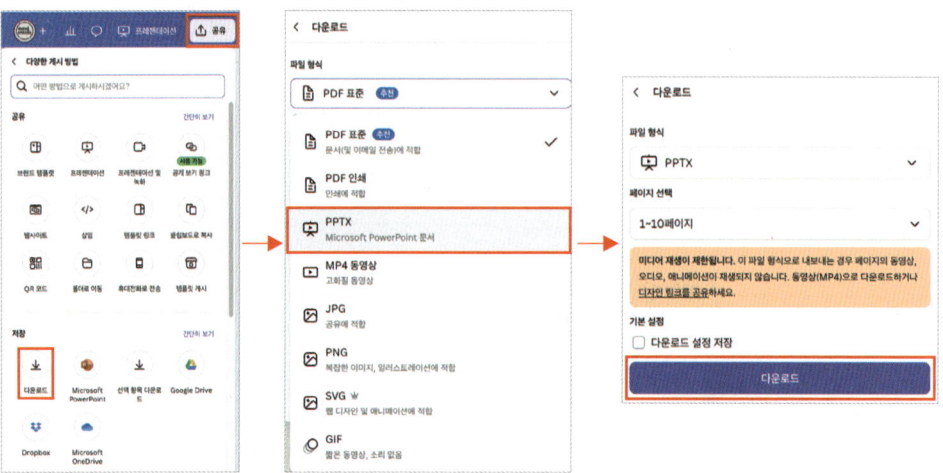

CHAPTER 9

캔바로 무료 웹사이트 만들기

웹사이트 디자인 이해하기

웹사이트는 브랜드의 정체성을 알리고 홍보하는 중요한 도구입니다. 웹사이트를 만들기 위해서는 기획 단계에서부터 여러 요소를 고려해야 하는데, 특히 이미지와 글꼴은 웹사이트의 전반적인 인상과 가독성에 큰 영향을 미치는 중요한 요소입니다. 브랜드의 이미지에 맞는 고화질의 이미지를 사용하고 PC와 모바일 등 다양한 기기에서 모두 읽기 편한 글꼴로 정보를 전달하는 것이 중요합니다.

또한, 불필요한 요소를 제거하고 깔끔한 레이아웃을 유지하여 방문자가 원하는 내용을 쉽게 찾을 수 있게 하는 것이 좋습니다.

웹사이트 디자인 3단계: 기획-디자인-게시

① **웹사이트 기획하기**: 목표를 명확히 하고 타겟 고객을 정의하며, 필요한 콘텐츠와 기능 등 각 페이지에 들어갈 내용을 정리하는 것이 중요합니다.

② **웹사이트 디자인**: 간결한 레이아웃과 가독성이 좋은 글꼴, 브랜드 이미지에 맞는 색상과 이미지를 사용하여 조화롭게 디자인합니다.

③ **웹시이트 게시하기**: 캔바에서 무료 두메인을 사용하거나 외부 도메인을 연결하여 게시할 수 있습니다.

웹사이트 디자인 시작하기

웹사이트 디자인을 시작하는 방법은 크게 네 가지가 있습니다.

① 이 책에서 제공하는 레이아웃을 통해서 예제 페이지 열어서 디자인하기

② 캔바 홈에서 [디자인 만들기]→[웹사이트]를 차례로 선택하고 새 페이지 열어서 디자인하기

③ 캔바 홈에서 [웹사이트] 아이콘을 선택하고 새 페이지 열어서 디자인하기

④ 검색을 통해 원하는 템플릿을 찾아서 디자인 시작하기

웹사이트 에디터 상단 메뉴에서 [미리 보기], [웹사이트 게시] 버튼을 확인할 수 있고, 옵션 메뉴는 화면 왼쪽에 표시됩니다.

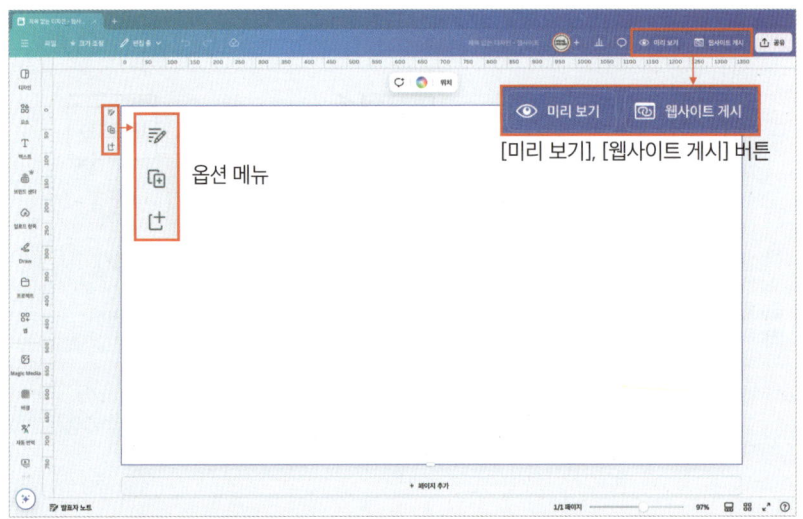

웹사이트 페이지 옵션 메뉴 살펴보기

페이지 옵션 메뉴는 웹사이트 페이지 에디터 화면에 세로로 표시되는 메뉴입니다.

아이콘	메뉴명	기능
∧ ∨	위아래 이동	페이지를 위아래로 재배치할 때 사용합니다. 페이지 순서를 변경할 때 유용합니다.
⌀	페이지 숨기기	특정 페이지를 숨길 때 사용합니다. 숨긴 페이지는 디자인에 표시되진 않지만, 필요할 때 다시 보이게 할 수 있습니다.
📝	메모 추가	페이지에 메모를 추가하는 기능입니다. 디자인에 대한 참고 사항이나 아이디어를 기록할 수 있습니다. 제목을 기재하면 해당 제목이 웹사이트 상단 내비게이션 메뉴에 표시됩니다. 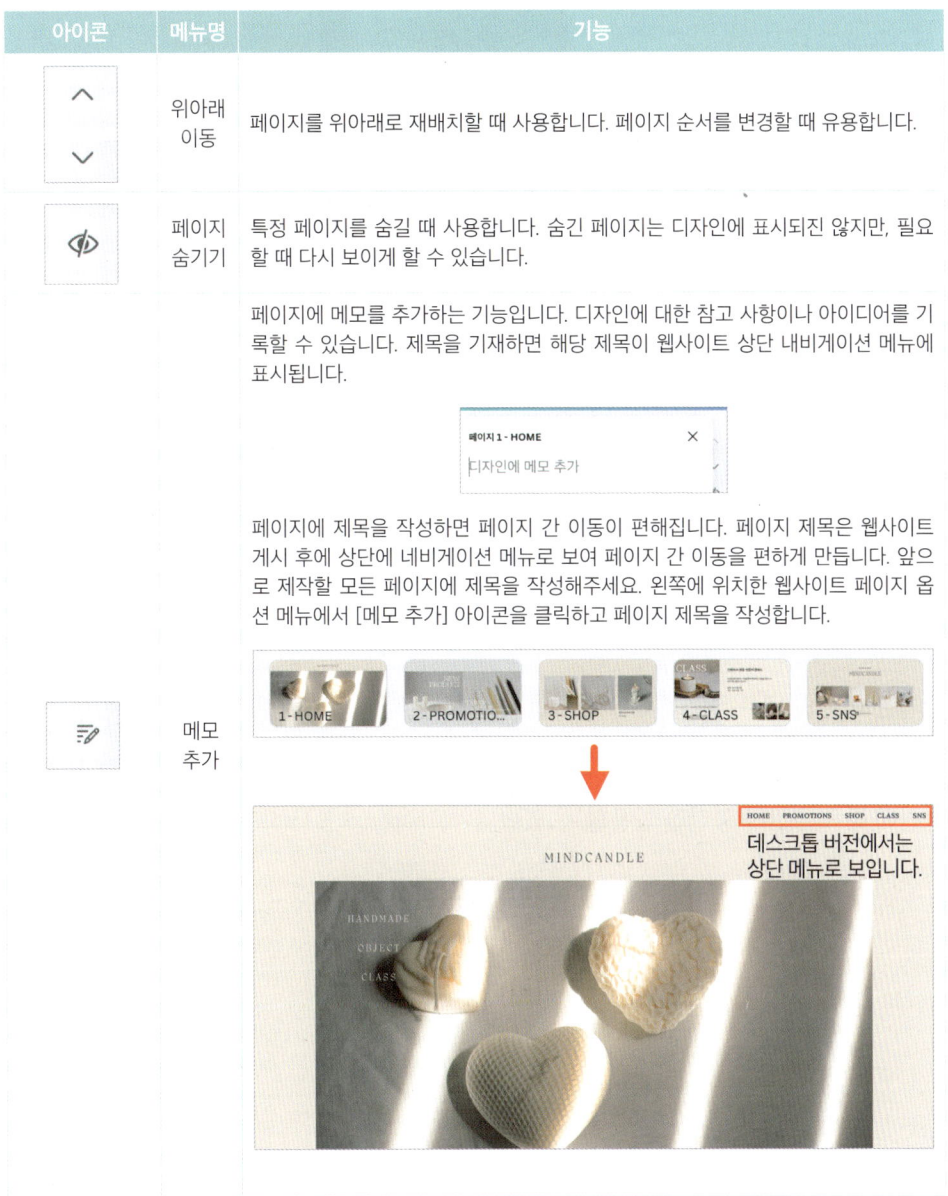 페이지에 제목을 작성하면 페이지 간 이동이 편해집니다. 페이지 제목은 웹사이트 게시 후에 상단에 네비게이션 메뉴로 보여 페이지 간 이동을 편하게 만듭니다. 앞으로 제작할 모든 페이지에 제목을 작성해주세요. 왼쪽에 위치한 웹사이트 페이지 옵션 메뉴에서 [메모 추가] 아이콘을 클릭하고 페이지 제목을 작성합니다.

		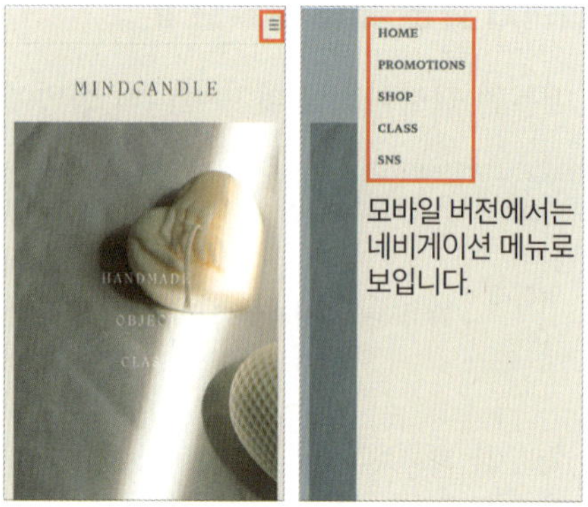 모바일 버전에서는 네비게이션 메뉴로 보입니다.
 🔒	잠금/ 잠금 해제	페이지의 레이아웃을 고정(잠금)하고 콘텐츠(사진이나 요소, 텍스트 등)만 교체할 수 있게 설정하는 기능입니다. 팀 작업 시, 유용한 기능입니다.
 📋	페이지 복제	현재 페이지를 복제하여 동일한 레이아웃의 새 페이지를 만들 수 있습니다.
 🗑	페이지 삭제	선택한 페이지를 삭제할 수 있습니다. 단, 웹사이트를 게시하려면 최소 1페이지는 있어야 합니다.
 ➕	페이지 추가	새로운 페이지를 추가할 수 있습니다. 최대 500페이지까지 가능합니다.

같은 범주의 내용을 추가해야 한다면, 페이지의 길이를 키워서 디자인하면 됩니다. 페이지 하단의 핸들을 드래그 앤 드롭하면 페이지 길이를 자유롭게 조정할 수 있습니다. 디자인에 필요한 만큼 공간을 활용할 수 있습니다(Chapter 9 웹사이트-Lesson 03 참고).

웹사이트 완성작

PART 3　　　업무 효율을 높이는 캔바 활용법　　　- 웹사이트 -

Lesson 01

간결한 디자인의
웹사이트 첫 화면

| 무료

웹사이트의 첫 화면은 깔끔한 레이아웃을 통해 정보를 간결하게 전달하는 것이 중요합니다. 브랜드를 대표하는 사진과 고화질 상품 이미지 등을 배치하여 방문자의 관심을 끌어야 합니다. 또한, 모바일 환경에서 최적화되어 보이기 위해서는 레이아웃을 심플하게 구성하는 것이 좋습니다. 이 디자인은 다양한 소규모 기업의 웹사이트에 효과적으로 활용될 수 있습니다.

 레이아웃

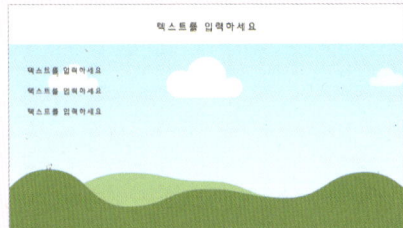

완성작
웹사이트
1366*768 px

작업 포인트

· 간결한 레이아웃과 배경색
· 시선을 사로잡는 이미지와 폰트

디자인 레시피

· 텍스트: Migra(옵션: ExtraLight | 사이즈 25, 18 |
　　　　　색상 #3b3b3b, #ffffff)
· 배경색: #e4dbcf

01 브랜드 이미지에 알맞은 배경색 설정

브랜드 이미지에 알맞은 배경색(#e4dbcf)을 설정합니다. 웹사이트의 기획 단계에서 설정한 색상이 있다면 활용해도 좋습니다.

02 시선을 끄는 이미지를 추가하고 텍스트의 글꼴을 변경

시선을 끄는 이미지를 추가하여 브랜드의 특성을 한눈에 볼 수 있게 합니다. 브랜드 이미지에 어울리는 글꼴인 **Migra**를 사용하여 브랜드명과 주요 텍스트를 작성합니다. 로고 이미지를 함께 사용해도 좋습니다.

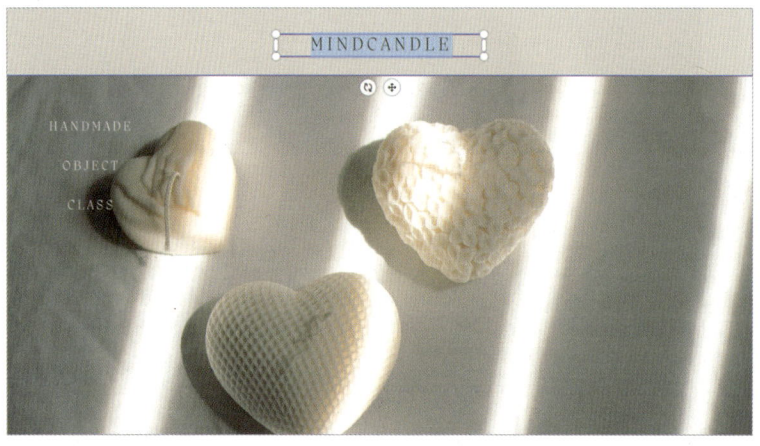

03 생동감 있는 애니메이션 효과

텍스트를 선택한 후, [애니메이션]→[떠오르기]를 차례로 선택하여 생동감을 더합니다.

작업할 때 꼭 확인하세요!

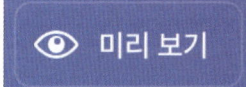

상단 메뉴에서 [미리 보기]를 클릭하면 데스크톱과 모바일 환경에서 어떻게 보이는지 확인할 수 있습니다. 중간중간 확인하면서 디자인하면 좋습니다.

데스크톱 미리 보기

[**모바일에서 크기 조정**]을 체크하면 모바일 화면에 맞게 자동으로 크기가 조정됩니다.

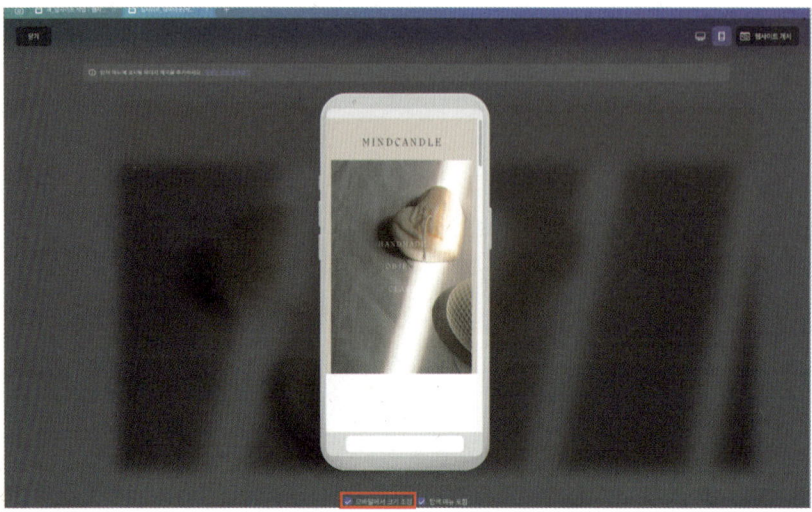

모바일 미리 보기([모바일 크기 조정] 체크함)

체크하지 않은 경우, 데스크톱과 같은 크기로 보입니다.

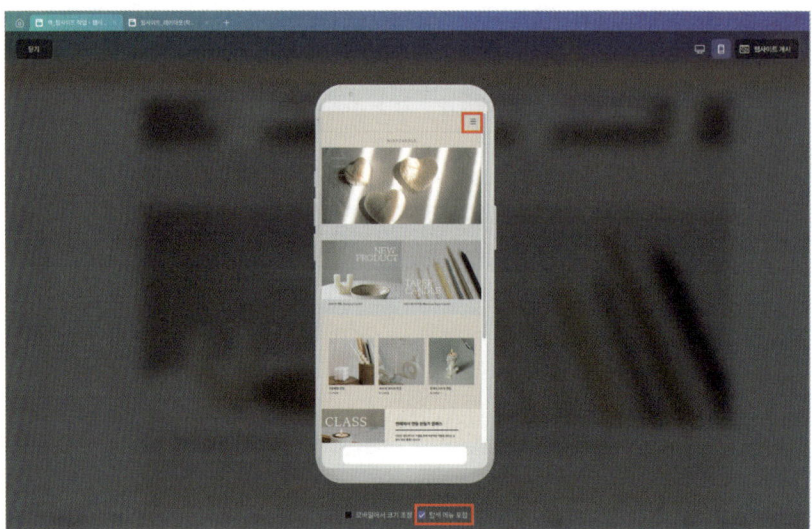

모바일 미리 보기([모바일 크기 조정] 체크 안 함)

[**탐색 메뉴 포함**]을 체크하면 웹사이트에 게시했을 때, 상단에 보이는 메뉴가 표시됩니다.

PART 3 업무 효율을 높이는 캔바 활용법 - 웹사이트 -

앞 페이지와 구분되는 디자인의
프로모션 페이지

| 무료

프로모션 페이지에는 신제품이나 할인 정보 등의 내용을 담습니다. 소비자의 관심과 시선을 끌고, 웹사이트에 좀 더 오래 머무를 수 있도록 하는 것이 중요합니다. 고품질의 이미지와 명확한 정보의 텍스트를 조화롭게 배치하여 깔끔하게 디자인합니다. 이벤트나 고객 리뷰 등 소비자의 관심을 끄는 디자인에 효과적으로 활용될 수 있습니다.

`레이아웃`

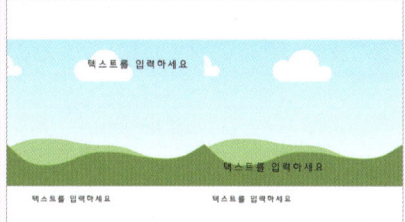

`완성작`
웹사이트
1366*768 px

작업 포인트
- 페이지를 구분하는 배경색과 레이아웃
- 옵션이 있는 글꼴을 사용하여 텍스트를 조화롭게 배치

디자인 레시피
텍스트: Hahmlet(옵션: ExtraLight, Light | 사이즈 53, 15 | 색상 #ffffff, #3b3b3b)
배경색: #d8d8d8

01 페이지를 구분하는 배경색과 레이아웃

첫 페이지와 구분되도록 배경색을 다르게 설정(#d8d8d8)하고 위아래에 적당한 여백을 둡니다. 적절한 이미지를 추가합니다.

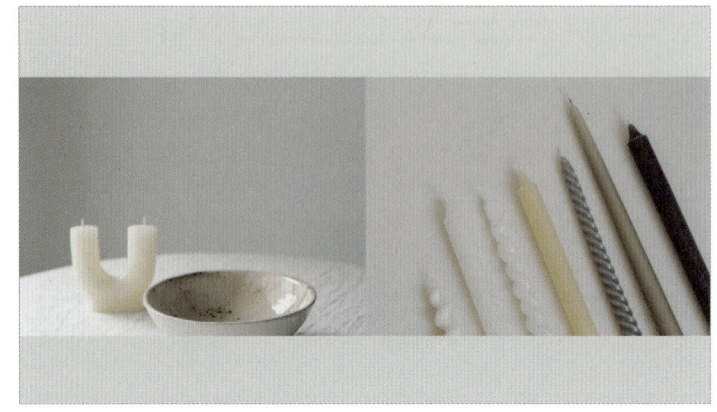

02 자연스럽게 시선을 유도하는 텍스트와 이미지 배치

깔끔하고 정돈된 느낌의 글꼴인 **Hahmlet**을 사용하여 텍스트를 작성하고 이미지의 중심부를 피해 배치합니다. 이미지에는 충분한 여백을 두어 답답하지 않게 디자인합니다.

Tips

웹사이트 글꼴 추천:
Arial, Georgia, Verdana

PART 3 　 업무 효율을 높이는 캔바 활용법 　 - 웹사이트 -

Lesson 03

상품 수에 따라 원하는 만큼 확장한

상품 목록 페이지 디자인 　 | 무료

구매를 유도하는 상품 목록 페이지는 소비자의 관심을 끌고, 시각적으로 매력적인 이미지와 명확한 상품 정보, 그리고 구매를 유도하는 콜 투 액션 버튼을 통해 소비자가 쉽게 구매 결정을 내릴 수 있도록 디자인하는 것이 중요합니다. 링크를 삽입하여 쇼핑몰로의 구매 전환이나 외부 사이트로의 이동을 효과적으로 유도할 수 있습니다. 이러한 디자인은 예약 시스템, 이벤트 신청 등 다양한 마케팅 분야에 활용할 수 있습니다.
(*콜 투 액션 CTA: 소비자의 행동을 유도하는 장치나 문구로, 버튼이나 링크, 아이콘, 이미지 등의 형태로 표시할 수 있습니다.)

레이아웃

완성작
웹사이트
1366*768 px

기본형　　　　　　　　　　　　　　　　확장형

작업 포인트
- 명확한 상품 정보와 구매 유도 콜 투 액션 아이콘 추가
- 비교를 쉽게 페이지를 확장하여 상품 수 추가

디자인 레시피
- 텍스트: Hahmlet(옵션: Light, Medium, Regular | 사이즈 75, 18, 14 | 색상 #ffffff, #3b3b3b)
- 배경색: #e4dbcf

Canva

01 상품 정보를 정확하게 전달하는 선명한 이미지와 텍스트

상품 정보를 정확하게 전달할 수 있도록 선명한 이미지를 추가하고, 제품명과 가격 등을 구분하여 작성합니다

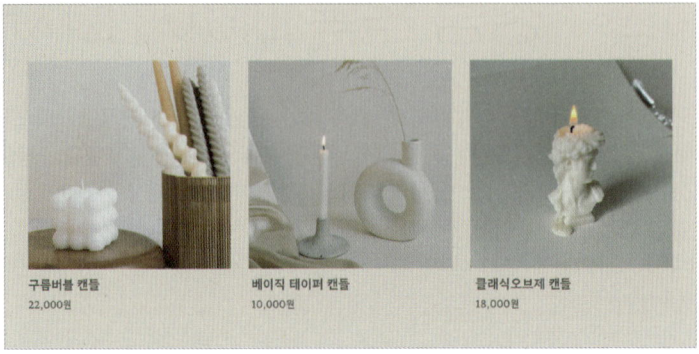

02 구매를 유도하는 콜 투 액션 아이콘 추가

구매를 유도하는 콜 투 액션 아이콘인 장바구니 아이콘을 추가합니다. 추가한 아이콘을 마우스 우클릭하고 **[링크]**를 선택하여, 연결될 쇼핑몰 링크를 작성합니다.
(예시작에 포함된 링크는 마인드마인즈 캔바 홈 링크입니다. 여러분의 비즈니스에 따라 적절한 링크를 연결하세요.)

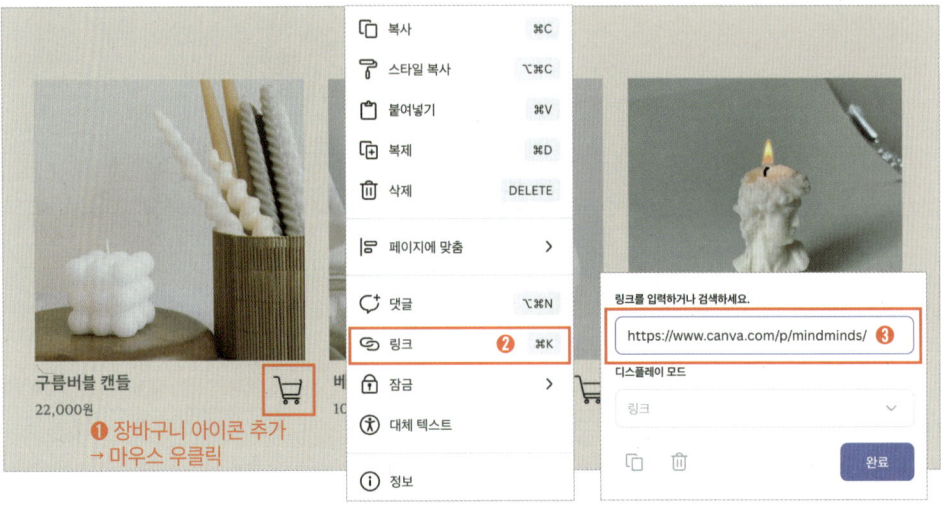

03 페이지를 확장하여 다양한 상품 추가

확장할 페이지를 선택한 후에 하단 편집 포인트를 아래로 드래그하여 페이지를 확장합니다. 상품 간 비교를 쉽게 할 수 있도록 다양한 상품을 추가합니다.

Lesson 04   모바일 환경에 최적화된   텍스트와 이미지 배치 | 무료

웹사이트 디자인은 데스크톱과 모바일 모두에서 최적화되어야 합니다. 데스크톱에서는 넓은 화면 공간을 활용해 여러 요소를 한눈에 보이게 배치할 수 있지만, 모바일에서는 화면이 제한적이므로 정보의 간결성과 가독성이 더욱 중요합니다. 균형 잡힌 배치는 방문자가 원하는 정보를 쉽게 찾도록 도와줍니다. 이러한 균형 있는 배치는 여러 제품의 정보, 가격, 리뷰 등을 포함한 페이지에서 효과적으로 활용될 수 있습니다.

레이아웃

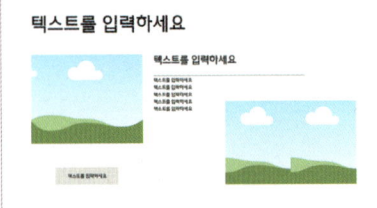

완성작
웹사이트
1366*768 px

작업 포인트
- 텍스트와 이미지의 균형감 있는 배치
- 직관적인 콜 투 액션 표현(버튼)

디자인 레시피
- 텍스트: Hahmlet(옵션: Light, Medium, Regular | 사이즈 75, 26, 16 | 색상 #ffffff, #3b3b3b)
- 배경색: #ede7de
- 도형 색상: #d8d8d8

01 3분할 프레임으로 균형감 있는 이미지 배치

오른쪽 하단 2분할 이미지 프레임을 3분할 그리드로 교체합니다. 3분할 프레임을 클릭하고 **[위치]**를 선택합니다. 가로(너비) 사이즈를 조정(447.6px)하여 배치합니다. 배경색(#ede7de)을 변경하고 이미지를 추가합니다.

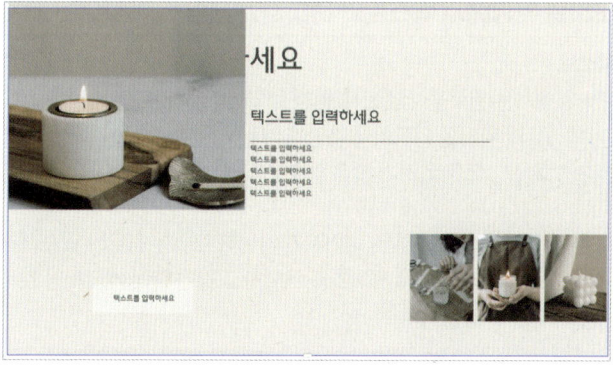

02 레이아웃을 구분하기 위해 도형을 추가하고 텍스트 재배치

색상이 다른 도형을 추가하여 사진 뒤로 배치하고, 텍스트를 조화롭게 재배치하여 내용을 작성합니다.

03 도형을 콜 투 액션 버튼으로 교체

직관적인 행동 유도를 위해 왼쪽 하단 도형을 클릭한 후에 **[요소]→[버튼]**을 차례로 선택하여 원하는 모양의 버튼으로 변경합니다. 색상을 변경(#000000)하고 "예약하기" 텍스트를 입력합니다. 제작한 버튼을 마우스 우클릭하여 **[링크]**를 선택하고 이동할 웹사이트 URL을 추가합니다.

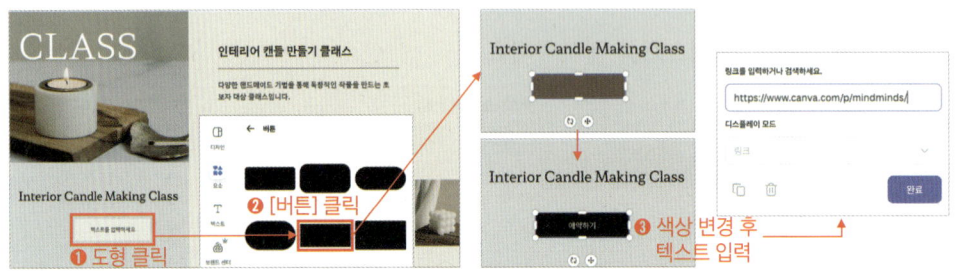

모바일 환경에서 텍스트와 이미지가 균형 있게 보이는 배치

텍스트
모바일에서는 왼쪽을 기준으로 먼저 보입니다. 텍스트의 배치를 최상단으로 하고 싶다면, 텍스트의 위치를 왼쪽이나 중앙에 배치하는 것이 좋습니다. 텍스트가 오른쪽에 배치된 경우 최상단에 위치하지 않을 수 있습니다.

이미지
여러 장의 이미지를 한 페이지에 사용할 경우, 이미지가 나뉘어 보이는 경우가 있습니다. 그리드를 활용하여 가로 폭의 사이즈를 조정하거나 이미지 사이즈를 조절하고 같은 줄에 배치하면 모바일에서 여러 장의 이미지를 한눈에 깔끔하게 볼 수 있습니다.

텍스트와 이미지의 균형감 있는 배치 예시

PART 3 　 업무 효율을 높이는 캔바 활용법 　 - 웹사이트 -

 브랜드의 일관성과 다양성을 강조하는
푸터 디자인

| 무료

웹사이트 하단에 위치한 푸터(Footer)는 단순한 여백이 아니라, 방문자와 웹사이트 그리고 기업 간의 지속적인 소통을 지원하고 신뢰를 구축하는 데 중요한 역할을 합니다. 이미지나 아이콘 등 시각적 요소를 활용한 푸터 디자인은 브랜드의 일관된 이미지를 효과적으로 전달할 수 있으며, 주요 서비스 페이지로 연결되는 링크를 포함함으로써 방문자와의 원활한 소통도 가능하게 합니다. 이러한 디자인은 포트폴리오, 회사 소개, 교육 및 정보 제공 사이트 등 다양한 웹사이트에서 효과적으로 활용될 수 있습니다.

완성작
웹사이트
1366*768 px

작업 포인트
- 시각적인 일관성을 유지하는 배경색과 이미지
- 브랜드의 다양성을 알리는 아이콘

디자인 레시피
- 텍스트: Hahmlet(옵션: Regular | 사이즈 13 | 색상 #3b3b3b)
  Migra(옵션: ExtraLight | 사이즈 74 | 색상 #3b3b3b)
- 배경색: #e4dbcf
- 요소 검색어: set:nAE9MDITYKs, Instagram Logo

01 시각적인 일관성을 유지하는 배경색과 브랜드의 일관된 이미지 배열

시각적인 일관성을 유지하기 위해 배경색을 변경하고 브랜드의 일관된 이미지를 추가하여 조화롭게 배열합니다.

02 브랜드의 다양성을 알리는 아이콘을 추가

브랜드의 다양성을 알리는 소셜미디어 아이콘을 추가하고, 각각의 아이콘에 맞는 외부 링크를 삽입합니다.

 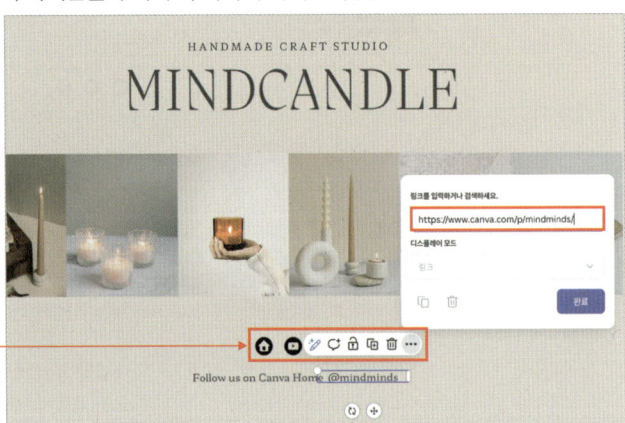

CHAPTER 10 화이트보드 & Docs

1 아이디어를 시각화하는 화이트보드 활용법

1인 기업이나 소규모 비즈니스를 운영하는 데 있어 아이디어를 시각화하는 것은 매우 중요합니다. 이때, 브레인스토밍이나 마인드맵 등을 활용하면 아이디어를 정리하고 구체화할 수 있습니다. 캔바의 화이트보드 기능을 사용하면 브레인스토밍과 마인드맵을 손쉽게 진행하고 만들 수 있습니다.

캔바의 화이트보드는 무한한 공간에서 아이디어를 구체화할 수 있게 하는 도구입니다. 스티커나 메모, 댓글 등을 활용하여 아이디어를 정리할 수 있으며 즉각적인 피드백이 가능하여 다른 팀원과 협업하기에도 좋습니다. 또한, 이미지나 비디오 등 다양한 시각적 콘텐츠를 손쉽게 드래그 앤 드롭으로 추가해 아이디어를 표현할 수 있어, 브레인스토밍이나 전략 세션, 프로젝트 계획 등 다양한 작업을 손쉽고 재미있게 진행할 수 있습니다.

화이트보드의 장점

- **무한 캔버스**: 화이트보드는 무한한 공간을 제공하여 브레인스토밍하거나 플로우 차트, 전략 세션 등의 다양한 작업을 자유롭게 진행할 수 있습니다.
- **실시간 협업**: 팀원들과 동시에 작업할 수 있는 실시간 커서와 스티키 메모, 타이머, 댓글 기능이 있어서 훨씬 쉽게 협업할 수 있습니다.
- **다양한 템플릿**: 브레인스토밍, 마인드맵, 팀 체크인 등 다양한 상황에 맞는 전문적으로 디자인된 템플릿을 활용할 수 있어, 작업 효율성이 높아집니다.

화이트보드를 시작하는 방법

① 캔바 홈에서 [디자인 만들기]를 클릭하고 [화이트보드]를 선택하여 새 페이지를 열어 시작합니다.
② 캔바 홈에서 [화이트보드] 아이콘을 클릭하여 새 페이지를 열어 시작합니다.
③ 검색을 통해 원하는 템플릿을 찾아서 시작합니다.
④ 다른 문서에서 [화이트보드로 확장]을 선택하여 시작합니다.

아이디어 마인드맵 만들기: 프레젠테이션을 화이트보드로 확장하는 방법

'재택근무 수익화'라는 주제로 예시를 들어 설명하겠습니다.

1. 주제를 중심으로 다양한 가지를 확장하여 아이디어를 구체화

프레젠테이션 새 페이지를 열어 시작합니다. 주제를 중심으로 화살표와 도형, 말풍선 등을 활용하여 마인드맵을 작성합니다.

마인드맵이란 정보를 시각적으로 구성하고 정리하는 도구로, 주제를 중심에 두고 관련된 아이디어나 정보를 가지 형태로 확장하여 표현하는 방식입니다. 이러한 구조는 복잡한 정보를 간결하게 정리하고, 아이디어 간의 관계를 명확히 하며, 창의적인 사고를 촉진하는 데 도움을 줍니다.

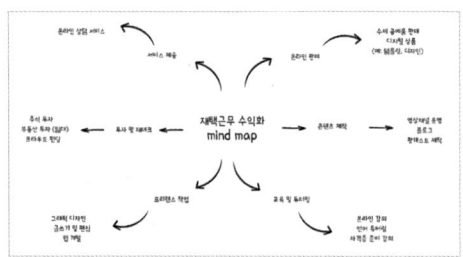 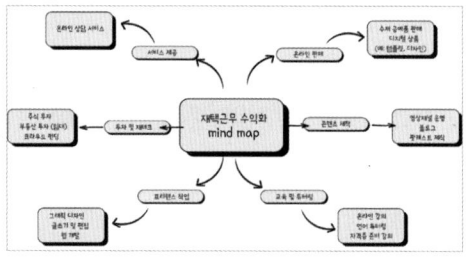

캔바에 있는 다양한 디자인의 마인드맵 템플릿을 활용해 보세요.

캔바 홈 화면에서 [검색] 란에 "브레인스토밍"을 검색하면 다양한 마인드맵 템플릿을 만날 수 있습니다. 적절한 템플릿을 활용하여 아이디어를 구상해 보세요.

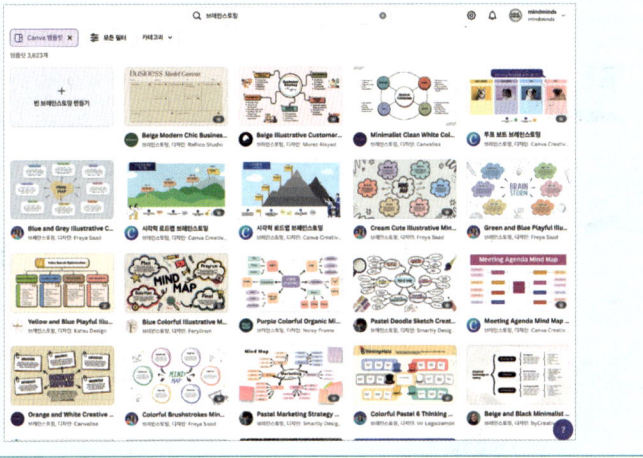

2. 아이디어를 구체화하기 위해 화이트보드로 확장

페이지 혹은 하단 썸네일에서 마우스 우클릭하여 [화이트보드로 확장]을 선택합니다. 그리드 배경의 화이트보드 페이지로 전환되어, 자유롭게 확대 및 축소하면서 무한한 공간을 활용할 수 있습니다.

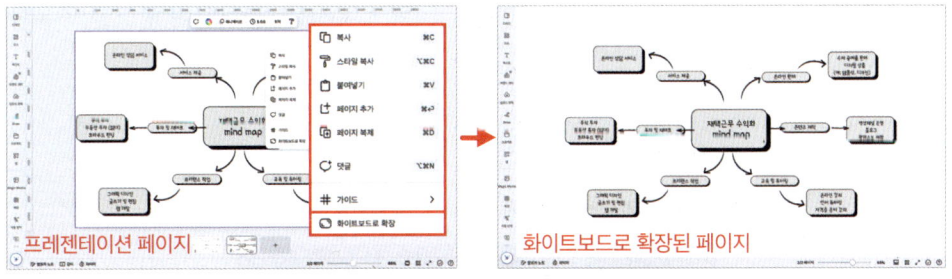

3. 다양한 스티커와 메모, 이미지 등을 추가하여 아이디어 구체화

[요소]에서 다양한 그래픽과 스티커 메모, 이모티콘, 이미지 등을 추가하여 아이디어를 구체화합니다.

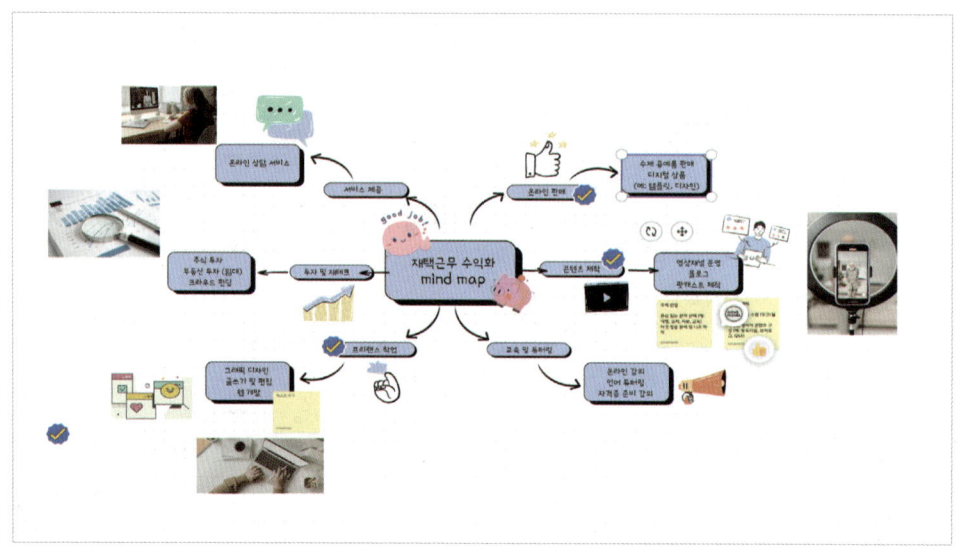

화이트보드 활용 노하우

협업할 때 화이트보드를 공유하는 방법

공유할 화이트보드를 켜고 [공유]→[협업 링크]→[링크가 있는 모든 사용자]→[편집 가능, 댓글 가능, 보기 가능] 중 하나를 선택합니다. [링크 복사]를 클릭하여 링크를 공유합니다.

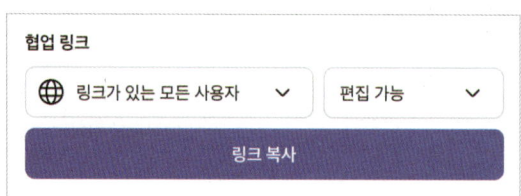

화이트보드 접기

프레젠테이션에서 화이트보드로 확장한 후에 다시 프레젠테이션으로 돌아가려면 마우스 우클릭하고 [화이트보드 접기]를 선택합니다.

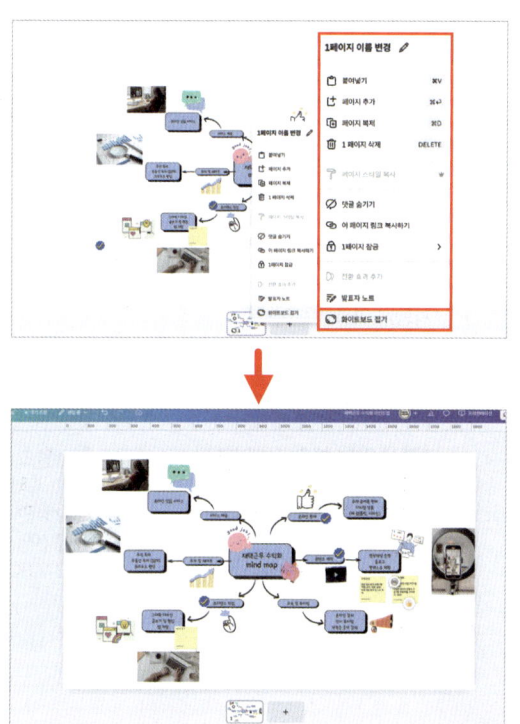

유용한 스티커 메모

스티커 메모는 중요한 포인트를 강조하거나 메모를 남길 때 유용합니다. [요소]에서 [스티커 메모]를 선택하면 바로 추가할 수 있습니다.

- 스티커 메모를 마우스 우클릭하고 [이름 추가]를 선택하면 사용자의 이름을 보이게 하거나 안 보이게 할 수 있습니다.

- 스티커 메모의 색상을 변경하여 사용자를 구분할 수 있습니다. 또한, 댓글이나 반응을 추가하여 손쉽게 피드백할 수 있습니다.

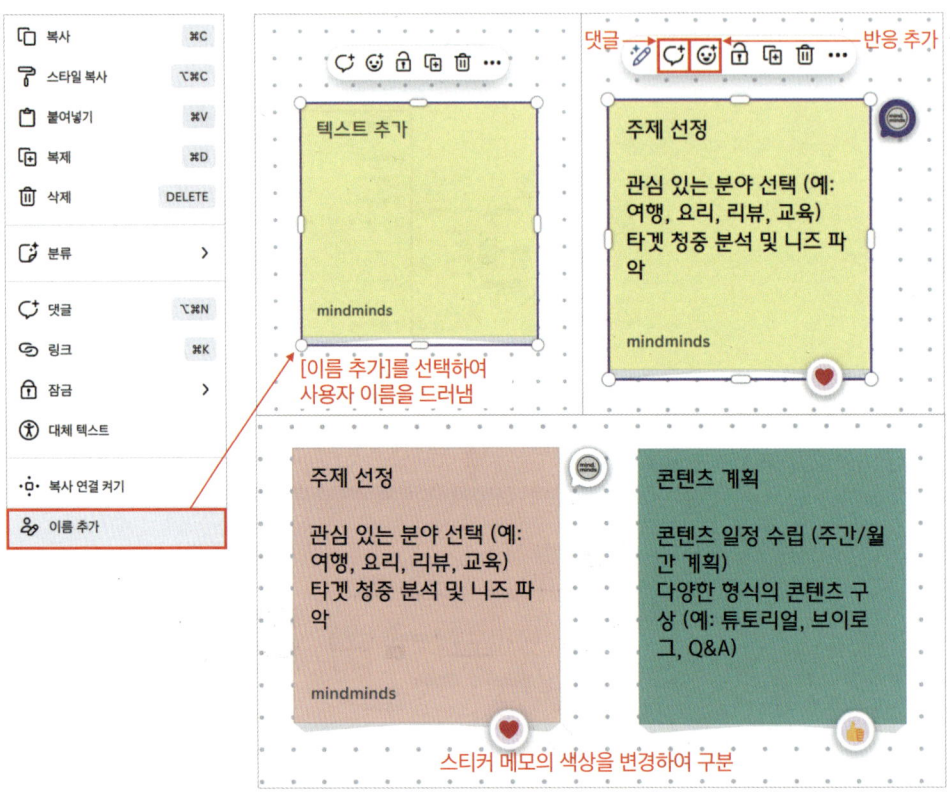

❷ Docs 활용법

Docs 메뉴 살펴보기

캔바 Docs는 텍스트와 시각 자료를 결합해 멀티미디어 문서를 손쉽게 만들 수 있으며, [Magic Write] 기능을 활용해 초안을 빠르게 작성하고, 댓글 작성과 실시간 커서 표시 등 다양한 협업 기능도 제공합니다.

캔바 홈 화면에서 [Doc] 아이콘을 클릭하여 새 페이지를 열어 작업을 시작합니다.

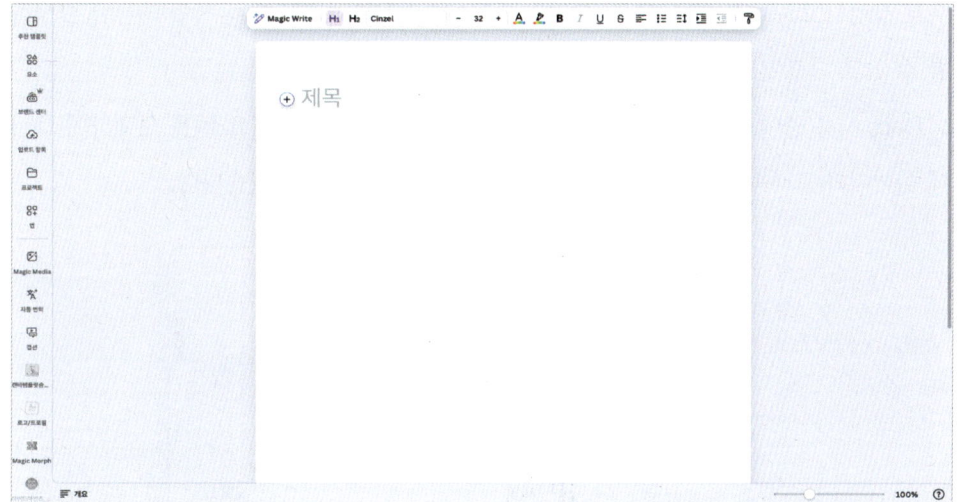

Docs 메뉴 살펴보기

상단 툴바에 보이는 메뉴는 문서를 더 쉽게 편집하고 꾸밀 수 있도록 도와줍니다.

아이콘	메뉴명	기능 설명
H1	제목 적용	텍스트를 선택한 후 제목 스타일을 적용할 수 있습니다. 문서의 구조를 명확히 하는 데 유용합니다. (브랜드 글꼴에서 설정한 글꼴이 자동으로 적용됩니다.)
H2	부제목 적용	부제목 스타일을 적용하여 문서의 계층 구조를 더 세부적으로 나눌 수 있습니다.(브랜드 글꼴에서 설정한 글꼴이 자동으로 적용됩니다.)
	하이라이트 색상	텍스트를 강조하기 위해 텍스트 뒤에 배경색을 추가할 수 있습니다. 적용할 텍스트를 드래그하여 선택하고 원하는 하이라이트 색상을 적용합니다.
	들여쓰기/내어쓰기	텍스트의 위치를 조정하여 문단의 구조를 정리할 수 있습니다.

Docs 빠른 작업 옵션 살펴보기

제목 앞에 ⊕ 버튼을 클릭하면 빠른 작업 메뉴가 나옵니다. 이 메뉴는 문서를 더 효율적으로 작성하고 꾸미는 데 도움을 줍니다. 본문에 [/]를 입력해도 빠른 작업 메뉴를 활성화할 수 있고 더 많은 옵션을 탐색할 수 있습니다.

Docs 사용 중에도 사이드 탭의 모든 메뉴를 사용할 수 있으며, [요소]를 선택하여 문서에 이미지와 그래픽 등을 추가해 내용을 더 생동감 있게 만들 수 있습니다.

아이콘	메뉴명	기능 설명
디자인	디자인 추가	디자인 블록을 삽입해 문서에 시각적 요소를 추가할 수 있습니다.
표	표 삽입	데이터를 정리하거나 비교할 때 유용한 표를 추가할 수 있습니다.
구분선	구분선	콘텐츠를 시각적으로 나누거나 강조하기 위해 구분선을 추가할 수 있습니다.
페이지 나누기	페이지 나누기	이 메뉴를 선택하면 페이지가 나뉘어 새로운 페이지가 생성됩니다.
열 / 열 2개 / 열 3개 / 열 4개	열 설정	원하는 열 개수만큼 추가하거나 삭제할 수 있습니다.
하이라이트 블록	하이라이트 블록	텍스트를 강조하거나 시각적으로 돋보이게 만드는 데 유용한 기능입니다.

66 인용문	인용문	텍스트를 강조하거나 중요한 메시지를 돋보이게 하는 데 사용할 수 있습니다.
드롭다운	드롭다운 추가	상태, 우선순위 등을 표시할 수 있는 드롭다운 메뉴를 삽입할 수 있습니다.
날짜	날짜	본문에 원하는 날짜를 삽입하고 손쉽게 관리할 수 있습니다.
원형 차트 막대 차트 선 차트	그래프& 차트 추가	데이터를 시각적으로 표현할 수 있는 그래프나 차트를 삽입할 수 있습니다.

	멘션 기능	다른 사용자를 태그하여 협업을 더 쉽게 할 수 있습니다. [@]를 입력하면 사용자를 태그하여 멘션할 수 있습니다. 태그 당한 사용자가 해당 디자인에 접근할 수 있도록 공유 설정(편집 가능, 댓글 가능, 보기 가능 중 하나를 선택)을 확인합니다.
	삽입	링크를 삽입하여 임베드할 수 있습니다.
	이모티콘	이모티콘을 빠르게 첨부할 수 있습니다.
	로고	브랜드 로고를 첨부할 수 있습니다.

Docs 문서 만들기

'친환경 브랜드 비즈니스 계획서'를 주제로 예시를 들어 설명하겠습니다.

1. 독창적인 디자인으로 제목 작성

개성있는 디자인을 위해 빠른 작업 메뉴(⊕ 버튼이나 [/] 키)에서 [디자인]을 클릭하고 제목이 될 부분을 다양한 요소를 활용하여 디자인합니다. 디자인을 마치면 [저장] 버튼을 클릭하여 저장합니다. (요소 검색어: set:nAEoqL2RP2U)

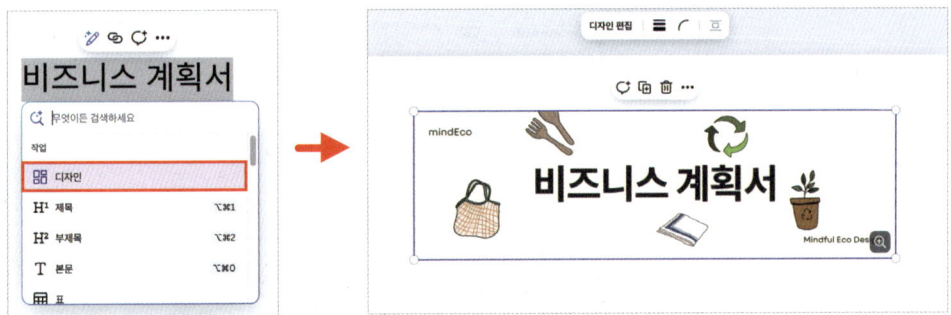

상단 툴바 메뉴의 [⋯]를 클릭하거나 마우스 우클릭하여 [전체 너비로 확장] 또는 [배너로 설정] 중 원하는 옵션을 선택해 디자인을 설정할 수 있습니다. (이 책에서는 [배너로 설정]을 사용)

디자인을 더블 클릭하거나 상단 툴바에서 [디자인 편집]을 클릭하여 디자인을 수정할 수 있습니다.

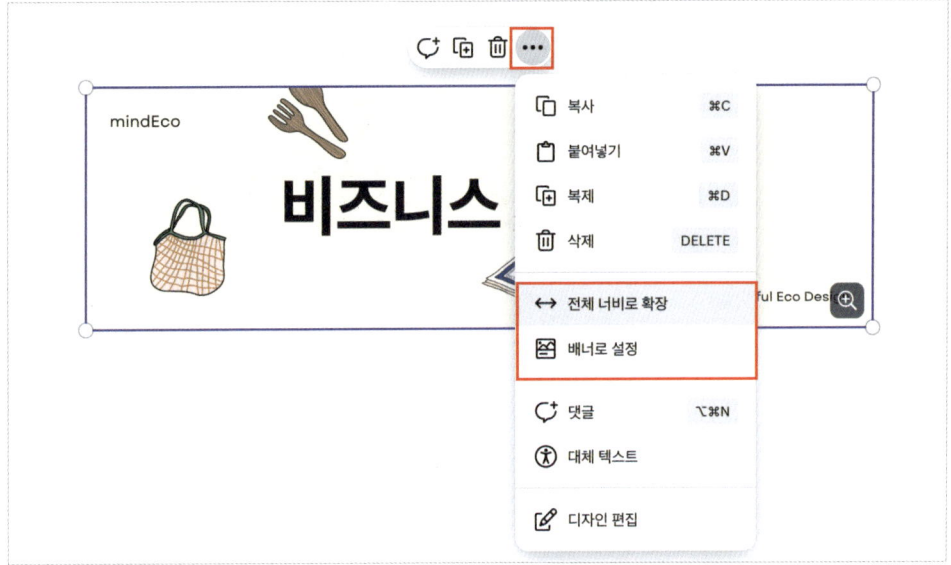

[전체 너비로 확장]을 선택했을 때

[배너로 설정]을 선택했을 때

2. 다양한 Docs 기능을 활용하여 본문 작성

앞에서 설명한 다양한 Docs 기능을 활용하여 본문을 작성한 후, [PDF 표준] 혹은 [DOCX] 문서로 다운로드하여 활용합니다.

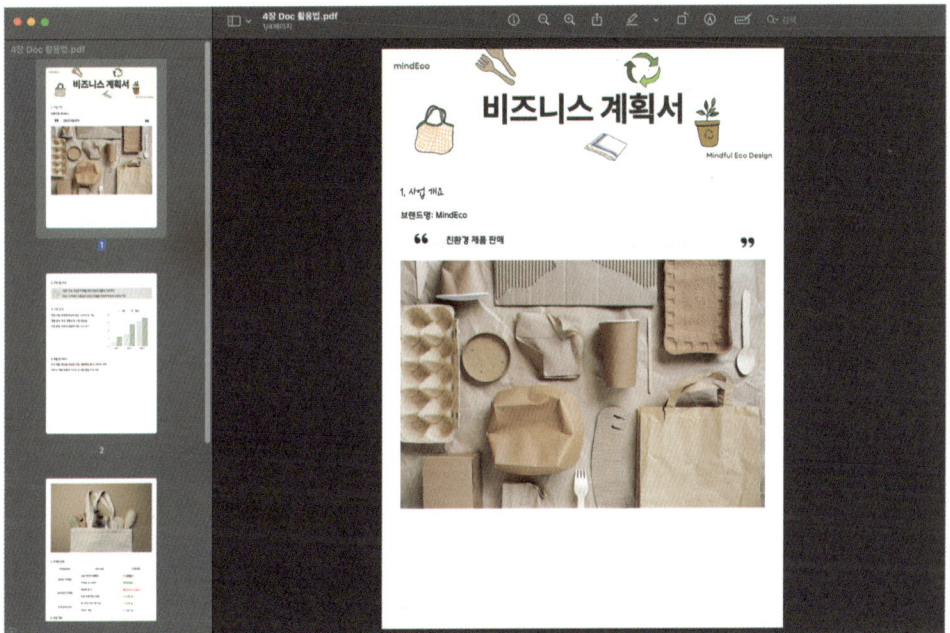

부록

1. 캔바 모바일 앱 활용 가이드

캔바는 PC(데스크톱)뿐만 아니라 모바일 기기에서도 편리하게 디자인할 수 있도록 앱을 제공하고 있습니다. 캔바 모바일 앱을 설치 후 로그인하면 데스크톱에서 작업하던 모든 디자인이 연동되어 어디서든 이어서 작업할 수 있습니다.

PC 버전이건 모바일 버전이건, 대부분의 캔바 기능을 사용할 수 있도록 설계되었습니다. 다만, 모바일 앱에서는 터치 기반 인터페이스로 인해 일부 작업 방식이 데스크톱과 다를 수 있습니다. 데스크톱에서는 사이드 패널과 상단 메뉴를 활용해서 편집하지만 모바일에서는 화면 하단의 툴바를 통해 요소를 추가하거나 편집하는 방식으로 작업이 이루어집니다.

캔바 모바일 앱 다운로드 및 설치 방법

iOS 사용자는 앱 스토어에서, Android 사용자는 구글 플레이에서 '캔바' 혹은 'Canva'를 검색하여 내려받습니다. 설치를 완료하면 사용하는 캔바 아이디로 로그인하여 실행합니다.

부록

iOS: 앱 스토어

Android: 구글 플레이

모바일 앱 설치하기

캔바 모바일 홈 메뉴 살펴보기

캔바 데스크톱에서 사용했던 기능과 거의 동일하기 때문에, 모바일 앱에서도 어렵지 않게 사용할 수 있습니다. 다른 부분이 있다면 데스크톱에서 사이드에 표시됐던 메뉴들이 상단, 하단에 나뉘어 있습니다.

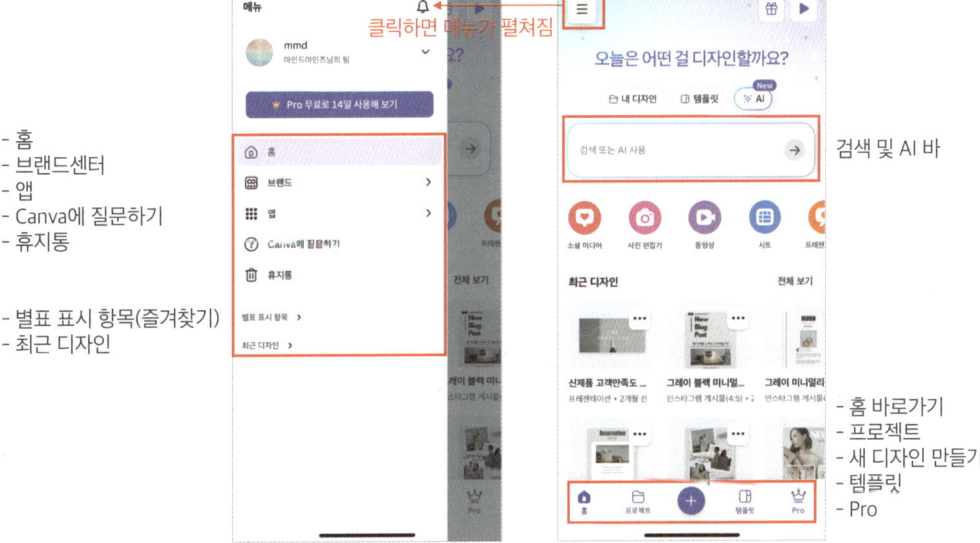

- 홈
- 브랜드센터
- 앱
- Canva에 질문하기
- 휴지통

- 별표 표시 항목(즐겨찾기)
- 최근 디자인

검색 및 AI 바

- 홈 바로가기
- 프로젝트
- 새 디자인 만들기
- 템플릿
- Pro

399

모바일 앱에서의 에디터, 편집 도구 화면

모바일 앱의 에디터 화면에서는 디자인에 따라 편집 도구가 하단에 다르게 표시되어 배치됩니다.

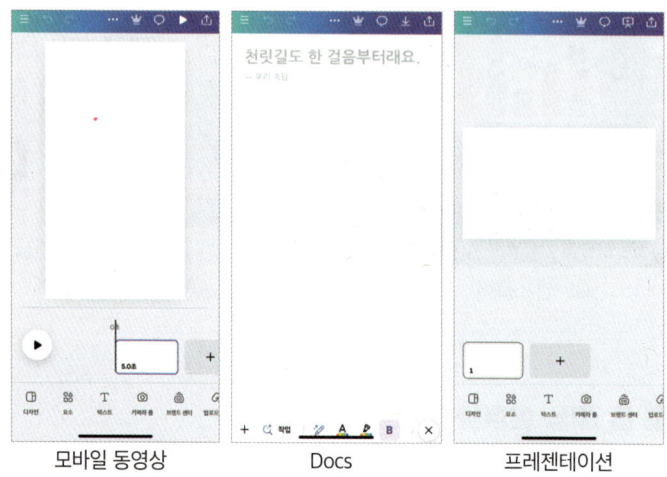

모바일 동영상 　　　　　 Docs 　　　　　 프레젠테이션

- **바탕화면을 선택한 경우**: 디자인 요소를 추가하거나 탐색할 수 있습니다.
- **작업 페이지의 배경이나 요소를 선택한 경우**: 하단에 편집 메뉴가 나타나며 선택한 요소를 편집할 수 있습니다. (메뉴를 왼쪽으로 밀어서 추가 메뉴를 확인할 수 있습니다.)

부록

편집 도구 모음
: 왼쪽으로 밀면
추가 메뉴를
확인 가능

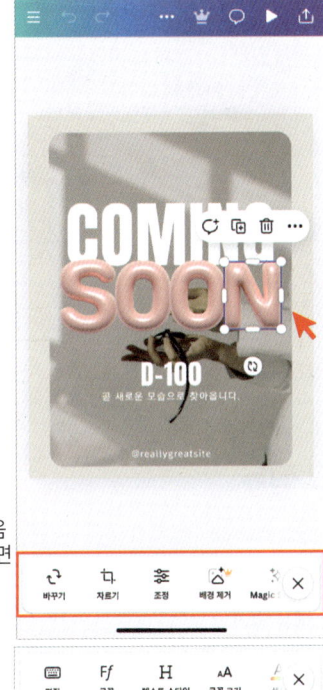

디자인의 배경이나
요소 클릭

바탕화면을 클릭했
을 때와는 다른 편집
도구 모음을 확인할
수 있습니다

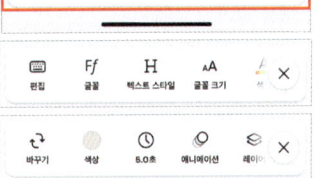

편집 도구 모음은 선택한 요소에 따라 다르게 표시됩니다.

페이지 추가하는 방법

1. 디자인의 배경을 클릭하고 [⋯]→[페이지 추가]를 선택합니다.
2. 두 손가락으로 페이지를 오므립니다. 나타나는 화면에서 [+]를 클릭하여 페이지를 추가합니다. [+] 옆 [V]를 클릭하면 페이지 유형을 선택하여 추가할 수 있습니다.

| 페이지 추가하는 방법 1 | 페이지 추가하는 방법 2 |

모바일 앱 상단 메뉴

아이콘	메뉴명	기능 설명
≡	메뉴 열기	홈화면으로 이동, 디자인 만들기, 홈 바로가기, Canva에 질문하기, 별표 표시 항목, 최근 디자인
↶ ↷	실행 취소/ 다시 실행	작업상태를 이전 상태로 되돌리거나 복원할 수 있습니다.
⋯	메뉴 더 보기	디자인 작업을 관리하고 다양한 옵션을 제공하는 중요한 도구입니다.

아이콘	이름	설명
💬	댓글	디자인에 추가된 댓글을 볼 수 있습니다.
⬆	공유	디자인을 다양한 방법으로 다른 사람과 공유하거나 다운로드할 수 있는 모든 옵션을 볼 수 있습니다.
▶	재생	애니메이션이나 영상이 들어간 경우 디자인 내에서 영상을 미리 재생해볼 수 있는 기능입니다.
⬇	다운로드	디자인을 다운로드할 수 있습니다.
🖵	프레젠테이션	프레젠테이션 모드로 전환됩니다.
🗗	크기 조정	작업 중인 페이지의 크기를 다양한 디자인 유형으로 변경하거나 맞춤형 크기로 변경할 수 있습니다.
🚚	캔바에서 인쇄	캔바에서 쉽게 인쇄를 주문할 수 있습니다.

(2 캔바 단축키 모음)

윈도우(Windows)와 맥(Mac) 환경에서의 단축키가 다릅니다. 두 개가 기재된 경우, 앞에 기재된 것은 윈도우에서의 단축키이고 뒤에 기재된 것은 맥에서의 단축키이므로 참고하여 사용하길 바랍니다.

기본 동작

- 눈금자 및 가이드 표시: [Shift]+[R] 또는 [⇧R]
- 텍스트 찾기 및 바꾸기: [Ctrl]+[F] 또는 [⌘F]

- 실행 취소: [Ctrl]+[Z] 또는 [⌘Z]
- 전체 선택: [Ctrl]+[A] 또는 [⌘A]
- 복사: [Ctrl]+[C] 또는 [⌘C]
- 붙여넣기: [Ctrl]+[V] 또는 [⌘V]
- 텍스트 추가: [T]
- 링크 추가: 텍스트를 선택한 후에 [Ctrl]+[K] 또는 [⌘K]
- 새 페이지 추가: [Ctrl]+[Enter] 또는 [⌘Enter]
- 선택한 페이지 삭제: [Ctrl]+[Backspace] 또는 [⌘Delete]
- 빠른 메뉴(Quick Actions) 열기: [/] 또는 [Ctrl]+[E] 또는 [⌘E]
- 크기 변경 시, [Shift] 또는 [⇧] 누르면서 같은 비율로 변경됨
- [Ctrl] 또는 [⌘] 누르면서 요소를 움직이면 더 세밀하게 조정됨

요소 작업 시

- 선택한 요소 삭제: [Backspace] 또는 [Delete]
- 요소 잠금/해제: [Alt]+[Shift]+[L] 또는 [⌥⇧L]
- 선택한 요소 맨 앞으로 정렬: [Alt]+[Ctrl]+(닫는 대괄호) 또는 ⌥⌘]
- 선택한 요소 맨 뒤로 정렬: [Alt]+[Ctrl]+[(여는 대괄호) 또는 ⌥⌘[
  -다음 단축키들은 화이트보드 및 프레젠테이션에서만 가능-
    - 원형 추가: [C]
    - 사각형 추가: [R]
    - 선 추가: [L]
    - 스티커 메모 추가: [S]

텍스트 편집

- 텍스트 굵게: [Ctrl]+[B] 또는 [⌘B]
- 기울임꼴: [Ctrl]+[I] 또는 [⌘I]
- 밑줄: [Ctrl]+[U] 또는 [⌘U]
- 대문자/소문자 전환: [Shift]+[Ctrl]+[K] 또는 [⇧⌘K]

- 왼쪽 정렬: [Shift]+[Ctrl]+[L] 또는 [⇧⌘L]
- 가운데 정렬: [Shift]+[Ctrl]+[C] 또는 [⇧⌘C]
- 오른쪽 정렬: [Shift]+[Ctrl]+[R] 또는 [⇧⌘R]
- 글자 간격 줄이기: [Alt]+[Ctrl]+[,] 또는 [⌥⌘,]
- 글자 간격 늘리기: [Alt]+[Ctrl]+[.] 또는 [⌥⌘.]
- 줄 간격 줄이기: [Alt]+[Ctrl]+[↓] 또는 [⌥⌘↓]
- 줄 간격 늘리기: [Alt]+[Ctrl]+[↑] 또는 [⌥⌘↑]

페이지 확대 및 축소

- 확대: [Ctrl]+[+] 또는 [⌘+]
- 축소: [Ctrl]+[-] 또는 [⌘-]
- 실제 크기로 보기: [Ctrl]+[0] 또는 [⌘0]

3 캔바를 활용한 수익화 방법

디지털 시대, 우리는 무한한 가능성 앞에 서 있습니다. 캔바는 단순한 디자인 도구를 넘어, 누구나 수익을 창출할 수 있는 강력한 플랫폼으로 발돋움했습니다. 캔바를 활용하면 집에서도 자유롭게 수익을 창출할 있으며, 다양한 방법으로 수익을 내고 꿈을 현실로 만들 수 있습니다.

템플릿 판매: 디자인 실력은 곧 수익

캔바로 다양한 분야의 템플릿을 제작하고 판매하여 수익을 창출할 수 있습니다. 템플릿은 디자인 초보자도 쉽게 사용할 수 있도록 제작되어야 하며, 구매자의 니즈를 충족시키는 다양한 디자인을 제공하는 것이 중요합니다.

- 예시: 홍보를 위한 브랜드 템플릿을 제작하고, 템플릿 링크를 PDF 파일로 정리하여 전자책 형태

로 판매
- **캔바 템플릿 판매 플랫폼**: 라이브클래스, 크몽, 크티, 네이버 스마트스토어, 마플샵(이상 국내 플랫폼), 엣시, 크리에이티브마켓(이상 해외 플랫폼)

디자인 서비스 제공: 당신의 재능을 판매하세요

캔바로 로고나 배너, 썸네일 등 다양한 디자인을 제작하고 판매할 수 있습니다. 캔바의 강력한 기능을 활용하면 전문적인 디자인 결과물을 빠르게 만들어낼 수 있으며, 고객의 요구에 맞는 맞춤형 디자인을 제공하여 만족도를 높일 수 있습니다.

- **예시**: 홈페이지형 블로그 스킨 디자인, 블로그 로고 등을 맞춤 디자인하여 판매
- **디자인 서비스 제공 방법**: 크몽, 개인 홈페이지, 맞춤 제작 방식

캔바 AI로 제작한 이미지를 판매

캔바 AI를 활용하면 누구나 쉽게 고품질의 이미지를 생성하고 판매하여 수익을 창출할 수 있습니다.

- **예시**: 캔바 AI로 생성한 이미지를 스톡 이미지 사이트에 등록해서 판매
- **AI 이미지 판매 가능한 플랫폼**: 미리캔버스, Adobe Stock, 툴디

캔바 온라인 강의: 당신의 지식을 공유하세요

캔바 활용 강의나 1:1 맞춤 강좌 등 온라인 강좌를 개설하여 운영할 수 있습니다.

- **예시**: 캔바 활용법에 대한 온라인 강의 진행
- **온라인 강의 판매**: 라이브클래스(가입 후 개별적으로 강의를 개설해서 판매가 가능함), Zoom 강의 개설 등

캔바 디자인 제품 제작 및 판매: 아이디어를 현실로

캔바로 제작한 디자인으로 머그컵이나 에코백, 스티커, 굿즈 등을 제작하고 판매할 수 있습니다.

- **예시**: 캔바의 일러스트 요소와 텍스트를 조합하여 새로운 디자인을 창작하여 키링 또는 머그컵

을 제작하여 판매
- **굿즈 제작**: 마플샵(국내), 레드버블(해외)

추가 조언

- **차별화된 콘텐츠**: 경쟁 우위를 확보하기 위해 독창적인 아이디어를 발굴하고, 고품질 디자인을 제작해야 합니다.
- **타겟 고객 분석**: 어떤 고객에게 어떤 디자인을 제공할 것인지 명확히 설정하고, 그들의 니즈에 맞는 콘텐츠를 제작해야 합니다.
- **꾸준한 노력**: 수익 창출까지는 시간과 노력이 필요합니다. 꾸준히 콘텐츠를 제작하고, 마케팅 활동을 펼쳐야 합니다.
- **라이선스 기준 준수**: 캔바로 디자인하여 판매할 때는 라이선스 기준을 준수해야 합니다.

캔바로 아이디어를 현실로 만들고 수익 창출까지!

이 책에서 제시된 다양한 방법을 활용하여 당신만의 수익 모델을 구축하고 새로운 꿈을 펼치길 바랍니다.